INSIGHT

INTO
POST-COVID 19 ERA

Selection of SPU Forums

洞见新势

上海医药系列论坛荟萃

过聚荣　　胡明东　主编

SSAP

社会科学文献出版社
SOCIAL SCIENCES ACADEMIC PRESS (CHINA)

本书编委会

众智观未来

世界大势，浩浩荡荡；百年变局，扑朔迷离。

现代经营环境变化速度日益加快，地缘政治的变化、人口老龄化的加剧、区块链技术的革命、人工智能的应用、产业结构的重构，各因素之间相互依存、相互作用，加之新冠疫情肆意全球，从而导致整体经营环境变得更加错综复杂。

作为世界500强的上海医药集团正以"科技创新为驱动的国际领先药企"为目标，聚精会神，奋勇拼搏。2018年成立了内部学习组织SPU。

SPU具有"五大平台"功能：人才培养与管理平台、医药专业知识的培训平台、战略共识与变革推动平台、政策及企业战略研究平台、管理模式提炼与创新平台。但归根到底就是通过建立共享知识，为集团所有成员赋能，创造出一个具备经略全球能力的组织，在参与全球竞争中良性循环和健康发展。

SPU在发展进程中，为丰富实战型课程体系，在集团领导、总部职能部门以及直属企业的关心支持下，精心组织了系列论坛，逐渐形成了独特的上药"知识盛宴"品牌。本书总结三年多来的论坛成果，经过细心斟酌、用心汇编，精选了25篇珠玉美文，既是一种纪念和分享，更是一种鞭策和希望。

众多嘉宾从不同视角，或解析或推演或指引，沉淀的思想和见识历久弥新，

主题内容涉及四个部分。

宏观方面，综观人类历史的发展规律，王宏广教授剖析世界经济格局与科技格局的辩证关系。过去 2000 年，第一经济大国都曾引领过科技革命，未来谁引领生物科技，谁将引领世界经济的发展？苏联、日本、德国等大国衰退，是否存在第二经济大国陷阱？中国需要、也有可能引领生物科技革命。丁纯教授研判新冠肺炎疫情冲击下的世界经济，20 世纪 30 年代大萧条以来，2020 年全球经济出现最大跌幅。前所未有的危机，不确定的复苏。大规模的救助会带来一些麻烦和隐患，大范围的管制影响全球产业链、催生新技术新业态。黄丞教授关注后疫情时期公共卫生和基层卫生的发展趋势，民众的健康生活方式将发生显著变化。行业资深专家蔡江南教授、黄东临和陈昊，系统解读"三医"改革的进程和挑战，以及新一轮深化医改的任务与创新发展。"十四五"开始，我国医药产业的政策面和业务面出现新特点，医保主导下的药品带量采购常态化、制度化，深刻影响医药市场格局和行业生态。

科技方面，融入新一轮科技革命和产业变革的发展浪潮，人工智能具有头雁效应。王延峰教授指出，随着从弱人工智能走向强人工智能，人工智能带来的将是脑力的解放，把行业与人工智有机结合，这就是最好的时代。朱其立教授解读自然语言处理的应用和挑战，随着数据和算力的发展，其应用前景非常广阔。区块链是我国核心技术自主创新的重要突破口，马小峰和黄胜详解区块链的思维、技术和应用。科普名家王立铭通过四个故事，讲述生物大分子的前世今生，新兴的生物技术诞生产业级机会。

产业方面，立足中国药物研制的发展阶段，陈凯先院士指出我国的制药行业正在从模仿创新迈向原始创新，高瞻远瞩、高屋建瓴，观察新药研发的前沿动向，梳理新药研究的新模式新技术。既要看到"重大新药创制"科技重大专项的重大成就，又要看到新阶段新任务和新挑战新机遇。张伯礼院士结合中国抗击新冠肺炎疫情的实践，指出中医药的时代契机和中药发展策略。生物技术的创新药发展迅猛，肿瘤领域的研发热度有增无减，医疗行业和医药改革有着特有的经济学逻辑，中国生物医药产业处于前所未有的好时代，也是坏时代。

管理方面，探寻 VUCA 时代中国式管理的发展实践。宁光院士执掌百年瑞金之后，开展了富有成效的基于 5G 的智慧医院管理。裴钢院士从药物发现的道理拓展创新思维，提出新时期医药企业应该怎么办？战略调整做什么、如何做？王志乐专家解析合规为何成为全球的新趋势，世界一流企业必须打造基于全球规则的合规竞争力。柯银斌专家基于对跨国公司的长期研究，为中国制药企业如何提升跨国成长的战略和能力提供实战性建议。易凌峰教授和胡彭令专家从心理学和行为学等视角讨论管理新方式，提出自我管理要平衡生活事件，还要重视心态培育和情绪管理。管理者和员工有各自的"痛"，形成合拍同频与同理心思维，有助于"通"和互赢。

每位演讲者的观点不一定完全正确，但是提供了专业的视角和思想交汇的空间。

君子不器，海纳百川。现场聆听视野开阔、造诣深厚的名家精彩演讲，零距离感受名师的特有风采，或是再次重温精彩纷呈的名篇佳作，深入领会其中的见识和智慧，荡胸生层云、决眦入归鸟，业内外人士站在新的方位上认识和践行"君子不器"，探寻穿越迷雾之路，在自知自信自觉中再出发。

是为序。

过聚荣

2021 年 9 月

演讲者名单（部分）

陈凯先	中国科学院院士
裴 钢	中国科学院院士
张伯礼	中国工程院院士
宁 光	中国工程院院士
王宏广	国家科技部中国生物中心原主任
王志乐	全国合规企业委员会副主席
蔡江南	中欧国际工商学院卫生管理与政策中心原主任
柯银斌	"一带一路"百人论坛专家委员会委员
张鹏翥	上海交通大学安泰经济与管理学院教授
朱其立	上海交通大学计算机科学与工程系教授
张 健	上海交通大学医学院特聘教授
王立铭	浙江大学生命科学研究院教授
马小峰	同济大学区块链研究院院长
王延峰	上海交通大学人工智能研究院副院长
丁 纯	复旦大学经济学院教授
易凌峰	华东师范大学心理学教授
黄 丞	上海交通大学安泰经济与管理学院副教授
陈志洪	上海交通大学安泰经济与管理学院副教授
白 芳	上海科技大学生命科学与技术学院研究员
陈 昊	华中科技大学医学院高级经济师
蔡景愚	普华永道管理咨询合伙人
胡彭令	人力资源管理实战派专家
黄 胜	树根互联网技术有限公司首席技术官
黄东临	E 药经理人战略研究院负责人
胡明东	上海医药战略发展研究院院长

目　录

形 势 篇

科 技 篇

产 业 篇

管 理 篇

附　录

形 势 篇

当代世界科技发展态势

王宏广 *

王宏广，2019 年 7 月 30 日

在国际科技发展的大背景下，怎么看待中国的科技，特别是针对医药科技，我们应该怎么办？

2019 年中国与美国代表团的第 12 轮中美贸易谈判，核心内容是将来谁是世界第一经济大国，中国如何能够获得世界大国的地位？而世界上所有的第一经济大国，都曾经引领过一次科技革命，如果不引领一次科技革命，即便获得第一经济大国的地位也很难保住。

历史上早期的两次工业革命——机械化和电气化，增强了人类的体力，提高了体力劳动的效率，信息化和人工智能提高了脑力劳动的效率，而下一次科技革命真正的作用是延长人类寿命。

研发新药的目标之一是延长人类寿命。中国 2020 年的 GDP 超过 100 万亿元，假如每个人健康地多给国家工作一年，增加的经济总量就极为可观。任何一次科技革命的价值，都没法和下一轮科技革命比拟，而下一次科技革命的中心，从论文、专利、仪器到方法、设备，包括试剂、顶尖人才大多

* 王宏广，国家科技部中国生物中心原主任。

在美国，中国如何在这种背景下参与竞争，甚至引领下一次科技革命？如果我国不能引领下一次科技革命，只是靠人口多和消费多这样的数量增加，即使成为世界第一也很难保持住。

因此我重点讨论四个问题，世界经济为什么靠科技？怎样发展科技？发展什么科技？由谁来发展科技？

一　世界经济格局与中美比较

综观世界科技的发展历程，机械化、电气化之后是信息化，人工智能是信息化的高级阶段，智能化一定是生物化，而且生物化直接改造人类，这需要的是核心的技术。

1. 科技格局影响经济格局

全面认识世界科技，需要关注几大问题。第一个问题是世界科技现在处于哪里？第二个问题是世界科技将来走向哪里，在这种背景下我们需要干什么？世界科技格局是历史演变的，首先从世界的千年历史来看，中华民族的四大发明，最后一项发明约在公元 1100 年，距离现在约 900 年，之后对人类科学没有太大的突破性贡献，也就是说我国近代科学的基础比较弱。

在人类历史上，第一个时代——农业时代是中国人的时代。中华民族差不多领先世界 1700 年，直到 1890 年，中国 GDP 占世界的 1/4，最高峰时达到 32.8%，也就是在过去 2000 多年的时间内，我国领先了约 1700 年，印度大致领先了 100 多年，美国领先了 128 年，印美两国加起来不到 300 年，剩下的时间都是中国人领先。[1]

第二个时代——工业时代是欧洲人的时代，现在的时代是美国人的时代，下一个时代是什么时代？我们预测是生物时代，中国若做好了，可能由中国和美

---

[1]　王宏广：《填平第二经济大国陷阱》，华复出版社，2018。本文数据如无说明，均来自该书。

国共同引领生物时代，否则还是美国的天下。

两千年来科技和经济的发展有其客观规律，世界的经济、政治、文化、军事中心，总是随着科技中心的转移而转移，而科技中心则随着人才中心的转移而转移。谁拥有一流人才，谁就拥有新产业和新经济，就会有政治、文化、军事中心，两千年的基本规律都是这样。

当今世界科技格局，我国究竟处在什么位置？有多少差距？领跑者是美国，并跑的是英国、俄罗斯、德国、日本、法国，中国现在的位置，我把它称为复兴者，为什么这么讲？我提出了评价国家创新实力的13个核心指标：科研人员、论文、专利、经费、国际专利、高科技出口、国家创意指数，等等。有关创新数量的指标，中国的排位不是第二就是第一，例如科研经费、论文数量、专利数量等。但是，我国的很多论文、专利，没法实现产业转化，质量不够高。所以，我国的创新数量不多的问题已经解决，创新质量不高的问题仍然突出。世界知识产权组织发布全球创新指数排行榜，我国列第14位，韩国、荷兰都排在我国前面。

美国人怎么看待我们？他们认为美国是核心，发达的是英、日、法、德，入门的是芬兰、俄罗斯，还没有入门的是中国、印度和巴西，他们认为我们不会创新。

但是美国最近对中国的看法变了，最早认为中国的产品是假冒伪劣，接下来是假冒不劣，最近叫作中国式创新。中国式创新是什么意思？用集成创新的办法，在一个产品上集成多项先进技术，性价比超过最领先的产品，像华为手机、高铁做到了世界第一。

美国人为什么害怕我国超越他们？从1949年到2017年，我国的GDP增速是美国GDP增速的9.1倍（以美元口径），其中，改革开放40多年的增速是美国的11倍。按照这样的趋势，2033年到2039年，中国的GDP肯定超过美国，这就是美国担心的根本原因。

2. 中美科技综合比较

对比中美的科研实力，中国的研发人数第一，但是高被引科学家只有他们

的 1/9，论文数量世界第二，研发经费世界第二，专利世界第一，高科技产品出口第一。2005 年，我国超过美国，成为高科技产品出口第一大国，2015 年，我国的高科技产品出口额是美国的 3 倍，占全世界此类出口额的近 24%。但是不能高兴得太早，例如，苹果手机的代工厂 80% 在中国，计算贸易逆差时 100% 算成我国的。而我国的企业并没有赚到很多钱，利润的 75% 归属苹果公司，而中国的加工企业仅仅获得 2%（以 iPhone 产品为例）。我国的世界五百强企业数量超过美国，一流品牌的数量我国只有美国的 1/6。差距最大的是大学，美国全球 100 强大学数量是中国的 8 倍（美国有 41 所），美国的顶尖科学家数量是中国的 9 倍，要办成美国的高水平大学，用三四十年的时间不一定能够做得到。

所以，属于数量方面的问题基本解决，质量方面的差距很大。

中美的差距究竟怎么样？我们用 40 个指标从四个方面做分析，这些指标里面，70% 的是美国领先，30% 的是中国领先。美国领先的都是质量指标，我国领先的都是数量指标，因此中美差距还是最大的发展中国家和发达国家之间的差距。

综合国力方面，我设计了 14 个指标，其中我国领先的比较少。

经济实力，我国的总量是美国的 67%，增速是它的三倍。劳动效率美国是我国的 10 倍；第三产业占 GDP 的比例，我国相当于美国 70 年前的水平；人均 GDP 我国只有它的 1/6；但是美国国债是我国的 4 倍，欠债比我国多。为什么中国将来能超过美国？我国的第一产业是美国的 6 倍，第二产业是美国的 1.5 倍，第三产业只有美国的 40%，只要把第三产业搞上去，中国经济总量就能超过美国。

我国近 14 亿人的消费不如美国 3 亿人的消费。网上流传我国有 10 亿人没坐过飞机，5 亿人连马桶都没有，农村 7 亿人的医疗、道路、教育、卫生等许多方面的欠债都很多，中国怎么会没有潜力？中国的潜力很大，人均 GDP 只有美国的 1/6，美国人消费什么，我们就跟着消费什么，把马桶盖换掉，把私人飞机发展起来，中国经济就上去了。

贸易方面，美国人做研发，中国人做产业化和出口，美国人为什么还遏制我们？当年他们超过英国，也是英国人研发、美国人产业化，最后美国人超越了英国人。现在美国人看到我们走的路就是当年他们走过的路，不想让我们重复走下去。

有位法国人写了一本书《21世纪资本论》，核心观点是：富国越来越富、穷国越来越穷；富人越来越富、穷人越来越穷。这是150年工业化造成的结果。

中国经济正处于"六期叠加"：工业化的中后期、信息化的中中期、城市化中前期、科技革命前期、乡村振兴前期、美国遏制加速期。城市里虽然住了全国多半的人，但是接近两亿人是住在城里的农民工，没有医疗、教育、养老保险，这些人如果城镇化了，消费提升，经济就会拉动起来。

比较科技实力和差距。美国人在国际上发表论文数量是我国的三倍多，PCT专利是我国的1.2倍，研发经费是我国的两倍，美国非常重视生物技术和生物医药的研发，大约投入了科研总经费的一半，而我国只投入大约20%。科技方面的差距，我认为最大的问题不是几篇论文、几个专利的问题，而是研究方法、科研仪器和顶尖人才从哪里来？我国实验室的尖端设备是从哪来的？没有仪器和研究方法的创新，根本做不出世界级创新的成果。两个以色列的教授设计并定制了一台试验设备，全世界只有一台，做出来的成果一定是独创的，所以论文肯定能够发表。

中国GDP占世界的比重在1820年达到最高峰，到了1950年，下降到4%，1978年时只有1.7%，2018年上升到15.8%。清朝时，中国的GDP只上涨了5.6%，新中国成立之前的128年，GDP只上涨了7.1%。改革开放之前的28年，也就是计划经济时代，中国GDP上涨了6.9倍，改革开放40年上涨了244倍，中国的GDP已经达到美国的67%。从历史上看，日本达到美国的70%、苏联达到美国的70%时，美国就加速遏制它们，所有的第二经济大国无一例外全部衰退，都失去了第二大国的地位。他们的文化理念不一样，怎么会让你发展到离他们那么近？中国在崛起的路上，遇到多个强盗，开始以为人家要钱，我们就准备了钱，花钱免灾，结果发现人家要命，那最后我们钱也不给，命也不打算给，就扛着，为什么现在中国变硬了，就是这个道理。

3. 中国坚持民族复兴

中国一定会成为128年来第一个不衰退的第二经济大国。我写了一本书——

《填平第二经济大国陷阱》，出版社问是正能量还是负能量，我说有能量，后来把它变成正能量，就加上"填平"，不知道能不能填平，但我们还是要努力填平。

中美今天的格局和当年的日美格局极其相似，都是经济总量占美国的70%，都是最大贸易国，贸易逆差占70%，都是最大债权国，占了近1/5的美债债权，都是经济脱实向虚，房地产泡沫严重，都是需要旅游，都是喜欢买高端消费产品。美国用了六种途径遏制日本，最核心的有三大协议：广场协议、巴塞尔协议、巴黎协定。遏制中国大致有12种途径，现在才用了一半，以遏制为最终目的，什么手段都会用上，我们一定要警醒。

凤凰卫视对《填平第二经济大国陷阱》有过两句话总结：真相和走向。真相就是第二大国陷阱，遏制中国崛起；走向就是美国不会轻易接受超越，中国不会放弃发展。一个不接受超越，一个不放弃发展，这种斗争一定是长期的复杂的过程。美国人能压住我们的就是科技，如果中国人努力把科技搞上去，美国人就拿我们没办法了。

全球经济格局中，我国属于复兴的那一组，经济总量超过美国只是时间问题。前提是它不能独占新科技革命的成果，我国自己不能乱了阵脚，不能犯颠覆性错误，在这两个前提下，超越只是时间问题。

八国联军攻打我国的时候，前面五个国家的GDP加起来都不如我国，所以大而不强是我国的问题。什么时候强？什么时候科技强？党中央、国务院做出规划，提出2050年我国要实现科技强国的目标。我给大家分析一些基本差距，最核心的差距是尖子人才。美国的尖子人才数量是我国的九倍，尖子人才就是同行里领先的1‰、论文引用率1‰，全世界各学科的尖子人才共有3600多人，中国大陆加上港澳台只有168人，美国1500人，我们只有他们的1/9，最大的差距在这里。

二　世界科技发展的大趋势

综合全世界主要国家和顶尖预测机构的报告，结合我们的技术预测，形成一些基本判断。

1. 信息技术发展趋势

信息化现在处于中期，信息化前面是数字化，现在是网络化阶段，互联网已经有 8.6 亿人上网了，基本普及了，物联网没有真正开始，智能化还处于研发阶段。信息化的浪潮还没结束，还有后面半程，后半程谁来引领？信息化未来的发展大致有如下这些方面。

第一个是从心心相通到物物相连，微信、短信、电话都是心灵的沟通，但是不能通过手机把空调打开、微波炉打开，还没到物物相连。将来的物联网可以把周边很多的家电和所用的东西调动起来，包括工业品。

第二个是计算速度会大幅度提高，现在全世界计算最快的是美国，每秒 12 亿亿次，下一个目标是每秒 100 亿亿次。这么快的计算，对天气预报很有帮助。

第三个是传输速度，从 4G 到 5G，传输速度提高很多。15 秒左右下载一部高清电影，一秒钟可以下载 6.9 亿册书，一个人一辈子都看不完。信息的传输速度和计算速度基本上与民用的经济价值脱轨了，技术再进步，经济不会再跟着发展。

关于人工智能有两种看法，有的认为是新一轮的科技革命，但我认为它只是信息化的高级阶段，为什么这样讲？人工智能的科学原理还是建立在硅片上的 0-1 规则，规则没变，因此还是上一轮的科技革命。铁的出现、钢铁的出现引起机械化，导电材料出现引起电气化，硅片的出现引起信息化，下一轮科技革命一定不是在硅片上，而是在碳基上。

人工智能经过三起两落，将来会很好地替代简单的重复工作，而高智商的它肯定做不了，开门、救灾、治安、读个片子、写个报告等，人工智能完全可以胜任，下一步的发展方向，不是机器学习，而是意识控制机器，还有视觉和语言重建方面。

视觉重建，就是你刚才看到了什么，测量你的脑电图就可以看出来。

语言重建，就是你刚才说过什么，根据你的脑电波能够判断你说了什么，不管你说的是俄语，还是日语、印度语，现在有人根据脑电信号在编世界语。

我曾经拜访 MIT 脑科学中心的主任，全世界最好的脑科学中心的主任是中国人，我请教他 45 分钟，才知道什么叫作脑科学，留给我们能干的事情是什么。

意识控制已经产品化。有个小伙子创业之后，没人投资，2018 年还没有产品，2019 年销售 10 亿元，做什么东西呢？就是用意识来控制机器，人的大脑一想到要开窗帘，窗帘就开了。过去是你说了什么、看了什么我知道，现在是你在想什么我也知道。美国已经布局意识控制，这是人类下一步要做的事情。

还有一个产业是游戏产业，戴着脑电机玩游戏，每星期玩 14 个小时，70岁老人的智商反应程度能够达到 25 岁时的水平，而且能够保持两年，所以人老了还是要玩点游戏，到 2030 年，如果 4 亿老人都在玩游戏，将会创造一个很大的产业。

2. 新科技革命趋势

新科技革命正在形成，新科技革命是什么呢？

从大的经济周期来讲，一项革命性的新技术推动经济发展的周期是 60~70年，这是苏联科学家研究的经济长波理论。计算机在 1946 年发明，加上 70 年就是 2016 年，现在看卖计算机还赚钱吗？还推动经济发展吗？这个作用基本上已经没了。互联网为什么还行？20 世纪 80 年代才开始推行，加上 60 年应该在2040 年。人工智能从 20 世纪 90 年代开始发展，再加 60 年应该在 2050 年前后，所以，信息化加上高级阶段的人工智能，应该是 2050 年前后它的推动作用就会大大减弱，就会从超常增长变成正常增长。

关于下一次科技革命的说法很多。搞信息的人说算法会控制人类，我不这么认为，未来一定是文明和思想统治世界，温饱解决了，天天琢磨新思想来影响人。还有说数字经济的，1996 年提出知识经济，第四次工业革命的技术是互联网、3D 打印、区块链，把新词都说一遍，找不到核心技术，科技的突破一定不是新的工业革命，它只能叫科技进步，不应该叫科技革命，更不可能引起产业革命。还有人提出低碳经济、材料科技革命，包括现在的绿色经济，实际上它们的核心都是节能减排，构不成科技革命。

我们在 2000 年提出生物经济是下一个浪潮，现在得到了越来越多的认同。

真正的科技革命是生物技术将会引领的第四次科技革命，人活到 90 岁成为常态。

生物科技从 DNA 双螺旋结构提出来之后已经有 70 年了，一项技术从开始出现到引领科技革命大致需要一百年的积累。我在清华大学上课时，有的学生说，下一轮科技革命不是生物技术，而是区块链。我说区块链几岁了？不可能推动一次科技革命。

所以，第一个依据是 70 年的时间积累，第二个依据是大量的科研积累。在 17 个国家的科研论文中，生物技术和医学的论文数量占所有自然科学论文的一半，以前只是几个发达国家这样，现在许多国家都这样，说明大家普遍高度重视生物技术的研究。第三个依据是论文的引用率高。我们把过去所有的科研论文按照引用率进行筛选，每年选前 20 篇论文，10 年累计 200 篇文章，生物技术占到58%，引用率最高。各国的研发经费，特别是发达国家的一半经费都投在这个领域，美国的风险投资很早就是重点投向生物技术。

由此可见，生物科技将会引起下一次科技革命，将会对医药、农业、化工、能源、环境等许多方面产生重大影响。

第一，推动医学第四次科技革命，延长人的寿命，主要的作用大概是这几种：

（1）诊断技术，基因诊断技术，有没有病，早期就能筛查出来。

（2）生物药品，全球批准上市的创新药中，生物药的占比越来越大，而且成为重磅药物的主力军。

（3）基因治疗、细胞治疗之后的器官再生，而不是器官移植。现在的问题是能不能让切掉后剩下的器官再长回来，器官再生，这是将来一个巨大的变化。

（4）癌症疫苗，从想法已经变成现实，现在一半的癌症都可以用疫苗来控制，逐渐使癌症变成一个慢性病，有癌细胞但是不形成癌组织，甚至不危及生命。

（5）延长寿命，生物领域研究最热的是干细胞，干细胞能够治什么病？没有研究清楚，能够引起什么病也没有研究清楚。把干细胞放进体内控制不住，到

时候治疗完癌症之后开始长出组织怎么办？干细胞怎样控制一个细胞的生长和发育，包括放在一个新的环境里面有什么变化？还远远没有研究清楚。谷歌公司成立了一家人类长寿公司，北京生命科学研究所用老鼠做实验，打掉了衰老基因，延长其寿命，相当于人类活到 128 岁。

第二，生物技术将给农业带来重大变化。

首先是推进第二次绿色革命：转基因植物的组织培养，生物肥料、生物农药的使用，将来 10 亿人可能不会再挨饿了。上海辰山植物园的一位科学家朱健康，他研究的抗旱基因专利为全世界最多，如果他能够成功推广应用，5 亿亩盐碱地、10 亿亩旱地就会全面增产。

其次，把枯枝落叶全部变成化工产品，化工原料的提取不再从石油开始，而是从生物产品开始。

生物能源如生物汽油，把枯枝落叶放在罐子里面变成酒精，再脱水变成燃料酒精，之后变成乙烯、聚乙烯，逐渐变下去就是化工了。

还有，环境污染问题、生物资源开发问题。这些生物技术的产品大量生产之后，下一步最难控制的问题就是生物恐怖。150 多种危险生物都可能用于生物战，爱因斯坦有一句预言，第四次世界大战将是用石头打，因为第三次世界大战，核武器把人类现代文明全部毁灭了，人类又从石器时代重新开始，现在可能不会，用核弹就等于是自杀。但是用生物武器后可能是有抗体的人都活着，没有抗体的人都死了，这才是未来最恐怖的事情。

与人体有关的变化，是转基因转移器官，如果换成狼心狗肺，人们要能够接受这种体质。

还有一个巨大的变化，就是认识生命、改造生命，将来可能还会创造生命，这就是生命科学的巨大魅力，也可能会创造出一些比人类更聪明、更耐劳、更不讲文明的一帮人，类似核武器的副作用。怎么解决这些问题，下一步需要思考。

观察两张双胞胎的照片，在 DNA 出现之前大家觉得他们长得很相似，但是，测一下两个人的基因序列，看一下某些蛋白的结构，再分析各自的代谢产物，就可以发现这两个生命实际上有很大的不同。

3. 其他重大科技变化

农业科技趋势与生命科学和信息科学相结合，就可以直接在高楼大厦里面进行农业种植、培养猪，这些现在全部可以上楼了。农业科技一个巨大的变化，就是现在吃不饱的 10 亿人都能吃饱，未来新生的 20 亿人也能吃饱，这就是农业未来的变化。未来有的大楼里住的不是人，可能全是猪，而且猪吃了一种饲料，饲料里面添加一种酶，猪拉的粪不臭，走进这个地方还以为是居民区，实际上里面全是猪。像转基因猪、转基因鱼，包括猪的生长激素、牛的生长激素都已经研究成功了，只不过现在不用。因为大家要减肥，如果打一针以后，不吃太多饲料，就能长肉，人吃了会不会也长肉？实际上不会，这个问题已经解决了。

制造业技术趋势，后工业时代的制造业怎样发展？对于中国人来讲，高速列车和无人驾驶汽车更加发达。现在的高铁之后是磁悬浮，磁悬浮之后就是管道运输。马斯克在无人驾驶汽车之后，又在研究管道运输，管道里抽成真空，装一个胶囊进去，每小时 900 公里。管道是真空的，胶囊里面又要有空气，这两个中间还要摩擦，所以整个装备的材料费非常昂贵，产业化的挑战较大。

再往下发展就是智能化的电动汽车，将来的汽车，欧洲提出从 2040 年到 2050 年主要国家停止销售燃油汽车。我国的技术进步大概能够做到每公里 3 升油，全球的汽油，按照现在的平均消耗水平，70 多年后就没有了。下一步被迫使用电池，为了环保，提前把电动汽车发展起来。现在电动汽车面临的问题就是换电池的费用太高，提速提不起来。更大的问题是，人工智能无人驾驶是个好主意，如果撞死人，是生产汽车的人管，还是拥有汽车的人管？这些在法律上没有界定清楚，还在研究阶段，但这是一个重要的发展方向。

智能化的机器人，可以代替人干一些活，特别是家政服务，以及保安、物业等一些事情，机器人会做得很好。

微纳米传感器也有很好的发展前景。癌症疫苗如果能投产，再加上靶向药物越来越多，癌症将来一定不是人类的第一大死因。2003 年，一位科学家在人民大会堂晚宴的时候演讲，他说到 2030 年，癌症一定不是人类第一杀手，当时有五位诺贝尔奖得主在下面坐着，他们当场就打断他并问道，你说的是真的吗？你是认真的吗？他说是认真的，现在看来预测还是有道理的。下一步最大的死因一定是心脑血管病，心脏和脑部的血管产生了淤积和堵塞怎么办？能不能在血管里面放一个微纳米机器人进去，把血管疏通好？但是，如果弄不好，很细的东西跑到毛细血管里面，患者不是瘫痪就是变成傻子，怎么解决这个问题？下一步医学领域要针对心脑血管开展生物技术与微纳米技术的研究。

关于新能源趋势，我曾到美国参加世界能源大会，作为国家科技部生物中心的主任，我做了一个世界能源的报告，主要观点是，人类能源不足的问题基本解决了，能源质量和效率不高的问题成为主要矛盾。现在看来大家都认同这个看法，中国这样消耗能源很多的国家，煤炭现在用得不多了，主要办法还是发展清洁能源。煤、石油、天然气是三大主力，但是石油最先用完，大概是 70 年，天然气大概是 120 年，煤炭可以用 300 年。但是等到太阳灭掉，需要 50 亿年，以后人类主要是发展太阳能，这是能源的发展方向，提高太阳能的综合利用率。

材料科技趋势，以前有的认为纳米引起科技革命，但过了那么长时间纳米也没有引起科技革命。后来说石墨烯能够引起科技革命，现在石墨烯的制备解决了，但不知道如何应用。在发展纳米技术和石墨烯等新兴材料的同时，常规材料的问题还比较突出。首先是超级钢，普通钢产量中国第一，河北第二，唐山世界第三，一个城市的钢产量已经做到世界第三，钢太多了。但是医用钢还需要依赖进口，钢的杂质太多，人家的炼钢炉是真空的，我们炼不出高品质的钢。为什么我国的水泥路和水泥房子 70 年就破损了？就是因为没有好水泥。我们做的材料还没有达到高品质，"中国制造 2050""工业 4.0"追求高目标，但是，我国现在的工业 2.0 还没有做好，高品质的钢、长寿的水泥都做不出来，我们还要补工业2.0 的课。另外就是超导、超轻、超强材料，每一次新型材料的出现，都会引起一个小的技术进步，铁的出现带来机械化，硅的出现带来信息化，将来下一个变化会是什么？

环境科学趋势，污水、废水、废气怎么处理？特别是已经灭绝的生物怎么恢复？污染后的环境怎么治理？这些是发达国家已经走过的路，技术对我们也不是很封锁，这方面的进步将会比较快。

现在争议比较大、争夺比较激烈的主要是航空、航天、海洋。航空技术我国现在有上海的大飞机，航天方面我国是世界上第三个能够走向太空的国家。除了美国和俄罗斯之外，中国是能够独立建太空空间站的第三个国家。中国已经在贵州建设了天眼，天眼有什么用？天眼的核心作用就是寻找脉冲星，天上的星星不断地旋转，有的每秒钟旋转 50 次，这些东西将来可以成为航天的天空飞行导航器。北斗的导航系统有 30 颗卫星，伽利略定位系统的 20 多颗卫星失联了，一旦有战争，30 颗卫星被打掉后，就没办法导航，但是天上的星星打不下来，所以用星星来导航很可靠，将来会有一个脉冲星导航的应用前景。

总之，世界格局、创新格局正在发生变化。世界科技中心现在是一个美国中心和一个欧洲中心，将来会增加一个中国中心。我们希望有这样的变化，从研发经费、论文和专利的数量看，中国都在崛起，我们崛起的速度很快，过去五年的时间里，全世界论文增长的 51% 在中国，科研经费增长的 55% 来自中国，专利增长的 83% 来自中国。数量增多是提高质量的铺垫过程，照此下去，中国一定会成为欧美之后的全球第三个创新中心，从而把整个中国经济带动起来。

新冠肺炎疫情冲击下的世界经济

丁　纯[*]

丁纯，2020 年 7 月 28 日

借此机会和大家分享新冠肺炎疫情对世界经济影响的一些认识和观点。

一　疫情冲击下的世界经济

按照世界卫生组织发布的数据，全球的新冠肺炎疫情感染人数，美洲占很大的比例，接下来是欧洲，然后是东南亚、地中海、南欧、西太平洋。美洲的疫情持续扩大，主要是因为美国的情况比较严重。

要了解疫情对于世界经济的影响，就要观察一些核心指标，如贸易、增长、投资、就业，以及社会贫困等问题。

根据国际货币基金组织的世界经济报告，全球经济 2020 年平均的增长率下调到 −4.9%。按照这种预测，20 世纪 30 年代经济大萧条以来，2020 年经济出现最严重的下跌，疫情的影响也超过了 2008 年次贷危机的冲击，但是 2021 年预计的增长是 5.4%，如果是这样，基本上是 V 形的反转。如果疫

* 丁纯，复旦大学经济学院教授。

情不出现第二波，或者不持续反复，2020 年从第三、第四季度开始，就应该有快速的反弹。

比较全球各国的经济增长，中国可谓一枝独秀，虽然增长的速度较慢，只有个位数，然而，发达经济体下滑最厉害，新兴经济体次之。可以说是前所未有的危机、不确定的复苏。

比较世界银行对各国经济 2020 年的预测，发达经济体是 −8.0%，这是非常大的一个衰退，其中美国 −8.0%，欧元区 −10.2%。欧洲经济领头的是德国，预计同比下降 7.8%，法国、意大利、西班牙、南欧的那些国家经济情况都比较差。英国是 1 月份才脱欧，经济同比下降 10.2%。在发达经济体中，日本相对比较好，无论是疫情控制还是经济受到冲击的情况都比较好。

新兴经济体基数比较小，增速比较快。增长比较明显的是巴西、俄罗斯、印度，其实增速都比较低。所以，综合来看，中国是所有国家中总体表现最好的，仍然有 1.0% 的正增长。

货物贸易受到的影响较大，第一季度的疫情主要是在中国，中国对全球产业链的巨大影响到第二季度才体现出来。服务贸易指数偏负面，而且全年的指数还会再下跌，服务贸易很弱。

比较严重的一个问题，是由于疫情的冲击，经济增长低于预期，所以各个主要的经济体都开始推出限制措施，这样的限制措施进一步加剧了经济下跌。大的地缘政治冲击，比如中美、美欧冲突会不会持续加剧？到 2020 年 11 月 3 日，美国才举行总统大选，现在的很多情况本质上都和大选有关。

由于世界经济面临这样一个外生冲击，实际上我们还不清楚以后的发展是 V 形、U 形还是 L 形，学术界争论比较多。

2020 年货物贸易和服务贸易都受限，而且服务贸易的受限更加明显。预计随着疫情慢慢地受控，下半年贸易会有一个比较强烈的反弹。按照世行预计，2021 年全球贸易增幅会达到 20%，这样基本上能覆盖以前的波动。

投资受到的影响很大。随着各国封城，尤其是 3 月底到 4 月份，许多投资项目在建的放缓、新建的减少。第二波影响的是跨境的投资项目，慢慢开始收益减少，然后主要的投资主体——跨国公司，重新评估相应的投资项目，这样就会使得投资的增速减缓。相关政府在应对疫情当中，出台了很多限制投资的措施，最明显的是欧洲，出台了很多限制，目标主要是中国。除了爱尔兰之外，各个欧盟成员国都和中国有双边投资协定，从 2018 年开始，欧盟试图统一对外的投资政策，新冠疫情暴发之后，有协定的整合加强，没有的用超常规、非市场化的手段限制收购，尤其是对一些战略产业，比如医疗设备，实行了一些投资限制。

这种限制毫无疑问进一步增加了跨国兼并收购的难度，使得整个投资受到影响。如果疫情持续，很多项目会搁置，新的投资会减少。2020 年，全球直接投资预计同比下降近 40%，这是全球直接投资从 2005 年以来，首次低于 1 万亿美元，这种冲击非常显著。按照预计，2021 年还会持续下降 5%~10%，到 2022 年才会有比较明确的反弹。

这就是贸易和投资的差别，贸易恢复了，可能马上就会反弹，投资的恢复有一个过程，因为投资要有回报，如果风险大于潜在收益，还会有很多其他的投资回报作参照，那样就不会轻易去投资。

失业方面，全球就业岗位减少和工作时间持续缩短。本次疫情导致了"二战"以来最大的就业率下滑，而且欧洲许多国家学习德国，不让失业，其实还是一种隐性失业，提供 60%~67% 的补贴，这样就不算失业，社会相对比较安定。从国际劳工组织发布的全球劳动力市场监测的数据来看，发达国家受冲击最大，尤其是美国好不容易将失业率控制到 3.5% 左右，一下子又前功尽弃。

控制交通是控制疫情最典型的措施。没有疫苗和特效药，所以最主要的手段就是物理隔离，这样就造成了对很多相关行业的重创，如航空、娱乐、旅游等。

对于经济的冲击（贸易、投资、就业、交通等），毫无疑问就会带来贫困问题，很明显的是极端贫困的增加。我们研究过这一轮全球化，主要是资本的全球化，也就是资本可以全球流动，全球流动的结果是资本的配置可以最有效。这一轮全球化和前一轮全球化最大的区别是什么？前一轮是商品，这一轮是资本。当把资本投出去的时候，实际上就把失业留下来了。这样一个全球化的冲击，毫无疑问使得发达国家的那些低层次的居民觉得利益受损了。

我常常和欧洲的人士讲，你们的跨国公司在全球赚得盆满钵满，但是你们要把移出去的代价，比如低端劳动力的失业问题解决好，要有相应的保障制度。这方面没有做好，受损的人觉得这是政府的责任，觉得这是社会倾销。现在的双边投资谈判也好，自贸谈判也好，不是简单地谈贸易、谈投资，脱欧也是这个问题，英国和欧盟搞不到一块的不是金融，而是所谓的公平竞争问题，就是说英国要遵守相关的劳动环境规定，否则就是一种市场扭曲。

全球化进展非常顺利的时候，贸易上涨很快，投资上涨很快，回报很高，但是不公平性增强，为什么？因为经济好的时候，资本的所有者收益非常多，尽管那些一般的就业者绝对收入也在上升，但是相对收入在下降。

新冠肺炎疫情导致绝对贫困人数在增加，但是相对贫困人数其实是在减少，因为挣钱的人也不能像原来那样挣。疫情可能导致全球4000万~6000万人陷入绝对贫困，这其实会导致什么？会导致社会的一些反弹，这会反过来再作用于世界经济。

疫情对产业链的影响较大，与大规模的闭关和封城有关。以前的企业管理追求零库存，最好是即时供应，这样的管理效率非常高。现在暴露了问题，供应链短缺成为较大的挑战。以前担心发达国家产业链回流，尤其是美国脱钩以后，虽然出现了逆全球化的趋势，实际上资本还是在那里，要做成本核算。

影响比较长期和严重的是债务风险增加。这次疫情以后，各个国家都争先恐后地实施了以财政政策为主的货币政策刺激措施。美联储基本上是要什么给什么，发达经济体的债务已经超过20世纪大衰退时期的水平，预计全球公共债务2020年达到全球GDP的101.5%，这是有史以来最高的水平，全球投了这么多下去，到最后还要去杠杆、加息，若都回过头反着做，后期的影响会比较大。

除了政府增加债务外，许多国家都向个人和企业提供了大规模的紧急救助贷款，截至2020年6月，全球的贷款总规模达到11万亿美元，微观经济活动也在积极调整。

二　新一轮全球化与大变局

疫情严重冲击了全球经济治理体系，但是换个角度看，这也是中国的机遇。改革开放以来，真可谓天助自助者也。20世纪80年代有8000万的华侨，港台和华人的资本主要投向基础建设和加工行业。90年代初，大规模的欧美资本进来，形成了比较国际化的制造能力。后来我国加入WTO，综合国力逐步增强。2004年以后，无论是外汇储备、GDP还是贸易占GDP的比重，我国在全球开始显山露水。现在我国已经成为全球第二大经济体，西方不得不承认我国的大国地位，这个时候更需要全球治理规则，美国开始拆自己搭起的台，从布雷顿森林体系到多个国际组织，它频繁"退群"，IMF越来越不能体现全球意志。

疫情也挑战了区域经济的治理问题。全球有很多的区域经济治理，比如欧盟、东盟这一类区域治理体系，在疫情当中受到了非常强烈的冲击，其中意大利、西班牙的经济影响最大。

原来的治理体系问题越来越明显。一个是民主赤字问题，新兴经济体比重越来越大，但是相应的发言权、投票权没有同步上升，而发达国家不甘心让出权力，所以就要求改革，欧盟最为典型。

疫情后的复苏存在非常大的不确定性。发达国家，多数陷入了比较深度的衰退，美国最明显，还有德国。失业的增速会随着疫情进展慢慢减缓，失业增速滞后于经济增速。政府债务扩大，比较严重的是西班牙、日本、美国，这几个国家预期债务增幅都非常大。日本的债务一直很高，基本上是GDP的250%左右，好在大量的债都在本国人的手里，不大会出现希腊那样的债务危机。

经济部门衰退，主要是住宿、餐饮跌幅巨大，金融和保险的衰退接近9%。新兴的企业，包括Uber，都出现了大规模的裁员，特朗普采用了不少强制性手段，美国号称是自由经济的典范，实际上是最实用主义的国家，做市场经济可以做到极致，反过来做计划经济也是那样。

日本在发达经济体当中比较好，下降5%左右。新兴经济体当中，印度受到的冲击非常严重，印度的疫情控制情况不好，经济下滑也是预料之中。

欧洲有近 5 亿的人口，GDP 是全球的 17%。按照一体化来分类，一个是欧盟 27 个经济体，一个是用欧元的 19 国，还有一个就是人员可以自由流动的这些国家。人均 GDP 最高的是卢森堡，人均大概 8 万欧元，德国相对比较中等，人均 4 万欧元左右。

欧洲主要机构的"三驾马车"中，议会的权力相对弱一些，欧盟委员会（欧委会）相当于国务院，欧委会的成员都是每个国家推出来，然而它的成员不能讲我是德国人，对外只能整体代表欧盟。理事会是由各个成员国的首脑组成的，因为欧盟是一个主权国家的联合体，大家可以统一行动，但是必须得到每个国家的授权。每个国家民选的行政首脑就是理事会的成员，其实真正能做什么，不能做什么，要到理事会上去讨论，因为这涉及相关成员国主权让渡的问题，具体由谁来做？欧盟委员会。议会原来权力不大，现在有些变化，因为民主赤字的问题。一帮精英想的和民众自己做的是两回事，后来要求议会的权力不断增加，现在议会可以否决理事会提出的欧委会主席等关键人选，让老百姓有更多的权利。

本届欧委会是 2019 年选出来的，他们比较强调绿色、数字，这也是这一届欧委会的两大主题。他们觉得欧洲在数据和创新等领域落后了，不仅落后于美国，甚至一定程度上落后于中国。除此之外，欧委会还强调地缘政治，对于欧洲人来讲主要是 ABC，A 就是美国，B 是脱欧，C 是中国，欧洲把中国视为一个挑战。在 2019 年的上一届欧委会展望中，明确把中国定义为经济伙伴和竞争者，是体制上的对手。

欧洲疫情的致死率比较高的是英、法、西班牙、意大利，情况比较好的是德国。总体来讲，西欧相对严重，东欧好一些，国家小，流动性和开放程度没那么大，还有就是中东欧的那些国家，管制措施比西欧严格。当然也有理念上的差异，英国所谓的群体免疫，其实也是逼出来的。

欧委会预计，2020 年欧盟的经济将会下降 8.3%，欧元区下降 8.7%，越是发达的国家，下跌的情况越严重。尽管欧洲的疫情后期控制较好，复工复产比较

有信心，但是下跌幅度肯定会超过 2009 年欧债危机时的水平。

欧洲的工业恢复情况比较乐观。对于产业链的影响，较为明显的是汽车业，欧洲有很多东西受制于美国，一些欧洲企业对我国产业链在疫情早期断供，对我国的影响并不是很大。而我国湖北等地区，由于有很多的车企和零部件企业，疫情对欧洲造成了比较大的冲击。

德国有很多优势，比如工业基础雄厚，财政实力也很强大。每万人的医生数、床位数在全球领先，德国老百姓的纪律性很强，再加上应对疫情的策略比较科学，认识到与新冠肺炎病毒要长期共存，所以采取三步战略：疫情防控，维持经济生活和增长的策略，注重平衡不偏激。

贸易持续萎缩对欧洲的打击比较大。进出口都下降 12% 以上，欧盟成员之间的内部贸易则是正增长。法国的出口贸易受到的影响最大，下降超过了 40%，而希腊的进口受到影响最大，下降超过了 50%，各个国家有非常大的差异。

德国是贸易大国、制造业大国。德国在中欧贸易当中占 1/3，而且是为数不多的发达国家对中国贸易顺差，所以德国人不轻易跟着美国和中国打贸易战。默克尔刚上台的时候，第一年和我国有些不愉快，但是后来意识到要在下台前留一份政治遗产，正好轮到德国人做欧盟的轮值主席，所以其主要目标之一，就是要把欧盟和中国的关系发展好，默克尔提出"27+1"，把所有人都拉来谈，平等地谈，原计划在莱比锡开会。疫情暴发后，会议一直往后推，中欧等多方都希望未来的会谈有好的进展。

欧洲的失业看起来不是很严重，预计是 7.4%。最糟糕的情况是到 2020 年底达到 10%，这对于失业率一直比较高的欧洲来讲，其实是比较低的数据，当然与许多国家将硬失业变成软失业的措施有关。欧洲央行本身不是真正的贷款人，因为财政没有统一，所以大规模采用货币政策其实是在内部搞再分配。有些比较节俭、劳动生产率比较高的国家，例如德国、荷兰，反对这样做。遇到类似疫情这样的重大危机，一定是成员国自己管自己为主。

欧洲推出了一揽子应急计划，面向欧盟成员，总计划高达 5400 亿欧元。计划包括两方面的举措，一个是短工补贴，为居民提供补贴，这是学德国的做法，整个欧洲都在推广。另一个是保护中小企业，通过评审基金；还有就是欧洲投资银行做的，专门针对中小企业，即企业救助。另外，还有讨论了将近 100 个小时，号称历史上欧盟开会时间最长的"下一代欧盟计划"，讨论总量 7500 亿欧元的刺激计划资金。这背后其实很复杂，下一个七年，欧盟作为一个行为体，本身没钱，需要向大家去收，怎么收？而且英国退出了，少了一个净贡献者，其他人要填补，就此争论了很久。

在 7500 亿欧元的计划中，原来准备 5000 亿欧元是无偿的，以欧盟的名义，到市场上筹集，谁需要较多就多给谁。但是，这种无偿的方式非常大的问题就是道德风险。欧洲一体化，欧央行有一个稳定和增长公约，其中有个条款叫作不可救助条款，不能用大家的钱去救助某一个国家，否则，永远有人做空，一看到情况比较糟糕，大家都会去做空，如果允许救，就会有道德风险，反正有人救，为什么要好好干？后来很多人反对，无偿的部分减少到 3900 亿欧元，贷款增加到 3600 亿欧元，对于欧盟来讲，终于迈出了第一步，大家可以搞统一财政、搞内部再分配，这方面让市场的信心大增。

分析欧洲的民意调查数据，可以看到大家对政府的治理措施满意度比较高，而且在欧洲的民意调查结果显示，越是疫情严重时期，居民对政府的支持率反而上升，而民粹在下降，所以有些东西我们要学会理解。我们中国人不理解，比如你不戴口罩，我就不理解，对于 65 岁以上的老年人，他们可以直接把氧气面罩从年老者身上拿下来给年轻人用，而我们也不理解，这实际上是不同体制的反应，我们需要慢慢从中观察。

疫情冲击下的世界经济未来的发展趋势一个是停滞，2020 年全球主要经济体衰退。第二个是复苏，比较难以明确预计，各个研究所的报告有各种各样的预测，我认为是一个相对的恢复，大规模财政措施的应用，带来的麻烦是什么？是累识了很多财政赤字、公共债务，还有一个公平性的问题。

当然产业链也成为一个问题，疫情之后，全球的产业链特别是制造业的产业链会有些变化，包括医药行业的产业链，可能会有变化，但是不会有想象中的那么大。

毫无疑问，新冠肺炎疫情催生了新的技术、新的业态，这其实是一种被迫的改变，但效果还是很明显。尤其是欧洲，大量的在线就业，大家觉得慢慢习惯了，疫情期间一天都没停过，都在做，而且做得很好。

另外就是全球治理体系的碎片化，疫情后期预测中最大的不确定性，是疫苗能不能大规模地应用，首先是能不能充足地制造出来，并及时上市，其次是能不能广泛地为社会大众所接受，都存在不确定性。

各国的复苏可能出现差异，这是非常明确的特点。复苏会有问题，不确定性当中，对于中长期可能有影响的就是债务问题，因为整个债务无论是从数量还是从结构来讲都比较严峻。各国都想把当前的疫情控制住，避免造成不可调和的矛盾，特别是失业的问题，由此带来的债务规模和比重都比较大。

资本市场实际上反映了疫情的短期冲击和变化，但是有一个问题，就是长期的风险，或者金融体系的脆弱性，会随着疫情的发展有一定的积累。公司债务普遍扩大了一定的规模，怎么处理？特别是当经济慢慢恢复的时候，处理的手段、节奏、速度，互相之间的关系，都有非常大的不确定性。

地缘政治的不确定性，除了美国之外，百年大变局实际上不会因为疫情就结束，疫情一定程度上是加快了大变局的进程。比如逆全球化，或者某种程度上的去全球化，或者治理的破碎化情况，有些是越来越明显的。对于这个趋向，新冠肺炎疫情只是一个外生的冲击，会对它有影响，但是毕竟是外生冲击，难以改变整个大趋势。世界向何处去，世界经济朝什么方向去？非常值得我们关注，尤其是在疫情冲击之前，全球经济就明显出现了两个问题，全球贸易总体增速下滑和劳动生产率下滑，即"双下滑"。

三　新冠肺炎疫情与医药产业

新冠肺炎疫情对医疗服务和医药产业带来机遇和挑战。全球医疗产品市场主要集中在发达国家，现在中国的总体情况是在追赶。中国医药市场的规模已经成为全球第二大，与第二大经济体的地位基本相当。在医药产品的研发生产上，尤其是研发上，我国还是在追赶的过程中。相对于其他行业来看，有些类别的医药产品获得了较好的发展机遇。医药产业的细分结构中，医疗设备、耗材、个人防护用品等，在疫情期间比较热销，甚至出现紧缺，中国是第一大出口国，德国、美国次之。这次疫情更加强化了健康意识和预防保护等行为，医药产业的发展很有后劲，全球的医药和大健康产业持续上涨的动能很足，发达国家的医药产业，产值的比重和就业人口比重都超过10%，而且国家越富强，社会越富裕，这方面的投入就会越大。

早在疫情之前，国家"一带一路"建设的亮点之一，就是中国的医疗保健产品的出口增速非常快，本次疫情为中医药加分，获得了许多国家点赞和认可。

医药产业面临的挑战，例如供应链的安全等问题，需要关注，但是不必过于担心。

国外的情况对于国内的医药市场影响有限，建议我国企业更多关注国内的市场动向，特别是深化医改、加大公共卫生投入、注重疾病预防控制、鼓励创新等方面的政策，这些对企业的影响更为直接和深刻。

后疫情时代健康中国的若干思考

黄　丞[*]

黄丞，2020 年 6 月 8 日

　　突如其来的新冠肺炎疫情，蔓延甚广，对全球经济、社会及生活等各方面产生了巨大冲击和破坏，对社会各界造成的心理冲击前所未有。以习近平同志为核心的党中央"始终把人民群众生命安全和身体健康放在首位"，习总书记高度重视，亲自指挥和部署，主持召开政治局常委会会议专题研究疫情防控工作，多次做出重要指示和批示，科学回答打赢疫情防控阻击战的根本性、全局性、关键性重大问题，为打赢疫情防控阻击战指明了前进方向、提供了根本遵循。

　　在党中央强有力的集中统一领导下，党政军民学、东西南北中一体行动，各地区各部门迅速响应，坚持以人民为中心，"生命重于泰山，疫情就是命令，防控就是责任"。调集全国最优秀的医生、最先进的设备、最急需的资源，全力以赴投入疫病救治。广大医务工作者挺身而出，逆行驰援，扶危救难，最大限度提高检测率、治愈率，最大限度降低感染率、病亡率；群策群力，不惜一切代价救治病患，凝聚起坚不可摧的强大力量；各条战线，联防联控、群防群治，构筑

＊　黄丞，上海交通大学安泰经济与管理学院副教授。

起最严密的防控体系……疫情"大考"中的出色表现展现了中国力量、中国精神、中国效率，体现出中国独特的制度优势，取得了"惊艳于世"的骄人业绩。一方面高效应对重大疫情，另一方面时刻不忘保障民生、发展生产，统筹推动疫情防控和经济社会发展"双管齐下"，中国成为2020年全球唯一实现正增长的经济体。

全球疫情大潮波涛汹涌，中华大地国泰民安、山河无恙，作为居于其中的国民，幸甚至哉！中国的传统文化，东方的价值观念，天人合一，家国同构，健康高于一切。中国人民在生死攸关的大灾大疫面前"民生获得感"大大增强，民族自豪感油然而生。放眼海外，疫情仍然让人惊心动魄、谈疫色变。环视国内，尽管仍有疫情在小范围反复，但总体可控，社会生活正在逐步走上正常轨道。

"吃一堑、长一智"。痛定思痛，亡羊补牢。疫情已经造成难以估量的损失，并将继续造成广泛而深远的影响，经济社会和各行各业的顺利发展离不开医疗健康行业良性发展作为基础，而疫情防控常态化时代医疗健康行业良性发展的根基务必筑牢，方能更好地防范重蹈覆辙。强基固本的思考如下。

一 公共卫生的核心和基础重要性

前事不忘，后事之师。要反思号称"建立了世界上、历史上最完备'疫情'直报系统"的公共卫生体系，为什么在这一次重大突发公共卫生事件的发现与应对中再一次"形同虚设"？怎么没能即时吹响疫情防控的"哨子"？新冠肺炎疫情是"天灾"还是"人祸"？若是"天灾"，那么如何才能增强疫情预报的捕捉与分析能力？如是"人祸"，那么下一步如何亡羊补牢，"扎紧制度的篱笆"？！

善于从成功中总结经验和从失败中吸取教训，"明者因时而变，知者随事而制"。习总书记指出，应对新冠肺炎疫情，暴露出我国在重大疫情防控体制机制、公共卫生体系等方面存在一些短板，接下来要：改革完善疾病预防控制体系；建设平战结合的重大疫情防控救治体系；健全应急物资保障体系、加快构建关键核心技术攻关的新型举国体制；深入开展爱国卫生运动；不断完善我国公共卫生体

系；切实提高应对突发重大公共卫生事件的能力和水平，理应成为疫情防控常态化时代要着力的方向。

Charles-Edward A. Winslow 在 1920 年提出，公共卫生是通过社会、组织、公共和私人社区以及个人的知情选择以及通过有组织的努力来预防疾病、延长寿命和促进健康和效益的科学与艺术。1952 年世界卫生组织采纳了这个定义。国务院原副总理吴仪在 2003 年指出，公共卫生是组织社会共同努力以改善环境卫生条件、预防控制传染病和其他疾病流行、培养良好卫生习惯和文明生活方式、提供医疗服务，达到预防疾病、促进人民身体健康的目的。这是大健康的概念，关注的不仅是个体健康，更是群体健康，强调预防为主。公共卫生属于公共物品，不是私人物品，由政府而不是市场来提供，成本低，效益好。对实施健康中国战略而言，公共卫生至关重要，具有核心和基础性地位。

美国 CDC 在 1999 年的研究报告中指出：整个 20 世纪，美国的人均预期寿命增加了 30 岁，其中的 25 岁应该归因于公共卫生的进步，而并非归因于高精尖的治疗手段。

曾任美国疾病预防控制中心主任、纽约市卫生局局长的费和平指出：在过去的一个世纪里，世界上大部分的健康收益是由公共卫生而不是医疗服务贡献的。公共卫生措施，如清洁水和卫生设施、烟草控制、机动车和工作场所安全以及营养改善等。在全球范围内，根除天花和脊髓灰质炎免疫接种等公共卫生成就，拯救了数百万人的生命。

知名学者王绍光教授总结道，历史上，新中国制定了重视预防的卫生方针，而且在很长的时间里花了大量的精力来组建卫生防疫体系。中国当时的公共卫生网络，包括四级国家防疫体制（中央、省、地市、县），还有另外一个更有特色的体制网络，即三级基层卫生预防保健网（县、公社、大队）。职能是三件事：医疗、预防、保健，预防是其中非常重要的一项任务。农村的卫生工作有三大支柱，合作医疗制度、赤脚医生和三级卫生保健防疫网。国家的四级卫生防疫体制和基层的三级卫生预防保健网结合在一起，构成了一个相当严密的公共卫生网络，为新中国的防疫工作奠定了很好的基础，取得了举世瞩目的辉煌成就。由于传染病、多发病，包括一些地方病被控制住，人均预期寿命得以快速提高，从1949年不到35岁，到1980年的69岁，在新中国建立后的前30年，中国的人均预期寿命增加了30多岁，平均每年增长1.1岁。

2015年第2期《中国卫生资源》中刘鹏程的研究成果显示：1950~2010年，中国人的预期寿命增长了26.6岁，其中77.9%的贡献来自疾病预防控制，医疗技术改善的贡献只有22.1%，疾病预防控制比医疗技术改善的贡献大得多；从1978年到2002年，以及从2002年到2010年，疾病预防控制的贡献率没有以前那么高了，但依然达到59%左右。王绍光在2020年疫情后指出我国历经了四次危机：第一次是1958~1961年，第二次是1967~1971年，第三次是1985~2003年，最后一次是2008年至今。四次危机得出同样一个教训：什么时候忽略了预防为主，不把预防为主切切实实地在政策上贯彻、执行，就会受到惩罚，就会出现大问题。而且对比中外，中国14亿人，美国3.28亿人，俄罗斯1.47亿人，中国疾控中心的工作人员是187000人，美国的人口是我国的1/4左右，但它的疾控中心人员有265000人，俄罗斯的人口是我国的1/10左右，但它的疾控中心在20世纪90年代初，也就是最困难的时候，也有22万人。换算成每万人中疾控人员数，中国是1.34，美国是9.3，俄罗斯该数据大约是我国的10倍。

预防为主不能停留在口号上。预防为主，不能只是体现在官方的文件里，必须落实到具体的政策举措中去，落实到人员与资金的配置方面。

具体而言，要加强疾控人才队伍建设，建立适应现代化疾控体系的人才培养和使用机制，要建设一批高水平的公共卫生学院，为疾病预防控制体系培养、储备合格人才；要建立稳定的公共卫生事业投入机制；要立足更精准更有效的防，在理顺体制机制、明确功能定位、提升专业能力等方面加大改革力度；要优化完善疾病预防控制机构的职能设置，建立上下联动的分工协作机制；更加优化应对突发重大公共卫生事件的发现、上报、筛查、检验、确认、公告等科学可靠的防控供应链和防治策略；要加强国家级疾病预防控制机构能力建

设；要健全疾控机构和城乡社区联动工作机制；要创新医防协同机制，建立人员、信息、资源三通和监督监管相互制约的机制；深化公共卫生体系与医疗服务和医疗保障体系改革；改变两个体系各自独立发展、相互之间存在严重的脱节、缺乏有效的融合协同机制的局面；直面公共卫生体系、医疗服务和医疗保障体系分属于不同的部门、实行多头管理格局，直面信息沟通不充分、资源整合力度不够、条块分割，严重制约了对公共卫生信息的及时、准确和有效管理的现实，从此次新冠肺炎疫情给中华民族带来的巨大创伤中吸取经验教训，变"危"为"机"，从失败中学习，结合"健康中国战略"的本质要求，基于大健康理念，针对疫情应对中暴露出来的短板和不足，抓紧补齐公共卫生体系短板、堵住公共卫生体系与医疗服务和保障体系之间各自为政、不能协调的漏洞，就"坚持"什么、"完善"什么、"建立"什么和"落实"什么，完善重大疫情防控和救治体系之间和谐合作的体制机制，健全国家公共卫生应急管理和疾病救治一体化的运作体系，建立并完善公共卫生人才培养、使用的体制机制，落实从业者的待遇保障，培养一支能吃苦、耐得住寂寞、"召之即来、来之能战、战之必胜"的公共卫生人才队伍。布好"哨兵"，筑牢健康保障的第一道防线，优化应对突发重大公共卫生事件科学可靠的防治策略，以"强基层"和公共卫生职能的落实落地为核心，夯实整个医疗健康行业的根基。在国家层面将"明者见危于无形，智者见祸于未萌"的治理体系与治理能力提上新高度，落实落细"始终把人民群众生命安全和身体健康放在第一位"的战略目标，全面提升国家应对重大突发公共卫生事件的发现和救治能力。

二 "强基层"将来更加重要

世界卫生组织 1978 年在《阿拉木图宣言》中指出，基层卫生医疗的核心在于预防疾病、促进健康以及治疗和康复服务。世界卫生组织在 2008 年《初级卫生保健——过去重要，现在更重要》的报告中说：与提高应对能力以及预测新的挑战相反的是，卫生系统似乎总是在从一个短期内需优先解决的问题游移到另外一个短期内需重点应对的问题，这使得卫生系统变得愈发支离破碎，缺乏明确的方向感。问题的根源在于卫生系统和卫生发展议程已经演化成拼凑在一起的集合体。从富裕国家的过分专科化到贫穷国家由捐助者推动的注重单一疾病的规划，这一点都很明显。大量资源被用于治疗服务，却忽视了能使全球疾病负担减少70%的预防和健康促进工作。

医疗卫生体系依然存在很多设计上的不足，缺位、越位、错位以及体制机制尚未理顺等问题依然存在。作为整个医疗卫生提供体系的"基石"——基层医疗服务——的利用效率令人担忧。如果不能在改革实践的基础上进行总结优化，医改将不会出现令各方满意的局面，中国医疗卫生提供体系就不能有效满足"人民日益增长的美好生活需要"。

当下中国医疗资源存在总量不足且分布不均等问题，要大力提高基层医疗组织的健康服务能力，真正实现其作为我国健康服务保障的基石、前沿阵地的作用，彻底解决人们有病就直接涌向大城市大医院、过度挤占优质医疗资源的弊病，必须靠科学到位的约束激励相容制度逐步使社会大众的医疗和健康消费科学合理——基层医疗服务被切实充分利用起来，这是实现健康中国战略目标的重要决定性因素和可行手段。

新医改已经推行了10余年，大医院的"虹吸效应"却持续增强，以医院为中心而非以基层医疗机构为中心，患者看病就医呈现趋高、趋大、趋上、趋重的态势，认为大医院拥有比基层医院更好的医生和更先进的医疗设备，对分级诊疗造成重大影响，这是造成"看病难、看病贵"的重要原因。

今天，中国进入了新时代，中国社会主要矛盾已经转化为人民日益增长的美好生活需要和不平衡不充分发展之间的矛盾。以前我们要解决"有没有"的问题，现在则要解决"好不好"的问题。健康是人民群众最关心、最直接、最现实的利益，人民的获得感、幸福感、安全感都离不开健康。没有全民健康，就没有全面小康。要推动医疗卫生工作重心下移、医疗卫生资源下沉，为群众提供安全有效、方便价廉的公共卫生和基本医疗服务。新时代党的卫生健康工作方针是"以基层为重点，以改革创新为动力，预防为主，中西医并重，将健康融入所有政策，人民共建共享"。让人民群众享有公平可及、系统连续的健康服务，并让全体人民公平获得高质量的医疗服务。党的十九大报告特别提到加强基层医疗卫生体系建设和全科医生队伍建设。更加重视供给侧结构性改革，把医疗卫生提供体系，特别是基层的建设放在了重中之重的位置。党的十九届五中全会通过的《中共中央关于制定国民经济和社会发展第十四个五年规划和二〇三五年远景目标的建议》要求，全面推进健康中国建设，明确把保障人民健康放在优先发展的战略位置，为人民提供全方位全周期的健康服务。深化改革要更加注重预防为主和风险防范，更加注重提高质量和促进均衡，更加注重资源下沉和系统协作，推动发展方式从以治病为中心向以人民健康为中心转变、服务体系从数量规模扩张型向质量效益提升型转变、人民群众由被动应对健康问题向主动践行健康生活方式转变，完善中国特色的卫生健康制度体系。

科学合理的就诊秩序——"基层首诊、双向转诊、分级诊疗"，是医疗卫生服务体系高效运行的根本原因。为了打造科学合理的就诊秩序，国家各部门不遗余力、陆续发力推出了分级诊疗、家庭医生制度、医疗联合体制度等多项措施，综合施策，意在强化社会大众对基层医疗卫生服务的信任与利用，基层医疗卫生机构作为"塔基"对提高整体医疗卫生服务体系的运行效率至关重要。新医改力推的强化基层、分级诊疗等举措旨在遵从卫生经济规律的内在要求，追求更高的医疗卫生服务体系运行效率。

如何强化基层医疗卫生保健服务，自20世纪末以来是一个全球性的重要卫生政策和社会政策课题。因此，中国的医疗卫生体系需要向建立以强大的基层卫生服务为基础、以人为本和注重质量的一体化服务提供体系（PCIC）转型。

然而，综观进入21世纪后的20年，"强基层"推行效果远不及政策预期。基层医疗卫生机构的医疗服务能力呈不断升高的趋势，其相对能力却呈持续下降的态势，基层资源的"闲置"和高端医疗资源的"滥用"，导致乱象丛生，医疗资源在大型医院的集中态势并没有随着政府对基层医疗机构投入的增加而得到扭转。

基层首诊是分级诊疗模式的关键环节，是否切实实行基层首诊决定了双向转诊、急慢分治与上下联动能否顺利实施，从根本上决定了整个分级诊疗制度进程的成功与否。

"看病难、看病贵"源于越级诊疗，越级诊疗源于基层医疗服务能力弱化。政府意在保护基层医疗机构免受市场竞争压力的制度，无助于提升服务效率，反而弱化了其服务能力。必须破除制约基层医疗机构活力的制度性障碍，人才匮乏成为制约基层卫生发展的瓶颈。三级医院高速膨胀，形成了对医生、患者和医疗费用的三大虹吸效应，另外，政府体制机制设计和规划的不到位以及基层医疗卫生服务提供力量的偏差或错位，使"看病乱"现象依然故我。改革结果清晰地呈现基层机构医疗服务能力和服务量相对萎缩的现象。探索基层医疗服务能力弱化的体制根源，才能寻找到增强基层医疗机构服务能力的现实路径。

以强基层为核心要义的分级诊疗制度涉及政府、医保、医疗卫生管理机构、医院、患者及其家属、社会组织等多个利益主体，这些利益主体为各自利益的最大化而博弈，导致分级诊疗制度的整体实施步履维艰。改革已到深水区，医药卫生体制深化改革中，强基层的体制机制尚未理顺，仍然需要持续攻坚克难。我们需要紧紧围绕十九届五中全会所判断的"新发展阶段"，秉持"新发展理念"，谋划"新发展格局"，需要冲破思想观念的束缚，对利益相关者进行科学的制度安排或均衡，这是整体医疗价值优化的前提和保障。从"利益相关者"理论的视角，建立强基层的互利共赢的利益分享机制从而协调均衡各方利益关系，突破利益固化的藩篱，坚决破除制约"强基层"高效提供医疗卫生健康服务的体制机制弊端，实现历史性变革、系统性重塑、整体性重构，化解"强基层"深化改革过程中不同主体之间的矛盾和纠葛，从而促成新制度的有序推进和长效实施，助力医疗卫生服务体系的科学和良性运作，实现整体医疗价值优化，切实服务于民生的健康福祉。

三　提升健康素养，倡导健康生活方式

　　每个人都是自身健康的第一责任人！众所周知，生活习惯、生活方式和个体健康素养对于个体身心健康的溯源影响占60%，吃药打针等医疗服务仅仅占8%。让人唏嘘不已的是社会大众往往珍惜"8%"却常常忽略或轻视前面"60%"的作用！预防为主，貌似老生常谈，实则是金科玉律。

　　此次的疫情肆虐，警示社会各个阶层领悟到：再多的"0"，没有健康的"1"来引领，仍然还是"0"。

　　痛定思痛，疫情未毕，正常秩序虽然逐步恢复，但是不能"好了伤疤忘了痛"，疫情尚在，"革命尚未成功"，要反思一次次危机的源头，找准"疫情"发生的根由，及时进行"机会教育"，真正提升广大民众的健康素养和公共卫生意识，把"每个人都是自身健康第一责任人"的理念落实落细。

　　从捍卫蓝天保卫战，保护青山绿水，到保护好食品药品的安全和质量监管，通过科普和各种教育活动使公众了解健康安全常识，校正个人不良生活习惯，培养良好的卫生生活习惯，提高公民的健康素养。

　　日常的公共卫生看似与经济社会发展无关，实则是一切经济社会发展不可或缺的根基和前提条件，直接影响到每个公民的健康。

　　"吃一堑，长一智"。要教育每位公民，更加尊重、敬畏自然规律，审慎而行，不要以身试法，去追求无约束的自由。化"危"为"机"，从巨大的灾难中"破迷开悟"，不断完善和超越自我，强身健体，更加注重培养符合身心健康需要的生活和工作方式。

　　《"健康中国2030"规划纲要》明确指出，"共建共享、全民健康"，"全民健康"是建设健康中国的价值取向，"共建共享"是建设健康中国的基本路径和战略目的。针对生活行为方式、生产生活环境以及医疗卫生服务等健康影响因素，坚持政府主导与调动社会、个人的积极性相结合，推动人人参与、人人尽力、人人享有，落实预防为主，推行健康生活方式，减少疾病的发生，提高全民健康素养，引导形成自主自律、符合自身特点的健康生活方式，有效控制影响健康的生活行为因素，形成热爱健康、追求健康、促进健康的社会氛围。

新冠肺炎疫情再次提醒我们，良好的身体"底子"或免疫力是成功战胜疫情的根本法宝。受新冠肺炎疫情危害最严重的人群是有基础疾病和免疫力低下的老年人。增强个体免疫力是战胜各类疫情的务本之举和不二法门。

健康中国建设要求全员动员，丰富爱国卫生工作的内涵，参与爱国卫生运动，每个人都成为健康的第一责任人，从方方面面来做到合理膳食、均衡营养、适量运动。

按照行为科学的研究结论，一个人一天的行为，约95%是习惯性的，习惯是长期养成的，而习惯养成靠个人自觉。增强自身免疫力，不要幻想"一口就吃出个胖子"，练就健康体魄绝非一日之功，需持之以恒、"久久为功"。

当前，境外疫情暴发态势仍在持续，外防输入压力依然如初，国内疫情反复的风险始终存在。要精准有效地做好外防输入工作，抓好重点地区疫情防控工作，落实和完善常态化疫情防控举措，加强宣传引导，强化群众的自我防护和健康管理意识，严密防范疫情出现反弹。从自我做起，从源头做起，强化个体责任。

为有效应对疫情，社区和基层要加快城乡社区公共服务信息平台建设，推进互联网与社区治理、服务体系融合。运用社区论坛、微博、微信、客户端等新媒体，引导社区居民积极参与公共事务，邻里互助，移风易俗，营造与邻为善、以邻为伴、守望相助、崇德向善的社区文化。

借助本次疫情，针对农村婚丧嫁娶活动等"宴请"可能存在的疾病传播隐患加强针对性的健康宣讲；开展城市缓解压力、优化饮食结构等健康宣讲；开展城乡居民重大疾病、慢病防治宣讲和干预。科普公共卫生和基本医疗常识，借鉴当年"赤脚医生"的经验，由县级公立医院牵头，引领乡镇和乡村医生学习治疗常见病和多发病的物美价廉的中西医手段和验方，惠及百姓。开展全方位、无死角的健康素养、科学生活习惯与方式的群众宣传教育运动，教育社会大众明白控

费的最高境界是少生病、晚生病、尽量不得大病。

抗击疫情，人人参与。让我们万众一心，共同努力，为健康中国的早一天实现，从我做起，从当下做起。

深化医改下的挑战与创新

蔡江南 [*]

蔡江南，2019 年 3 月 16 日

本文从医改的三个最主要环节，医疗服务、医药领域、医保领域做些分析和讨论。

新一轮医改从 2009 年开始，2019 年正好是 10 周年。这一轮医改以医保领域为突破口，原来很多人没有医保，到现在绝大多数居民都有医保，基本上实现了"全面医保"的目标。医药领域的改革，也在频频发力，比较多的是在药品流通和药价上反复发力。2018 年，国家医保局成立以后，医药的改革动作和力度更大了。

医疗服务领域，是"三医"（指医疗、医药、医保，下同）改革 10 年中突破性相对最小，当然也是改革最难的地方，核心在于公立医院改革，为什么始终没有突破性进展？为什么在医疗领域改革起来这么困难？我们的改革有没有找准这个核心，怎样从需方改革转到供方改革？三个领域当中，医保是买方，代表患者付钱所以是需方，医疗和医药是供方。改革先突破的是需方，是一个增量改革，原来有的人没有医保，

---

* 蔡江南，中欧国际工商学院卫生管理与政策中心原主任，上海创奇健康发展研究院创始人和执行董事长。

然后多方合力做增量，比较容易改，因为过程中没有影响到利益相关方。而供方的改革是存量改革，特别是医疗领域，凡是要动存量的改革，都是很难改的，增量改革之后剩下的改革都要影响既得利益。借此机会主要讲三个领域的改革，当前的情况怎样，难点在什么地方。

一 医疗健康行业发展概况

我国的人均卫生费用变化很大。1978 年是改革开放的第一年，最新的数据是 2017 年的，从 1978 年的人均 12 元／年，提高到 2017 年接近 4000 元／年，换成美元大概是每年 600 美元左右。而卫生费用占 GDP 的比重，1978 年是 3%，2017 年是 6%，40 年翻了一番，好像增长不是很快，原因在于分母 GDP 的增长速度很快，所以尽管分子的数量增长很多，但是除以分母后，比重相对来说提高得并不是特别快。

医疗卫生投入的最重要产出就是人均寿命。由于每 10 年才做一次人口普查，目前只有 2010 年的人口数据。比较全国各省份的数据，人均寿命最高的前三位依次是上海、北京、天津，最后三位依次是西藏、云南、青海。最高和最低的寿命相差 12 年，其实上海的数据已经接近我国香港和日本，在一个国家内部的地区之间相差 12 岁，这个距离非常大。人均寿命和什么数据密切相关？经济发展水平是最重要的影响因素，还有医疗水平，医疗因素能够抵消环境污染的影响。新生儿死亡率和婴幼儿死亡率，农村的比城市高了一倍以上，这是比较大的，它反映的是城乡差别，前面的是地区差别，还有社会阶层差别，它们共同构成了我国医疗健康的三大主要差别。

人口数据对行业的发展有直接影响。我国人口出生有两个高峰，第一个高峰是三年自然灾害以后出现的，1962~1971 年的人口高峰，很多人饿过以后，吃饱饭就多生孩子。第二个高峰是 1981~1990 年。1962 年出生的人，到 2022 年以后开始进入老龄化，对于医疗行业来说是一个利好因素，但是对于支付方来说，是一个巨大的挑战。

我国管理卫生和医疗机构的有很多部门，和"三医"密切相关的主要是三个部门：一是 2018 年改名的卫健委，之前是卫计委，再之前是卫生部。卫健委增加了一个老龄人口职能，核心职能是管理公立医院等医疗资源；二是药监局，原来是食药监，现在是一个副部级机构，隶属于市场监督管理局；三是医疗保障局，一个新设的机构，把多个部门的职权集中在一起，集中管理城镇职工医保、城乡居民医保、新农合，还有药品招标、定价、支付等职能，这么大的管理机构有多少编制？只有 80 个编制。

二 医疗服务改革与挑战

1. 医疗服务体系的倒金字塔

我国医疗服务最严重的问题就是医疗服务资源的倒金字塔状况，一个正常的医疗服务体系，大量的医疗资源应该是分布在基层医疗，基层医疗机构负责常见病、多发病、慢性病的管理。十年新医改的进步，使原来看不起病的人现在可以看病了，而且中国的高铁这么发达，坐高铁很容易到北、上、广、深一线城市去。尽管新医改的政策是要强基层，把基层做大，政府在基层也盖了很多房子，设备也更新好了，政府推进分级诊疗、医联体，配套相关的政策措施，但是有的病人并不买账，还是习惯往大医院跑。

我国的医疗体系中，医院占了非常重要的地位，医院收入占所有医疗收入的 80%，床位、住院量占的比重非常高，而发达国家的基层医疗和专科诊所占的比重较高。2009 年后的 10 年，医院的增长依然很快，大型医院，比如 800 张床位以上的医院，其床位数量的增长大大超过了中小型医院。

金字塔塔顶上的大型医院越建越大。美国最大医院的床位规模是 1000 多张床位，在我国，华西医院的床位数以前一直是最多的，后来被郑大一附院超过了，它有一万张床位，被戏称为世界上最大的社区医院。这么大的医院，从经济学上讲经济性和效率都会有问题。目前全国有医院 31000 家，三级医院占 7%~8% 的比重，但是在门诊当中占了 50%，在住院当中占了 47%，基本上拥

有医疗市场的一半份额。而且，三级医院的门诊增速和住院增速都大大超过二级和一级医院，其对基层的虹吸效应越来越强。2018 年，我有一次参加上海申康医院管理的年度预算会议，每个医院的院长上台讲十分钟，讲下一年度的预算。我参加这个会议感触很深，医疗资源的这种分布状况很难改变，每个院长都讲下一年准备扩张多少，要建分院，要建什么新院区，提出硬件设备要买多少台，每家医院都在向政府要资源。它们的资源和力量很难控制，强者更强，相对来说基层医院就越来越薄弱，医疗体制不变的话这种状况很难改变。

2. 医生资源的短缺和浪费

关于医生的数量。世界上人口 TOP10 的国家当中，比较医生占人口总量的比例，中国处于中间位置，排名首位的是俄罗斯，没想到俄罗斯的比例这么高，美国的并不高。我国的数据比印度高出一倍多。所以，中国的医生数量是比上不足比下有余。

医生的质量方面存在问题和差距。根据 2017 年的数据，我国医生当中，接近 300 万的医生，本科及以上学历者占了 60%，还有 40% 只有本科以下学历，也就是百万左右的医生只具有大专、中专、高中及以下学历。印度所有的医生都是本科毕业，而美国所有的医生都是研究生及以上学历，我们只有 14% 的医生是研究生及以上学历。由此可见，医疗资源的金字塔为什么倒不过来，高层次的医生资源不足，社区医院要招一个医学院的本科毕业生，很困难，来了以后往往也留不住，这就使得老百姓对基层的医疗水平缺乏信任。

医生人才的流失比较突出。比较改革开放四个 10 年间的数据，医学院的毕业生相当于医生队伍的供给，调研得知约 3/4 的医学院毕业生是临床专业的。第一个 10 年，毕业 1 个人，医生总量增加 2 个，增加了很多本科以下的人。第二个 10 年，这个数据略高一些。第三个 10 年，差不多是 7∶1，毕业 7 个人，而医生总量只增加 1 个人，但是在这个时期，卫生部对于医生的执业标准提高了，所以这个数据偏低一些。

第四个 10 年，毕业 5 个人，医生增加 1 个人。这个时期正是我国高等教育扩招，大学医学院也在扩招，如果 500 多万人（10 年累计）当中，3/4 的人可以做医生，实际上只增加了 100 多万人做医生，保守估计，在这个 10 年当中，应该有 100 多万的临床专业毕业生放弃当医生，改行去了其他行业。

这个现象值得我们反思。一方面，我国还有约百万的医生是本科学历以下，另一方面培养了大量的人才，却流失了、不去做医生，这是最需要解决的问题之一。2014 年，当时分管医疗的国务院副总理刘延东，请了 10 个学者去中南海交流，我就根据这些数据讲，10 年或者 20 年以后，给我们这些人看病的可能是第二流或第三流的人，数量不够，质量也不行，这个问题不解决的话，影响会很大。健康产业投了很多钱，盖了很多漂亮医院，新药审批加快了，研发了很多新药，制造了高性能的医疗器械，最后却由于没有合格的医生，所有的投入都打很大折扣，不能为病人真正带来益处。

我经常到处讲，怎么解决医生的问题，为什么世界其他各国最优秀的人才想要去做医生，而且非常坚定，为什么我国这么多学医的人放弃了做医生？这背后的原因在于医疗资源的行政化垄断。

3. 医疗资源的行政化管理

医疗资源行政化垄断体现在行政部门对公立医院的垄断。一个国家的医疗资源，通常可以归纳为四大类型：医院、医生、药品、检验。很多国家这四类资源在一定程度上是分立的，分别属于四个不同的组织，很多国家的医生是自由职业者，和医院是合作关系，他们可以和多家医院签约，也可以决定今年和你签约，明年和其他医院签约，医生这个资源变成了社会资源，不是被某一家医院完全垄断。在美国，只有 7% 的医生是医院的雇员，还有一些医生是医疗集团的合伙人或者雇员，这种体制使得最宝贵的医生资源不被某一家医院垄断，可以合理流动。药品也类似，很多国家的医院只管理住院病人的用药，出院病人用药就去第三方药房购买。美国医院占有药品市场 30% 的份额，而 70% 在社会药房。检验在中国的情况更加严重，医院控制了 90% 以上的检验份额；在美国，40% 的检验市场是由社会独立的第三方检验机构提供服务。

在我国，四种资源被集中控制，政府定价使得医疗服务是亏本的，医院就通过过度用药、过度检查来弥补。当然，2018年国家取消了药品加成后，检查检验现象更多了了，存在过度检查的现象，而且不同医院之间的检查彼此不承认，背后有经济因素。

我国有多个政策工具，导致了行政化垄断这种状况。

一个是市场准入。最大问题是对于公立机构和民营机构不是一视同仁，而且对于医生诊所的准入设置了非常高的门槛，而在很多国家，医生只要考到职业证书，就可以自由地开设诊所。还有就是规划，对于个体诊所和医院设在什么地方，要规划审批，而且还要规定医疗服务的类别，购买大型医疗设备还要经过审批。

放开医生诊所的准入，有利于解决医疗资源的金字塔倒置问题。所以，一个是准入的问题，一个是医生的问题，还有一个是公立医院大规模发展，如果不加以控制，金字塔就倒不过来。还有就是评级，我们国家对于医疗机构要评级，对医生也要评级，对医生的评级是需要斟酌的，很多国家没有对医生的评级。还有事业编制阻碍了医疗人才的流动，使他们不愿意离开公立医院。科研项目和经费，在我国不是看人，而是看所在机构，华山医院的医生离开后到民营医疗机构，再想拿到国家重点课题几乎是不可能的。医保对于公立和民营医疗机构也不是一视同仁，最大的问题是医疗服务的价格，医生看一次门诊比买一张电影票或者洗一次脚的费用还要便宜。所以，这些主要的政策工具需要有一个重要的变化，令人欣喜的是，许多政策都开始往正确的方向上变化。

分级诊疗和医联体，目的是把医疗资源的倒金字塔恢复过来。公立医院改革的核心是医院的人、财、物的独立自主权，是法人治理结构的问题。这样的改革，要把管医院的权力下放给医院，涉及政府部门的利益改革。李克强总理曾经讲过，利益的改革比灵魂的革命还要痛苦，所以这是一个非常困难的事情。

医疗服务改革存在许多难点和难题，当然我们已经看到民营医院在发展，医生集团也在发展，互联网医疗等新技术也在融合，政府的政策也在调整，私人诊所慢慢发展起来了，我们希望这些变化把医疗服务的改革真正地推动起来，希望在下一个 10 年，医疗服务的改革有实质性的大突破。

三 医药领域的改革与挑战

药品领域包括三个环节，第一个环节是研发生产，主要涉及政府和企业，核心的问题在于政府对于药品的审批。第二个环节是药品流通，涉及药品定价等问题。第三个环节是药品使用，涉及医生、医保、病人，药品能不能进入医保目录报销，病人能不能用上，这是一个非常重要的问题。

曾经有段时期，我国的药品审批走向一个极端，审批的速度非常非常慢，积压了大量的申报项目，过去的三年发生了巨大变化，审批速度大大加快，但是新的问题又出现了。例如浙江贝达的 1 类新药获批后，花了 5 年时间才进入医保目录。也就是说第一个环节加快以后，后面的问题又凸显出来。

国家医保局成立以后，加快了药品谈判和进入医保目录的速度。2018 年谈判了 15 个抗癌药，2019 年启动新一轮谈判，新药进入医保目录正在逐步加快。仿制药的带量采购，对于企业的影响非常重大。仿制药通过了一致性评价以后，是不是能中标？中标以后价格降了那么多，企业是不是能承受得了？医院采购这个药品以后，会不会使用？也存在不确定性。

药品领域的问题，例如创新能力、仿制药质量、流通环节都有重大的制度改革和突破，流通环节通过带量采购和两票制，基本解决了问题。

综合医院收入的药占比，住院是 31%，门诊是 41%，药占比从国际比较来看还是偏高的。美国的药占比只有 13% 左右，发达国家把医药器械、耗材加起来，占医疗费用的比重差不多 30%~40%，医疗服务收入占了 50%~60%，但是以前我国医药器械、耗材加起来占到 70%，人力只占 30%，比例结构倒过来了。

药监领域深化改革，推出药品专利持有人制度，把研发和生产分离，研发机构（人员）申请新药时不必拥有自己的生产设施和设备，一方面鼓励了研发人员的创新积极性，另一方面也控制了大量的生产资源浪费。

有的以为带量采购是独家企业中标，比较准确的是"1+M"中标，一家中标的企业占有市场 50%~60% 的份额，剩下的 M 个其他企业，只要过了一致性评价，就有资格获得剩下的市场份额。还有就是两票制，将来带量采购全面推广以后，两票制可能没有必要继续存在。

国家第一轮药品谈判，药物价格降了一半，一年后采购量上升了一倍，但是总收入没有变化，企业觉得很亏，降了价，但没有足够的量。所以，要保证足够的使用量，卫健委要发挥监督功能。医保局负责定价支付的标准，发改委负责价格监测和处罚，如果违规了，就要做出处罚。

四　医保领域的改革与挑战

中国的医疗保险体制，可概括地称为三横三纵，三横代表了三个不同层次的医疗保险支付方式，三纵主要是指不同的人群。核心是中间这一横，即城镇职工基本医保。

三个医保层次中，保障水平最高的是城镇职工，其次是城镇居民，新农合的收费最少，保障也较低。城镇职工的医保是强制参加，个人与雇主合计缴纳工资的 8% 或以上，其余两个医保是自愿参加的，可以不参加，也可以参加。

我国为什么没有强制要求参保却实现了全民医保？是因为我们的觉悟高，还是什么原因？这是因为自费比例很低，有两类医保只有政府和个人出钱，没有雇主出钱，政府的报销比例很高，大约是 70%~80%。将来三个层次的医保要把报销的比例拉齐，保持到 80%，个人自费 20%，估计问题很大，政府可能负担不起，那就要把个人的出资比重提高。但是，那又会产生医疗保险逆向选择的问题，越是生病的人越要去买保险，越是健康的人越不去买保险，而保险最大的功能就是健康人对于病人的再分配，大家同舟共济。所以，三类保险如果要在福利水平上拉齐，可能会需要某种程度上的强制参保。

三大医保报销是有封顶线的，保险公司每年付给患者的费用达到封顶线就不再支付了，所以，最大的风险还是由个人承担。

其他很多国家，经济水平提高以后，把封顶线放在保护个人之上。个人每年医药费最多支付到某个水平，超过这个水平，所有的钱都由医保承担。我国的这种封顶线设计，容易造成一旦出现大病或者严重疾病，个人就会面临突破封顶线的风险。我国封顶线是当地人均年收入的六倍以上，比如上海人均年收入是六万元，它的六倍就是封顶线36万元。全国共有400个医保筹资单位，有的一个地市就是一个筹资单位，经济水平较低的地市，例如新疆和西藏，如果人均年收入只有两万元，六倍只有12万元，一旦生了大病，很快就超过了封顶线，造成因病致贫、因病返贫的问题。所以，除了基本医保之外还得有大病医保，大病医保怎么做？商业医保在我们国家迟迟没有发展起来，现在的商业医保严格来说不是真正的健康险，是一次性支付，患者得了20种大病中的某一种，保险公司支付10万或者20万元，这不是严格意义上的医疗保险设计。

商保为什么发展不起来？刚才介绍了医疗服务体系当中医生和医院的行为存在不规范性，这种情况下医疗费用的风险很难控制。更重要的是，公立医院的数据不公开，商业医保不知道这个钱怎么用，没有办法设计出一个好的商业医保产品。

我们的医疗费用基本分成三个部分，个人自费、医保支付、财政投入。2000年之前，个人自费比重越来越高，最高的时候超过了60%，2000年之后自费部分下降，医保和政府部分上升。自费的比重和金额的大小是和看病贵的问题联系在一起，如果医疗费用大部分靠自费来支付，看病一定是贵的。如果自费下降了，意味着这些支出是通过医保、通过政府在健康人和病人之间进行了再分配，这样就大大减轻了病人直接支付的负担。从国际经验来看，自费比重低于20%，才会真正解决看病贵的问题。美国的医疗费用这么高，人均一万多美元，中国大概是五六百美元，但是美国患者的自费比重大概只有12%~13%，所以，相对来说在美国的看病贵问题没有中国这么严重。

随着我国经济的发展，个人自费的比例继续下降，谁将是最大的买方？是政府。也就是说，将来在我们这个行业发展的环境中，政府变成了最大的支付方，所以，在做药品创新、药品流通的业务时，需要考虑谁来给你埋单，是商业

医保埋单？还是政府的医保埋单？还是个人自费埋单？不同的埋单方的营销模式、沟通的对象都不同，需要有针对性。

2016年，国家开始整合城乡医保的制度，要在待遇上、目录上做整合，但是现在没有提出整合三个医保。中国要真正做到三个医保的保障待遇统一，估计还需要一些时间。但是目前都在推动两保合一，在一些发达地区的城市，已经做到两保合一。像上海、北京，农村的人口已经很少，农村的新农合医保和城镇居民医保二为一了。

还有一个重要的改革，就是医保支付方式的改革，这一点对于医药行业非常重要。将来住院服务主要是按病种付费，或者按床日付费，这是很重要的变化。将来打包付费，一个病人住一次院，一个包，包括住院费、医生的费用、药费、耗材、检查，都在一个包里面，这样的话，医疗机构、医生就有很大的动力和积极性合理用药、合理检查、合理用耗材。将来按病种付费如果全面推开，会对医疗机构的用药结构和用药数量都带来很大的影响。如果某些药是可用可不用的，是辅助用药，是没有真正疗效的，很可能会被挤出去。用药数量也会发生很大变化，基层服务将来按人头付费，特别是与慢病管理结合起来，医生不会过度用药，会用一些性价比更高的药。美国是20世纪70年代开始按病种付费，然后发现大量的医院病床开始空出来了，很多医院关门倒闭，原来有些诊疗不需要住院来做，大量的手术变成了门诊手术，住院的时间大大缩短。有很多民营投资，包括房地产商跨界投资医院，提醒他们，现在不要觉得医院很赚钱，随着支付方式的改革，将来医院的平均住院天数从12天可能降到6天，意味着中国的病床总数相当于翻了一倍，严重过剩，再建一万张床位的超大医院风险太高，没有这个必要。

五 总结

最后总结一下，医改怎么从需方改革向供方改革转变？首先核心是医生的改革和公立医院的改革，这才是供方改革的关键。

　　其次，怎么从以治疗为中心向以健康为中心转变？全科医疗、健康管理和预防，将会变得越来越重要。因为以治疗为中心，会发现病人越来越多，需要看的病也越来越多，所以我们把早期干预提前是非常重要的一个转变。

　　另外，价值和创新变得更为重要，怎么向消费者和病人提供性价比更高的产品和服务？将来这么多药品和医疗器械要进医保目录，医保局怎么选择？就是用卫生经济学、药品经济学和技术评估的手段来衡量性价比，性能和费用与同类型的产品作比较，哪个更好就进医保目录。

　　在医疗健康领域，新一代信息技术，包括互联网、物联网、大数据、人工智能等新技术都可以推动互联网医院发展。互联网配药、远程医疗、人工智能辅助基层医生诊疗，这些新技术有利于推动医疗的去中心化趋势，也就是把医疗金字塔正过来。

　　总之，医改的大方向是提高医疗健康的可及性、可负担性和性价比。2018年《我不是药神》这部电影对社会触动很大，政府也觉得要更好地解决民生问题，不能让病人买不到、买不起救命药。无论是深化改革还是鼓励新技术发展，核心目标是满足民众的高品质生活需求，提高民众的健康福祉。

"十四五"时期我国医药产业政策面和业务面

黄东临 *

黄东临，2021 年 4 月 9 日

借此机会分析产业政策怎么影响企业发展，下一步政策的发力点有哪些？"十四五"期间我国医药行业的政策面和业务面、创新生态发展的逻辑可能会是怎样。

首先关注 2021 年国家"两会"的相关信息。"两会"期间，出现了很多新的内容，面临新冠肺炎疫情这样的巨大挑战，下一步就是"十四五"期间，国家在过去没有提出的关键词，现在明确提出了。从民生的角度来看，国家会推进哪些工作，我们要思考这些关键词怎样与企业的重点工作结合起来。

"卫生健康体系的建设"，这个话题比较大，还有"健康中国行动"，健康中国战略实施到现在已有五年左右的时间，强调"公共卫生"是与这次的新冠肺炎疫情密不可分的，下一步和企业的很多工作密切相关，还有公立医院的综合改革。有些关键词过去没有提到，例如"国家的医学中心和区域医疗中心的建设"，它的内涵是什么？

"中西医振兴"，中药既包括中成药也包括中药饮片，这

* 黄东临，E 药经理人战略研究院负责人。

两种产品的特征不一样,如何利用国家的政策加快推进其发展?"互联网 + 医疗健康",还有医保的政策,等等,都值得关注。

每位医药人都会关心自己的工作,特别是与自己工作相关的所有内容。我们每天都在接收各种各样的政策法规信息,有时候感觉信息量过大,不知道政策法规可能产生哪些影响,一个带量采购的政策使得很多业务无所适从。所以我们还要读懂政策,分析政策背后到底意味着什么。

一 三组数字引发的思考

了解国家的重点任务之后,先从三组数字说起,国家和企业的"十四五"规划很可能就是从这些数字出发。无论是工业还是商业,必须立足于国家的医疗现状和发展规划来推进相关工作。

第一组数据是《国务院关于实施健康中国行动的意见》《健康中国行动(2019~2030 年)》中共有 16 个行动,与疾病相关的有 6 个,都是高发的常见病。这 6 个行动均有具体的行动方案,每个行动方案背后都有很多关键数据。

心理疾病方面,全国的抑郁症患者有 5000 多万人,事实上治疗率不足 10%。心血管疾病患者 2.9 亿人,其中,高血压治疗率不到 40%,意味着 1 亿多的高血压病人没有得到任何治疗,40% 的病人只是吃了药,血压有没有控制住并不知道。糖尿病也是一样,所有重大的疾病,涉及民众的生活质量,人数都是很庞大的,但是治疗率特别低。从药厂的角度而言,高血压患者只要有 1 亿的病人坚持吃药,企业的利润就会很可观。辉瑞的络活喜(氨氯地平)在我国的年销售额曾经达到 40 亿元,这是一个很有效的高血压产品,在医保的带量采购之前,只有 200 多万人服用了这个药物。全国销售最好的一个药品,它只覆盖了 1% 不到的高血压患者。假如这个药品覆盖 100% 的病人,意味着它会卖到千亿元以上,所以,国家就用带量采购把价格往下压,使得更多的病人得到治疗。没有得到治疗的病人,有可能刚刚脱贫,不关心自己的健康,这样的病人不治疗,有可能是因为糖尿病、高血压等慢性疾病和重大病的医疗费用负担重,很多脱贫的

患者又因病返贫，所以国家从战略层面必须整体考量。

从企业的角度来看，未来市场上的最大红利就是大量未治疗的病人，还有一部分是过去由于药价太高而未治疗，有了医保之后，可以得到持续性治疗的病人，这就是下一步药厂面临的最大红利，从这些数字上可以直观感受到这一点。

"十四五"期间，国家的健康中国战略会实施一系列的防控计划。做政策研究的更需要了解国家政策如何制定，每项防治计划如何组织筛查，通过体检、早筛找到这些病人，让他们得到有效治疗，企业的产品在这些方面布局，这是第一组数据传达的产业信号。

常见病高发仍将是巨大挑战。尽管许多药厂每年的业绩非常抢眼，但是从国家来看，还有大量的问题并没有解决，这就是目前医药行业的现状。国家全面推进带量采购，在新的市场规则之下，某些药品的价格大幅下降（50%~90%），国家的目标是要切切实实地解决低治疗率的问题，所以第一组数据带来这样的感觉。

第二组数据，是关于医保收支等方面的数据，采用 2019 年的口径很能说明问题。

从我国医保的整体情况来看，全国约 14 亿人口，医保覆盖了 13.54 亿人，全民医保基本实现。13.54 亿人包括两个体系：城镇职工医疗保险、城乡居民医疗保障体系，分别是 3.29 亿人和 10.25 亿人，这些数据背后反映出什么情况？城镇有工作的人都是城镇职工医疗保险，他们的医疗保障水平较高，2019 年这类医保的收入 1.49 万亿元，支出 1.2 万亿元，还有约 2900 亿元结余。医保基本上都覆盖了，意味着国家不用担心这部分人的医保。所以，要全面解决民生问题，重点是要为 10.25 亿人的民生做好兜底工作。

城乡居民医疗保障的情况不容乐观。基金收入 8451 亿元，基金支出 8128 亿元，结余约 300 亿元，表面上看结余约 300 亿元，但是一些地区出现赤字，需要中央财政做调整。10 亿多人口的医疗费用约 0.8 万亿元，而 3 亿多城镇职工医疗保障费用 1.2 万亿元。意味着由于支付能力有限，10 亿多人的潜在医疗需求还没有充分释放出来。显而易见，这 10 亿多人的医疗问题要根本解决，需要医药产业提供更多价廉物美的产品。

由此可见，我国的医保面临一个大的难题，不是总量上有问题，总量其实可以维持，而是内部结构的问题。内部结构存在很大的压力，这就意味着作为一家医药企业，就要考虑能否参与其中，重点计划解决哪一块的问题，是城镇职工这块还是城乡居民这块？城镇职工的市场可以做利润，城乡居民的市场主要是做规模，用相对高利润的产品把城镇职工这部分市场做好，这两方面是可以做选择的。大型集团这两块都不能放弃，有可能是组合策略，对两个不同的领域，在产品上要做不同的定位，分别研究如何去有效满足市场需求，这是基于第二组数据引发的思考。

第三组数据，也是下一步国家关注的问题。前面的数据反映医保基金有结余，但是事实上，医保基金的结余是为未来考虑的，老龄化越来越严重，2021年全国65岁以上老人有1.95亿人，2030年就会有3亿人，10年之内多出1亿多的65岁以上老人。他们需要养老金，所以医保要持续地有结余，医保后续的压力很大。老龄化是医药行业的利好因素，但是如果老龄化趋势这样严峻，国家的政策调控方式和力度如何？老龄化是不是会成为一个利空的因素？这也是需要长远考虑的。

在这三组数据背景下，再去思考政策的动因是什么。因为我国的政策一定是基于社会的现状来考量的，为什么这些政策到现在才出台？10年前其实也是这样，我国的疾病治疗率很低，老龄化趋势已经出现，到现在为止，随着我国GDP排名全球第二，我国人均年GDP已经超过1万美元，显而易见，原来对健康不怎么关心，现在要越来越多地关注。这些问题都要考虑起来，不仅在医药行业，在各行各业都会出现，包括这段时间各方讨论的二孩问题、延迟退休问题，等等。

基于这些问题，国家需要深化改革来充分地解决民生问题。为使大家少得病、重视预防和康复，国家出台了"健康中国"规划，还有"上市许可人"，等等。2016～2020年，以中央名义发布的与健康相关的顶层规划有三份，而从2011到2015年以中央名义发的一份都没有，再往之前只有2009年启动新医改

这个大动作。当社会经济发展到这个阶段，从顶层设计来讲也必然有更多的要求，顶层规划的文件分别对应医疗和整体健康、医药产业、医疗保险，合在一起构成了新医改"三医联动"的逻辑线。

从改革者的角度来看，"三医联动"的意图是什么？老百姓感觉看病难、看病贵，就在医疗上破局，解决看病可及性的问题，比如分级诊疗，把资源尽可能优化，这一系列改革在"三医联动"的医疗这条线上推进。看病贵，从医保的角度来解决，医保的改革力度最大，2021年全国医疗保障工作会议上提出10个主要工作内容，很多内容和医药行业有关。在看病难、看病贵上发力以后，国家对医药产业提出了更高的要求，就是要制造出真正有价值的产品，安全、有效、质量可控的药品。所以，通过药品评审机制以及各方面的医药改革，从供给侧让产品安全有效、质量可控。

二 医保体制改革的趋势和影响

1. 医保深化改革的主要内容

医疗保障体制改革的力度大，医药行业近几年感到很困惑，国家医保局在2018年成立以后，感觉医药市场的天空颜色变了。国家医保局新政频出，这些新政策让医药行业似乎无路可走，做创新药要"国家谈判"，仿制药完成一致性评价后要"带量采购"，无论做什么似乎都没有赚大钱的机会，医药企业的出路在哪里？企业的机会点在哪里？医保扮演的是什么角色？

成立国家医保局，其实是一件大好事。2010年，国家医保的支出只有5000多亿元，2019年是2.34万亿元，10年翻了两番多，没有这样的医保支出，哪有医药市场的大发展？我国大量的药品需要医保买单，而且医保不是100%买单，医保支付的比例是30%~70%，医保撬动一块，自费再加一点，这样对市场就有很大的促进作用，所以企业要思考医药市场的最大买单方如何深化改革，怎么利用这些政策做有效的调整。

从《中共中央 国务院关于深化医疗保障制度改革的意见》中可以看到更多

的医保改革细节。到 2025 年，医保制度将基本成熟定型，它主要的逻辑就是在待遇保障、筹资运行、医保支付、基金监管等重要方面发力，这是国家确定的深化医保改革的总基调。

这份文件的含义比较明确，发布后的第二天，《中国医疗保险》杂志刊发了一篇国家医保局署名的文章，提出"1+4+2"的框架，总共确定了 25 项任务，首先有一个总体目标，就是要有一个成熟的医保体系，把老百姓的救命钱都能保住，在网上也流传一些内部讲话，提到把老百姓的看病钱保住。具体的做法，首先，确定哪些待遇是可以保障的，用全国一盘棋的方式确定哪些可以保障、哪些可以报销，哪些是全面报销、哪些是部分报销。其次，待遇保障机制确定之后，重要的工作就是把钱筹上来，主要有三种方法可实现稳健可持续的筹资。最后，就是花钱，也有三个方面的内容，这些内容和医药产业有很大关系，就是医保目录动态调整机制、创新医保协议管理、持续推进医保支付方式改革，就是有一个完善的监管机制，医保改革的这条主线就串起来。

医保制度有两个支撑体系，与医药行业以及医疗服务行业需要做什么有关。"医药服务供给侧改革"提出四个内容，带量采购就在其中，要有形成价格的机制，以及提升服务能力等，这一系列都对医疗和医药提出了更多的要求，最后还有一个医疗保障的公共管理服务，这些构成医保的顶层设计框架。

"十四五"期间，企业应该关心什么内容？因为这个框架也是刚刚开始起步，很多制度需要一步一步地完善，特别是对于医药行业而言，要研究这 25 条，持续保持动态关注。

与医药行业有关的内容有 10 条。行业内最关心的就是带量采购，在 2021 年 2 月初，国务院发布一个文件，要求实现带量采购的常态化和制度化。包括几个层面，首先是国家的带量采购，还会有地方的带量采购，工业企业要参与地方带量采购。耗材的带量采购已经做了一轮，影响特别大，1.3 万元的支架变成了 700 元，一下子缩水这么厉害超乎社会和行业的想象。其次是医保目录动态调整。每年都有新产品，上市以后进医保，未来的新药是不是会动态调整进医保？其中就涉及创新药的国家谈判等方面。另外，支付方式改革，DRGs、DIP，会

对医院内部管理产生很多影响，还有多层次医疗保障体系和医药服务价格形成机制，等等。

换位思考，站在医保局的角度，要管理好老百姓救命的资金，这笔资金运行如果出现问题，对社会稳定就会产生重大影响，所以基金的运行安全特别重要。

在确保基金运行安全的同时，如果这笔钱每年结余很多，自付费用没有降下来，老百姓就没有获得感，这对医保来讲也有问题，没有很好地落实国家和中央保障民生的要求。医保在不断扩大和保障参保人的权益，让老百姓有更多的获得感，这对于企业是有利的，老百姓有更多的获得感，就会用更多的好药。

一方面，提升基金的使用效率，药品和耗材的集中带量采购、创新药价格谈判、支付方式改革等举措多管齐下。原来药价虚高，同样的资金只能买一种药品，现在带量采购能买2~3种甚至10种，企业要充分理解医保改革对医药行业有利的点，比如确保基金运行安全，打击欺诈骗保就是有利点，只要医保的资金用到老百姓真正看病的方面就是对行业有利。

另一方面，未来的改革可进一步提高医保的统筹层次，市级有医保统筹，比如江苏的昆山、常熟、张家港的县级市统筹都会取消，都将统一到苏州的地级市层面，总盘子做大，就相当于船越大，越不容易沉，其中的资金就能更好地统筹。还有省级统筹，比如在浙江省、山东省，针对罕见病专门设立了省级统筹的基金，浙江省每个参保人拿出2元，全省6000万人，就有1.2亿元的专门资金用于罕见病治疗，这是一个意义不能低估的改革举措。直到今天还看到有的专家对罕见病有看法，认为一个罕见病人要花掉几十万元的医保资金，如果节省下来能治疗很多的高血压病人，医保怎么能够偏向罕见病病人？但是，罕见病的患者怎么办？需要一些突破性的办法，提升统筹层次就是一条改革的可行路径。

提升基金的使用效能，带量采购对医药行业的压力很大。带量采购以后新的市场规则建立起来，企业需要换一种新的策略，但是每个企业必须承受新一轮的挑战，这个是必须要迈过去的坎。有些医药企业习惯用高价格很轻松地赚钱，以后这种方式越来越困难了。医保方面希望药品降价，但不是希望企业赔钱，因为赔钱了，企业不生产和供应药品，这样一来问题也很大。所以企业要顺应医保改革，帮助它去保障并扩大参保人的权益，甚至帮助它提升基金的使用效能，虽然短期内可能影响企业的经济指标，但是尽可能地跟上医保的改革方向，将有助于提升企业的市场竞争能力。

2. 降价背景下医药企业的机会点

很多企业感觉降价的压力很大，特别是一线的业务，经常大幅降价，业务发展的目标很难完成。遇到这种情况应该怎么办，怎样抓住利好点？降价是大势所趋，价格下降，一定要在数量上补回来，而且从量上补回来也是国家民生政策所希望的，数量大幅增加，老百姓就会有获得感。

门诊医保共济的机遇。1998年建立起来的城镇职工医疗保险基金分为两块，个人账户和统筹基金，经常得病的人，个人账户的钱很快就花完了，随着老百姓门诊需求越来越多，统筹和共济就成为新的趋势。个人账户不会被取消，也不会受限，个人账户变成了家庭共济，它更有效地发挥共济作用。这个政策出台以后，对医药市场会有什么影响？有很多病人，以前他们个人账户的钱用完了就可能不再看病吃药了，以后会不会从统筹基金中报销之后重新去看病？这样诊疗率就上去了。全国高血压患者的治疗率不到40%，很多病人原来是拖着不治，在新的情况下，很多病人就会去看门诊，这是销售团队要去关注的潜在机会。

接下来的问题是，病人会在哪里看糖尿病、高血压等慢性疾病？是不是医保政策进一步引导他们分级诊疗去基层？原来很多从药店买药的行为又转移到门诊？会不会有一些相对复杂的疾病，原来是在住院部诊疗，现在也会转移到门诊？同样的疾病，肯定是在门诊看省钱，这对医保是好事，日间手术开展了，相当于门诊的手术，甚至放、化疗也门诊化，这样企业在业务的布局规划上，出现一块一块多米诺骨牌，从门诊统筹、门诊共济，到更多病人去门诊，意味着医疗机构要发展门诊，门诊部的工作也增加了，不少医院可能要新盖一个门诊大楼。在上海等一线城市，大家的体会不是很深，但是到一些小城市，看到的现象是，门诊大楼很多是破破烂烂的，门诊的作用只是把病人导流向住院。门诊如果发挥

守门人的作用，很多疾病就可以在门诊诊疗，所以要探索是不是和医院合作发展门诊？如果门诊大力发展以后，医保在门诊的控费就会落实，总的来讲是一个利好点，老百姓更多地来看病了。企业的业务布局，不仅仅是医保给钱报销门诊，还有医疗机构如何参与其中，这些是业务同事需要思考的机会点。有些企业的很多药品原来是在住院部门使用，将来是不是会转移到门诊？这种趋势特别重要，建议业务团队多多考虑。

另外一个机会点是大病医保带来增量。我国的医保体系分为城镇职工和城乡居民的，他们的医保是第一层面，覆盖了全国人口的96%，2019年开支是19945亿元。第二层面是大病医保，针对重大的疾病，需要二次报销或者针对这些疾病确定一个更高的报销金额，需要做一个专门的基金池来保障，这样就出现了大病保险。在中国这样比较复杂的发展中国家，特别需要大病保险。2017年，专利新药赫赛汀进入医保，成为社会关注的新闻事件，一位北京的妇女得了乳腺癌，在这个新药进入医保之前，她每年花费将近二三十万元的医药费用，对于普通市民而言这是极其沉重的负担。纳入医保后，每年的费用降到了十多万元，同时医保报销80%～90%，自费部分一个月只要1000多元，这是一个令人开心的故事。

3. 深化医保改革的机遇

2020年的"两会"期间，李克强总理在记者招待会上讲了一件事，中国有6亿人每月的收入不超过1000元。联想到北京市民与这6亿人，赫赛汀进入医保目录解决了北京市民的看病贵问题，但是对于这6亿人来说看病仍然是很困难的，所以，我国需要更多的保障层级，这样就能理解大病保险能做什么样的事情。

即使大病医保问题解决了，还有很多的罕见病和复杂疾病患者。所以，中央的相关文件提出，强化基本医疗保险、大病保险与医疗救助的三重保障功能。对于中国人来说，未来更有效的保障应该是多层次的，第一层是基本医疗保险，第二层是大病保险，第三层是民政救助。民政救助对于罕见病救治很重要，我之前访问过血友病病人，他们在小的时候没有得到及时治疗，导致膝关节不灵活，时间长了就变成残疾，这时候需要残联补助一点，相当于慈善救助。但是，这种病人的数量比较少，第三层级的保障对于罕见病人很有价值，可以解决一些社会问题，提高民众整体的健康福祉。

最后还有商业医保，许多企业在发展商业医保方面做了积极探索。商保很有意义，它的发展很快，收支的增速都很高。大家可能有疑问，商保的理赔很少，赚得多就是理赔少，但是这背后反映了一个问题，商保没有很好地发挥它的积极作用，理论上商保大多数应该理赔掉，这对于参保人的意义更大。国家相关部门提出要求，下一步对商保做更多的调整，对于保险的设计、赔付节点等关键环节进行监管，提高健康保障服务能力，预计会有一系列的改革动作。

多个创新的险种在实践探索中发展迅速，例如，城市惠民险、产品疗效险和疾病进展险。当产品不能达到相应的治疗效果时将启动理赔，如果吃了药没有控制住病情就理赔，这对于保障患者有积极作用。这些发展比较快的几个险种，特别是城市惠民险，国家取消了地方医保目录，各地的政府和医保部门，为满足本地民生的需要，不可能在医保目录上做文章，只能在商保上拓展空间。

具体有哪些动作呢？例如每个城市居民都交一点钱，比如几十元，但是给一个很高的保额，一旦有问题可以理赔到几十万元甚至上百万元。针对一些费用特别高的重大疾病，需要足够高的保障，这个方面的工作还刚刚启动，全国各地有很多进展，上海也推出了惠民保。

这些意味着什么？许多外企的创新药没有进入国家医保目录，但是它们力争进入多个商保，目的就是有更多的增长点。在有些地方，老百姓花几十元买一份商业保险，一旦得病，先自费几万元，甚至5万～10万元以后，剩下的钱就是商保来承担。商保也有特药目录，在苏州、宁波这些地方有两三种商保都可以买，可以相互竞争。每个险种都是保险公司自行设计的，设计的时候，药厂都积极参与并提供一些数据，所有这些数据既是药厂为创新药进入国谈做准备，也是

为进商保做准备。

对行业不利的主要因素是药品降价，仿制药和创新药都有较为成熟的制度安排。如果一种原研药有通过一致性评价的仿制药，并且数量达到三家，就是充分竞争了。国家层面组织带量采购，引入竞价机制，既然原研药和过评的仿制药在质量和疗效上是一致的，为什么不鼓励充分竞争呢？独家的创新药，就用 14 亿人口的庞大市场与厂家谈价格，也就是国谈。除了以上两种情况之外，还有花费较多医保资金、需要改革的品种，这就是地方带量采购。地方带量采购有一个主要特点，就是针对花费医保资金较多、在当地市场销售较好的品种。

地方带量采购因地制宜，国家带量采购是从上海的三批带量采购中摸索出来的模式，国家也希望各地方进一步探索怎样有效降价。因为国家发现药价确实有"水分"，比如专利药波立维（法国赛诺菲生产）原来不降价，厂家找了一大堆的临床专家站队讲这个药品怎么好、不应该降价，没想到后来法国人自己将价格从 107 元 / 盒降到 17 元 / 盒。

4. 创新发展的实践案例

企业的市场策略如何调整？公立医疗机构是国家主导的一个中标市场，中标产品到这个市场去销售。但是还有余量市场，还有非公医疗机构。以下分享几个案例，带量采购以后，不同的企业都采取了有效的应对措施。

辉瑞，因为带量采购直接导致了公司的转型，拆分为辉瑞生物和辉瑞普强，立普妥就在辉瑞普强公司内。带量采购之前，这个产品在全球曾经有几年卖到 100 亿美元以上，药品质量和疗效都很好，也有忠诚客户，它的定位是高端市场，医院渠道适用于高端病人，虽然带量采购它没有中标，但是依靠强大的原研优势发展自费药，销售额依然可观。

当然辉瑞的例子对于国内企业来讲，似乎意义不大。因为它是原研的，国内企业几乎没有原研药。再看一个非中选的仿制药怎么做，正大天晴的恩替卡韦分散片，"4+7"带量采购的时候，它是 6.2 元 / 盒中标，"4+7"实施一年以后市场扩围到全国，同类的药品变成了2.9元/盒中标，招标组和正大天晴谈恩替卡韦分散片的价格能不能也降到2.9元/盒。最后，正大天晴决定退出中标，以后它怎么办？因为带量采购之前的销售很成功，年销售额达40亿元，而原研药只有30多亿元，它的价格只有原研药的一半左右，而服务的病人数量是原研药的2倍多。这种情况下，厂家判断还有广大的认可正大天晴产品质量的病人，于是就往药店渠道拓展，让这些病人自费买药，价格也不贵。经过带量采购洗礼以后，这个药品已经很便宜了，病人继续服用，由于没有大量的医药代表推广，厂家把大量的销售费用调整到病人的服务方案中去，在每一盒药上加一个病人服务包，厂家开设病人服务的公众号，病人可以把体检结果传上去，厂家给病人提供一些检测报告解读的服务，还有病患教育，指导乙肝病人如何注意日常生活，经常组织疾病科普和促销活动。除此之外，还提供专项保险，专项保险是什么？它是搭配在乙肝药盒里的保险。对乙肝如果不加以有效控制，很多病人会成为肝癌患者。于是，厂家在保险公司给病人投保，如果病情进展到肝癌就理赔，这种保险是与每盒药品搭配的，由药厂统一投保，在零售药店推广这种新模式。2020年我到企业内部调研，发现这个药品的销售额恢复到十几亿元，很好地发挥了品牌优势。这个案例说明，即使带量采购落标了，仍然有新的措施拓展医院市场之外的新天地。

还有一个案例——互联网医院的新做法。很多病人需要用原研药或者品牌药，但是带量采购以后，落标的原研药或品牌药进不了医院，而医生还有开处方的意愿，这种情况下怎么办？有家跨国公司对接了很多的互联网医院，医生还是在他原来的医院里坐诊，但是他手机上装了一个软件，如果有个病人确诊后，指定需要络活喜，可以自费支付，但是医院里没有这个药，那么医生让病人扫个二维码，把病人的信息填进去，医生就可以在处方上开络活喜，这个软件同步传送给商业分销企业。这个案例是国药配送给京东大药房，京东大药房再配送到病人家里，而医院不需要采购这个药。这个医生在这家医院里，每天开处方，每天上午看50个病人，给其中40个病人的处方上开的是带量采购的药品，给另外10个病人通过这种新方式，在处方上开的是带量采购以外的药品，这对于相关企业就是机遇。

互联网医院的具体实操过程是比较复杂的，有些医院规定医生不准到外面执业，只能通过医院自己的互联网医院，比如辉瑞药厂，将药品卖给国药，再由京东大药房配送，整个物流过程没有进入医院的 HIS 系统，病人只要不到药剂科拿药，就不会影响医院的药占比这个考核指标。

互联网医院里只是出现一个处方，没有药品的物流，可以理解为处方外流。互联网医院不一定是这家实体医院的，有可能是市场上其他的互联网医院，例如好大夫、宁夏互联网医院，等等，辉瑞是制药企业，不能办互联网医院，但是可以开展合作，解决带量采购带来的问题和危机。这个案例可能并不完美，因为大家都在探索。分享这个故事不是让大家都学这种方式，而是提示大家不要拘泥于过去的思维。带量采购之后，未来的市场准入会变得更复杂，链接资源、重构流程，一定会找到新的可行方式。

三　捕捉临床发展的新机遇

医疗服务是供给侧，主要解决老百姓的看病可及性问题。从全国医疗机构的诊疗人次来看，每年的诊疗量持续增长，不用担心没有病人来，但是 2020 年的疫情期间，医院一下子很少甚至没有病人了，所有的医院都遇到这样的挑战。病人没有了，或者手术量减少了，给医院敲响了警钟：医院如何可持续发展，医院如何加强风险管理。截至 2020 年 11 月份，根据国家卫健委的统计，全国诊疗量下降了 10% 以上，所有大的三甲医院都面临这个问题，到底能不能可持续发展？一方面诊疗量下降了，另一方面，国家制订医院考核标准，明确医院的发展目标和方向，指导公立医院朝着这些方向发展。

这是一个很重要的趋势，企业和医院开展合作项目，必须关注公立医院将会变成什么样。分析三级医院的考核指标体系，整体包括四个方面：医疗质量、运营效率、可持续发展、满意度。我与几家做医院管理的咨询公司包括做这方面的软件专家讨论过，要把这些指标全部做好并不是件容易的事情，把一个指标做上去了，可能另外一个指标就会降下来。这些指标相互制约，很难全部得满分，有可能把收支结构安排合理了，临床就不拔尖了。医疗质量、运营效率、可持续发展做好了，而医务人员的满意度下去了，所以院长在管理整个医院的过程中，更多考虑的是平衡性问题，怎样一步一步逐渐到位。这个体系有50多个指标，里面有各种各样的具体考核方法。

以前访谈过一些医院院长，了解到在新的政策环境下，医院管理者普遍关心的话题主要有三个方面：日常运营、学科建设、资源协同。医药企业能不能更多地去想，企业的发展如何契合医院的新需求？在医院的日常运营中，企业的药品能不能给它带来价值？有没有这种可能，企业的药品为学科建设带来一些价值，在资源协同上带来一些价值？外企的机会更多一些，因为它们的药品很多是原创的，可以助力学科建设，起着带头和引领作用。但是，这并不是说国内企业做不到，如果我们的药品在药物经济学上有优势，为病人和医保创造更大的价值，可以更好地服务医院的管理和发展需求。

医院未来的管理会越来越精细化，医药企业原来只是想，怎样才能多卖掉一点药品，以后要考虑如何在医院的精细化管理中扮演一个新的角色。

DRGs这个管理工具本质性地颠覆医院的管理思维，它的本质是什么？类似我们去餐馆吃饭，点5个菜就是5个菜的钱，到医院看病经常有一张长长的单子，各种费用与餐厅吃饭点菜类似，每人都不相同。于是，医保机构就有想法，两个人得的病一样，但是费用单子完全不一样，凭什么要为这些不同的费用买单？于是DRGs就把同类疾病整合起来，当一种疾病被明确诊断后，病人的年龄、治疗方案等都将归类到一个组别，相应的费用标准就确定下来了，为这样的病人定一个"餐标"，医保的资金就可以省下来、预算得到管控。但是，管理的压力转移到了医院，如何用有限的"餐标"把病看好，医保就支付这么多费用，病人的满意度还要保障，两者需要平衡，所以DRGs是这样的逻辑。在这种情况下，企业要深入思考，如何把产品的临床价值做得更大化，DIP也是类似的，DIP是横向比较，找到一个合理的费用成本点。

另一个机会点是临床中心。国家和区域的临床中心建设都在持续推进，企业的重点产品，在市场策略上应该考虑如何在各级临床中心上发力。每个

大医院都希望在临床中心扮演重要的角色，对于企业来说，其中蕴藏发展机遇。

关于医联体，2021 年的国家政府工作报告、卫健委计划、"十四五"规划中提到的篇幅很多，包括城市医联体、医共体、专科联盟、互联网医疗等多种方式，未来病人在这个体系里面流动，类似"一鱼多吃"。每个病人的手术是在高等级医院做，随后的康复可能要下沉到基层，这种情况下要研究，企业的药品应当在哪些环节布局，销售策略和业务目标如何优化？

医生层面也有新的变化。国家医保局成立以后，医疗服务的行为更加规范，医生不能通过多开药来赚钱，而是要提高诊疗技术，医生开始重视个人的品牌和口碑。有的医生开设自己的视频号，他们拍的视频比我们的好，医生做患者教育，希望他的视频出现在这栋楼的健康宣教里，病人看到之后就可能去选择他。这很可能成为新的趋势，未来对医生做产品推广，这方面的需求也是重要的抓手。

四 打造"十四五"时期的核心竞争力

首先了解医药行业的现状，根据 2019 年国家药监局的数据，全国药品原料和制剂企业共有 4529 家，药品批发企业 1.4 万家，药品零售企业 6701 家，可以看到我国的制药企业数量太多，药品批发和零售企业也太多，下一步行业的并购还会大量存在，这是基本趋势。另外，医疗器械的整合比药品更加复杂，药品的批文有 16 万个，医疗器械的批文可能有千万个，大量的整合机会意味着领先的大型企业有更大的增长空间。

未来市场变局的方向基本明朗。首先，市场上的药品批文数量肯定减少，低水平重复的时代即将过去，在新的规则下，经过充分的市场竞争，中标的药品批文数量非常有限，只要不被淘汰，未来的市场份额就会更大，增长空间可观。另外，就诊的病人越来越多，诊疗率增加带来更多的病人，渠道覆盖更广，分级诊疗和互联网医院，使部分药品从药店回流到门诊，但是新的零售模式会出现。线上推广、低成本推广等创新模式应运而生。

业务层面，仿制药带量采购和创新药价格谈判，价格往下走是大趋势，关键出路是怎样把销量做上去，如何找到新的病人。另外，药品价格降到足够低的水平，有可能这个病人原来不用这个药，现在终生用这个药，销量上去了，企业得到的回报更大。怎样让病人用药的时间更长，这是从业务的角度来考量，所以企业的收入就是在这一降一升之间达到新的平衡，这也是国家深化改革所希望看到的。国家并不希望所有的药厂都破产，只想让更多的病人得到有效的治疗。所以，如何利用政策因素，权衡价格和销量，把总收入做上去，这是企业面临的难题，按照国家的"十四五"规划，倒逼成本费用，这是企业提高竞争力的必由之路。

商业模式需要与时俱进。很多朋友在 20 年之前卖药，核心能力是销售团队和客户关系。过去 10 年，市场准入越来越重要，准入在商业模式中扮演关键角色，如各种目录准入、医院准入、医保准入等。但是到了 2018 年之后，医保局发挥主导作用，商业模式回归到重视产品的价值，就是要提高药品的经济学价值，这也是"十四五"期间，医药企业转型升级的主方向。

市场细分需要精细化。市场管理通常根据地理、人口、心理等因素，对目标消费者进行分类，这是营销学上的市场细分。但是医保的作用非常关键，企业还需要对病人的医保属性进行细分，病人是什么类型的医保，是什么层次的社保？什么样的商保？把保险的属性考虑充分些，判断企业的药品到底是适合哪类病人。所以，在"十四五"期间，市场细分要更多地考虑病人的医保属性和支付特点，分类分层优化，从而做好市场定位。

未来的商业计划，需要考虑的因素很多，要关心大的生态圈和谐。在这个生态圈内，企业的产品和业务推广之后，能不能让医保基金安全？能不能让医保基金效能提升？能不能让商业医保持续发展？与此同时，企业产品和服务对医疗机构有何影响？对相关科室医生的职业发展是否有促进？等等。医疗机构面临挑战，例如一家三级医院原来每年有 10 万病人住院，国家希望增加 15 万病人，甚至 20 万病人，病人数量增加，但是床位数不可能无限扩张，只能缩短住院周期。2020 年在厦门的医院院长大会上，我听到许多院长都在讲要把住院周期缩

短，医院要做很多优化的工作，这涉及病人手术之后如何快速康复，如何缩短看病的整个过程。某个药品用了以后，如果缩短两天的住院周期，省了两天的住院费和护理费用，既节约了医保资金，又提升了医院的效率。未来药品的价值，不仅仅是临床价值，还是综合性的价值。以后要从这些角度提高产品的竞争力，同时给医疗机构和科室、医生切实的获得感，使整个生态圈的总体价值得到提升。

医保主导下的药品采购新机制

陈 昊*

陈昊，2020 年 1 月 11 日

　　2018~2019 年的改革实践，让医药行业深刻感受到国家医保局带来的重大影响，新机构全方位地改变了行业的传统做法。2019 年 12 月 2 日，央视的焦点访谈栏目播放了药品带量采购的主题，我们专家组谈了很多问题，后来武汉市的胰岛素带量采购也上了热搜，药品新的采购机制成为社会关注的热点。以前与企业沟通，包括外资企业（例如礼来），讨论未来在上海会如何？在全国会如何？医保主导下的做法和以前有很大的不同，一方面履行医保的核心职能，管理好医保基金；另一方面，主导药品采购和耗材采购的新规则。

　　国家医保局虽然成立的时间不长，但是做的事情非常多，举世瞩目。国务院的政府工作报告提出要把药品集中采购常态化，还要把更多的新药及时纳入医保目录，给老百姓更多的获得感，这是方向也是目标。

　　医药行业容易受到政策的影响，政策调整频繁、剧烈，对于有准备和有能力的企业来说，是一次洗牌和发展的机会。

* 陈昊，华中科技大学医学院高级经济师。

看不清政策改革的方向，就会付出巨大的代价，顺应政策的趋势和潮流方向，更容易取得成功。

一　药品采购制度的演进回顾

这里主要分享对医改政策的一些看法和想法，帮助大家深入思考。国家深化医改的政策相对稳定，每项政策都有丰富的含义，背后酝酿着无数的行业调整和市场变化的可能性，这就是学习研读的意义所在。增强对发展的预判性和前瞻性，就会比别人做得快、做得准，就会有更大的发展空间。

关于"4+7"（全国4个直辖市和7个试点城市的简称）的药品带量采购，2020年1月17日完成以后，下一步会怎么演变？国内领先的工业企业，非常关心药品品种怎样报价，同行的其他企业如何报价？大家在猜测、在推演。以后的药品带量采购可能涉及更大的市场总量。第一轮的品种少、市场总量也较小，警钟敲响以后，第二轮参与的各方相对理性多了，具体做法更加丰富。

既定的深化医改路线没有变化。从几条线去看，相关的每个政策，如"4+7"药品带量采购，都得由国办来出台。一个有意思的现象是，只要这个文件出台的难度越大，盖的公章越多，说明这个事情越难达成共识，出台这个文件一定是多方妥协的结果，不是大家最满意的，而是都能接受的。医改的许多政策讲联动，"三医"这个概念，2005年从上海发源，当年复旦大学医学院的教授提出"三医联动"这个观点，一直发展到今天。医保成为超级机构之后，是不是医保就成为最重要的一方？我认为不可能。医保确实主导了非常多的政策，但是医疗行业的本质不会变，依然是解决与健康相关的问题，依然是以患者为主，依然是需求导向。虽然医药行业受到医保政策很大的影响，但是最好的和最忠诚的伙伴是谁？依然是医生、患者、医疗机构，这个始终要牢记，只有他们始终是我们的共同伙伴。而医保部门作为购买方，站在另一方，因为企业挣的就是医保支付的，企业多挣的就是医保多支出的。

观察医疗政策，医疗关注的是医疗需求、健康管理。改革的政策到一定时期，就会有一定的局限性，"腾笼换鸟"就有弊端，它的前提条件是笼子保持不变，笼子不变意味着总盘子不变，意味着一切改革都是存量调整，存量调整的做法就是朝三暮四，你多吃了我就少吃，我多吃了你就少吃，所以要调整医药的价格空间给医疗服务，医疗服务多了，药品自然就少了，药占比下去了，耗占比自然就上来了；药占比和耗占比一起下去，医疗服务的占比就上来了。所以，存量思维很局限，一定要有增量思维，才有行业的明天。

腾笼换鸟的困境在于存量太小，无论是医保带量采购，还是医保谈判，总盘子不过 2.2 万亿元，用于药品支出的一共有多少呢？只有 6600 亿元，所以发挥政策效应做到了极致。我国医药行业的总量超过 2 万亿元，而未来大健康的空间极其巨大，如果我国发展到美国那样——GDP 的 40% 与健康产业相关，即使只有 20% 相关，我国 2020 年的 GDP 达到 100 万亿元，20% 就意味着 20 万亿元与大健康相关，而目前各种口径加起来不过区区 5 万亿元，所以医药行业的未来在于增量。

医保和药品是互相博弈、互相合作的关系，医疗机构是患者的代理人，代表了最终用户，拥有药品使用的决定权。公立医院按照发展规划，未来的药占比还要进一步降低。

医保方面的主要工作目标有：第一，推动合理用药；第二，做好临床用药的短缺预警监测；第三，提高医保的统筹层次。

合理用药是医学服务的目标，也是医学发展的客观规律。我国医疗服务存在的问题之一，是过度医疗、过度用药，这既有医学方面的原因，也离不开不合理的利益驱动。所以，推动合理用药是一个必然的方向。

做监测预警意味着公益保障，防止药品短缺。这是一个思维方式，做好全民基本医保和基本医疗，政府把这两样向全民提供，就意味着它是社会福利，是公共产品，具有社会主义公益性的产品。同时，这也意味着这两个方面，老百姓会掏很少的钱，那么谁掏更多的钱？政府吗？政府不会出很多。这是要探讨的关键问题，它决定了医改的基调。医保支付的依据是医生的劳动付出，我们不得不承认社会上低估了医疗服务的价值，一直强调医疗服务改革，价值和价格相匹配

是改革的方向，但是过程较为漫长，意味着医院仍然需要药品和耗材的效益来支撑，至于部分公立医院剥离门诊药房，这是少数现象，不太可能全部剥离，至于住院药房更加不可能剥离了。

医保要做的工作，依然是医保支付的整合，而不是仅仅关注价格招标。我们在国家医保局汇报的时候，做的课题就是探讨省级统筹的实现方式，因为我国医保是社会保险的一个构成部分，政治定位非常高，为了体现居民的待遇均等化，享受到国家社会发展红利，必须做好医保的统筹工作。而地市县层面的医保统筹很难实现均等化，最终要上升到省级层面甚至国家层面。我国是最大的发展中国家，地区差异非常巨大，东部有大量的结余，本质是就业人口多造成的，大量的年轻人来就业，在当地缴医保。这当中涉及就业环境的问题，医保要建立省级统筹，做到像上海这样，另外一种就是内部的"劫富济贫"，但是"劫富济贫"必然会产生的问题就是行政问题。尽管如此，医保还是要做，否则，医保的盘子不会扩大，没有充足的资金来源。

二　国家药品集采的探索实践

医保改革涉及的方面基本包括两个维度，增量治理和存量治理，或者说供给侧和需求侧。医保对于供给侧的治理是什么？规范约束医生的行为，按照标准化规范化进行管制，其实和药品没有直接的关系。另外就是需求侧，就是关于待遇清单的问题，涉及的药品就是医保目录和支付标准的问题，当然也涉及价格，这就是医保的总体政策框架。

国谈是动态化的政策方向，将大规模的创新药纳入国谈，其实这个窗口已经开启。我国的医保是有限的医保，而且是一个基本医保，如果什么都没有，怎么叫作基本医保？如果什么都可以进入基本医保，谁还买商业保险？如果没有商业保险，就没有增量，没有增量就没有未来，就是一个存量博弈，存量博弈的结果是什么？结果就是国谈。如果抗肿瘤的 O 药和 K 药要进入医保目录，价格的竞争会非常残酷。

　　对于存量品种而言，大部分是成熟的仿制药，"4+7"的价格降幅非常巨大。原研药的企业可能有三种方向，第一种是卖给国内的制药企业，现在已经有这方面的实例；第二种是放弃过期的原研药，专注于做创新药；第三种是坚持高品牌定位，不参与价格竞争，我国有几千万人的支付能力很强，他们对价格不敏感，可以继续高价卖给他们。

　　《药品管理法》颁布实施以后，留下了很多政策空间。其中有好的一面，也有不好的一面。新版法规能够解决很多现实问题，但是也带来了一些新的问题，本质上体现了一种轻资产的管理理念。但是药品监管的核心理念是，生产企业是责任主体，如果持证人没有重资产做抵押，一定要有合适的方式来对冲这种机制，比如保险。所以，药品上市许可持有人（MAH）制度在中国，少数海外控股公司持有若干MAH证书，委托给国内的制药企业加工，生产后贴牌销售，最后就会形成制约，这就是说我国的MAH实际上是超前的。

　　MAH在中国还有一个非常现实的问题，省域之间监管不匹配，同样的监管在青海、宁夏怎么做？药监部门要数字化监管，最大的难题就是地方保护，所有的人财物都是地方的。对于行业来说，监管就是机遇，当然《药品管理法》的管理细则、医药电商的问题，也是企业关心的，所有的企业都要考虑适应新法规的发展方向。始终保持严监管，企业怎么做？还有互联网医院怎么监管，怎样对接医药行业？如果区域之间的医保打通了，对于医生的约束到位了，对于医药电商的监管成熟了，医药行业未来的发展可能迎来新的转机。

　　对于药监而言，创新越来越快，特别是国际的创新越来越快，意味着医保面对的创新药越来越多，国内的创新药空间越来越狭窄。跨国企业很自负，国内的创新企业都在叫委屈，因为国谈对创新药的砍价太厉害了。国内的创新企业只有一个中国市场，但是跨国企业可以用美国市场为全球输血，一旦出血到一定程度，它们甚至可以暂停中国市场。

　　在这种情况下，创新的源泉和未来是什么？怎么去平衡？关于药品招标，早些年医疗机构作为事业单位，没有足够的财政投入，它们做得不规范，有的采用购买服务，用第三方招标，但是第三方招标推高了药品价格。所以，政府认为

市场不可靠、失灵了，需要强化政府主导。2009 年开始新一轮医改，国家层面建章立制，推进全民医保，加大投入，医保成为最大的买方。所以，医药行业最佳的发展时期是 2012 年到 2018 年，连续两个三年。2015 年，医改确定了医疗服务的价格改革进入深水区，确定了下一阶段的改革方向，此后，改革面临的问题就是存量与增量的问题。如果不解决增量，局限在存量，那就注定只能通过调整、压缩医药行业的空间，来扩大医疗服务的空间。

以前是卫生管理部门组织药品招标，由于它们既不采购也不支付，所以倾向于又好又贵，导致了招标的彻底失灵。后来，医保部门接手采购，没有推出新的做法，只是利用了上海第三批药品带量采购的经验。当年福建三明的药品招标为什么没有成功，而是采用上海这个带量采购平台？三明的经济基础较弱，没有议价能力只有议价动力，于是换成直辖市，换成若干个城市的合计体量（"4+7"共 11 个城市），促进优质药品降价，最后实现了药价的大幅降低。过去大家都不承认药品价格当中有水分，但是"4+7"推进以后，暴露给最高决策层很残酷的现实就是，医药行业中的顽疾太深了。

推动医药行业演变的因素很多，迄今为止所有的谈判和招标，一切都是由竞争环境决定的。中美之间贸易谈判，谈得成我们这个行业有春天，谈不成这个行业也不会崩溃，为什么这样？如果谈崩了、脱钩了，我们延续举国体制，最后走向医院的所有用药都是定点生产，这也是最高效的、社会成本最低的方式。但是谈成了呢？就意味着要采用市场机制，尊重市场，尊重反垄断法和市场的边界。谈成了我国就有创新空间，因为我国的医疗需求大多数没有被满足，还需要创新药去满足。我们将贸易纠纷的压力，转化为改革开放的动力，上海办进博会就表明了这个态度，对欧洲开放，对美国以外的国家进一步开放以刺激美国。我国的药品管理制度和国际化方向是匹配的，中美之间贸易谈判中一个很大的话题，就是政府采购的市场要不要开放的问题，如果谈成了，就不再是国产替代，而是仿制药替代。当下，药品行业当中很少谈国产替代，但是医疗器械行业不然。大气候可以反映小气候，国谈也好，"4+7"也好；仿制药也好，专利创新药也好，之所以能够灵活谈判、灵活砍价，原因是市场机制，这说明竞争环境决定了市场。

医药企业如何做？如果市场上的同类品种只有少数几家，就要挤进"4+7"，力争中标，因为可以把市场固化起来。医保带量采购还会有很多变化，现在还处于过渡期。医保无法回避的现实是谁是采购主体的问题，"4+7"也好，医保主导也好，相当于自带酒水，为什么要自带酒水？制定一个吃饭的标准就好了，如果不自带酒水就麻烦了，因为酒楼就是医保开的，我是医院的医生，患者都是来吃饭的人。患者要点二锅头，医生就给患者开二锅头，现在医保主导做集采，以江小白的价格买一瓶二锅头。将来为每个人制定就餐标准，爱喝什么喝什么，这是一个方向。医保主导，谁是主体？医疗机构是主体，不管是两票制还是一票制，医院始终是交易的主体，资金也是医院直接支付的，道理很简单，谁采购谁付钱。医院是采购主体，政府主导采购规则，医药分开，让医院医生的医疗行为和经济利益分开，医药企业要适应改革的方向。

医药企业转型后，不仅做物流，而且做服务，做医疗服务，和医院尽可能地整合到一起。做医院不愿意做和专业性较强的东西，比如健康管理、医疗供应链、检验等，只有这样，才会更有价值。前段时间我到一家商业公司去调研"4+7"的产品配送，送一个订单只赚9元，路程很遥远，只有微利。新的采购规则之下，药品价格下降很多，价格降到原来的1/2甚至1/10，还能有多少费用搬箱子？搬多少都不够，现在医药商业企业争夺药品的配送权，无非是想在还没开过户的医院争取开户机会而已。

多个省市也在开展药品集采，但是呈现碎片化的特点。像青海、宁夏、海南，因为人口少、基数低，市场的议价能力弱，所以没办法做。而江苏、浙江等经济比较发达的省市也不好做，原因是存在地区差异、城乡差异，做得不合规就意味着劫富济贫。但是有的省做得比较快，从全国来看，只是局部采购，企业要体现自己的优势，体现在医院的服务非常好，响应快、品种多，所以必须得做。

令人担心的问题是，将药品的价格挤到所有人都无"水"可挤的时候，问题就会比较突出。广东省GPO多平台竞争下的药品集中采购，突出反映了省级采购和市级采购之间的矛盾问题。武汉市的带量采购受到较高关注，药品带量采

购也要不忘初心，是替医院做采购，在武汉做的带量采购，中标的药品符合国家药监部门的治理方向的，不能单纯追求便宜而质量没有保证，便宜的药品中标以后，有可能做不了仿制药的一致性评价，最后被国家注销生产批号。如果选择这样的药品，它被注销生产批号之后再去选择其他的，会带来风险和一系列问题。淘汰一批，剩下的比拼性价比，然后腾挪出来更多空间给创新药，是这样的一个逻辑，这就是武汉带来的思路。

药品的带量采购充分说明，优质药可以降价，原研药也可以降。以前很多专家讲不能降，某个药品坚持在 118 元，但是一夜之间降到 11.8 元，这意味着所有的药品价格都可以降。

比如胰岛素带量采购其实非常不易，武汉承接试点后，很难解决好这个问题。胰岛素的特点是该用胰岛素的人才会使用胰岛素，不需要用的人绝对没有需求，所以不会出现滥用。但是在用的方式上可能的确超前了，医保部门认为，患者用长效的胰岛素，更舒服、更便利、血糖更平滑，患者获得了超级享受，却是医保在买单，很不公平。患者应当为舒适性买单，自己支付。但是难就难在怎么区分，五花八门，但是最后有一点可以明确，医保和企业谈判，其中的道理和丙肝药的谈判一样，丙肝药虽然各有各的差异，但是本质上没有差别，胰岛素的品类替换完全可以做到，剂量调整带来的一系列成本比较非常清晰，企业其实没有多少的博弈空间，最后医保部门与生产胰岛素的三家外资企业谈成了。

三 药品带量采购新机制的思考

关于"4+7"的带量采购，它的推出有一个变化的过程。一年半试点后扩围，扩围这件事在学术上有争议，要不要扩围？要。但是要解决几个大的问题，如地区差异问题、异地购药问题，真正解决这些问题后才比较合理。扩围以后有没有必要让企业选市场？毫无意义，因为从微观和宏观来看，构建全国统一的大市场，强调市场化作为配置资源的基本方式，鼓励竞争，而不是人为地把市场割裂成若干块。长三角一体化等措施，强化区域联盟，推高了全国市场的交易成本，本质上是固化市场，和国家大的方向相背离，这是"4+7"第一个大问题。

第二个，"4+7"扩围，竞争充分的三家或五家都可以扩，最后市场会均衡，每个省会考虑剩下的给谁，也可以不给这些企业。给予第一个交卷的人优待，第一个人慌里慌张把卷子交了，后面的人精挑细选、做得和原研一样，却得不到奖励，这也不合理，是需要研究的课题之一，也是国家药监局给我们提出来的。独家中标带来的问题一定是集中的，集中一定会带来长期的垄断风险。如果市场变成了一家或两家占据，将来有一天，假如出了什么事件，就有断供的风险。现有的规则容易出现垄断，所以，国家鼓励原研企业优先中标，也就是鼓励中标一体化。

鼓励中标一体化，大型集团最有可能中标，建议企业向上下游转型，2014年时提出的思路是往上游延伸，收购工业企业，把外部成本内部化，做成自己的定制，自己定制的产品价格成本很透明。往下游发展可以做供应链托管，做上下游一体化最有利于增强企业的竞争力。

任何药品耗材都有供应保障的主体，这就意味着相关方要考虑市场的边界。如果考虑交易成本，"4+7"不计成本地为这个制度保驾护航，所有人都在不计成本地要求它。医保部门要意识到自己的职能，做到什么标准，至于价格是市场竞争的结果，现在六家企业中标是不是充分？集采扩围以后，大家担心出现药品断供问题，所以最多中标六家，但是根据经济学的基本理论，七家才是充分竞争的前提，中国这么大的市场，而且持续增长，需要足够数量的市场参与者。

从规则上看，医保部门当然是一片苦心，希望大家降价，降价50%入围，为什么不是降价40%入围？后来出台了很多细则，但是无论怎么算，做企业的要始终牢记，办企业是以患者为中心，如果抓住了这一点就不必担心。如果"4+7"导致竞争局面改变，只要这个药品是刚需，最终它的需求会体现出来。

因为有了"4+7"新规则，企业要做供应链管理，降低成本，提供增值服务，这就是企业的价值所在，如果做不到这些，很可能会被取代。

当前药品的带量采购存在若干个边界问题，例如：

——政府干预与市场机制调节；

——国家与地方的权责界限；

——医保部门主导与医疗机构（及联合体）有权采购；

——集中力量办大事与反垄断、公平竞争；

——价格发现与医保支付标准制定。

关于新机制设计，专家已有共识，主要目标是：以探索药品价格发现机制与医保支付标准形成机制为政策核心目标。机制设计上，建立基于市场的药品价格发现机制，以及与改革进度匹配的医保支付标准形成机制。与此同时，还要关注过渡期政策，消除"政策玻璃门"现象。操作层面上，始终坚持以患者为中心，满足临床治疗需求，促进合理用药，依托药品临床综合评价，确保质量优先、价格合理。

科技篇

拥抱人工智能时代

王延峰 *

王延峰，2019 年 7 月 30 日

习总书记在 2018 年 11 月份的政治局学习时，提到人工智能是新一轮科技革命和产业变革的战略性技术，具有头雁效应，习总书记把人工智能定义为头雁，与上海医药大学的三雁齐飞非常契合。

我演讲的主题是"拥抱人工智能时代"，分享三方面的内容。第一部分，既然要拥抱智能时代，告别什么时代？从工业时代怎么走到了智能时代？第二部分，智能时代的兴起和发展有什么特点？第三部分，AI+ 医疗，我非常关注这个领域，而且推动上海交大和斯坦福大学建立了智能医疗联合实验室，将 AI 和医疗的结合，赋予其非常崇高的使命，拓展生命的长度和质感。

一　从工业时代到智能时代

吴晓波在一次演讲当中对中国创富做了三个阶段的总结，我国改革开放以来的第一波创富是垄断创富，基本上在体制

---

* 王延峰，上海交通大学人工智能研究院副院长。

内只要拿到资源就能致富，这是第一波。第二波是产业创富，就是满足短缺经济，2020 年上汽集团的陈董事长和上海交大师生座谈交流时，谈到我国已经告别了装四个轮子就能卖汽车的时代，这是非常典型的对产业创富这一代的总结，我相信上药集团也经历了这样一个大的阶段，抓住了这个时代的机遇，产业发展在满足我国短缺经济的过程中催生了这一代的创富。我国当前正在经历的科技创富是第三波。看到上药集团的发展战略和使命——科技创新驱动，这是一个非常重要的战略使命，未来要靠科技实现创富。

我们正在告别工业时代。从历史的视角看，从农业时代到工业时代，以及当今的智能时代，核心都是生产力的提升，每一轮科技革命都会带来生产力的巨大提升，生产力推动整个社会进步，本质上是为了满足人类各种需求，从最基础的物质需求到精神需求。

工业时代的基本特征是经济学上强调的生产三要素：土地、资本、劳动力。企业 A 在全国布局、全球布局，建工厂要有土地，而土地给了企业 A 就不能给企业 B。工业时代的生产要素有一个非常大的特点，就是排他性地供给，土地、资本、劳动力是零和博弈，给了 A 就不能给 B。而智能时代有新的要素加入，就是信息。工业时代的供给，始终围绕着一个线性的价值链来满足社会需求。

工业时代的三次工业革命，从蒸汽机的发明到电力的发明，到计算机 IT 技术的发明，三次工业革命围绕的也是提升生产力，核心是体力的解放，而后续智能时代的一个非常大的特点则是对脑力的解放。

体力的解放容易理解，在科技驱动的过程中，生产线和生产企业的发展，都不断地伴随着新科技的输入。工业自动化，把工人从生产线上，从危险或者比较复杂或者比较恶劣的环境中解放出来，这是巨大的进步。到了智能时代，如果脑力解放了，整个发展为了人类的福祉，那人去干什么？这是一个非常重要的新问题。

工业时代的发展，中国大概用了 40 年左右的时间，走过了国外 200 多年的工业化过程。但是可以看到一个非常大的特点，中国的工业时代正面临发展的瓶颈，国家的 GDP 增速放缓，出现了经济新常态。2019 年国家的 GDP 增速在 6%~7%，已经是非常不容易，从全球来看也是中高速发展。但是对比过去，对比以前几十年的高速发展，确实增速是放缓了。第二个特点，中国的知识经济、信息密集服务和信息导向性还是非常不够的，发达国家的服务业占比高达 70% 左右。

第二产业面临着产能过剩、有效投资不足的问题。工业时代经常谈布局战略和规模经济，这是工业时代重要的特点。规模增大，平均成本显著下降，企业通过扩大规模来提高竞争壁垒。另外，工业时代的增长是靠投资拉动，规模上不去和成本下不来的生意不能做。但是在智能时代，非规模也有经济性，得益于新的技术和技术创新，移动技术、云计算、大数据、人工智能等，平台性公司盛行，赢家通吃，基本上在一个细分领域，第一名会赢得这个行业 70%~80% 的利润，第二名、第三名只能拿到 20% 左右的利润，其他的基本上都是在盈亏边缘挣扎。关于非规模经济性，例如一家企业，青岛的红领，它原来是一家传统的西服代工企业，我曾经三次去这家企业调研，经过"互联网＋"的变革和人工智能的变革，它提出规模性的个性化定制。讲个性化定制一定是非规模的，每个人根据自己的身材、根据自己的喜好来定制，很难产生规模经济。但通过科技改变生产线后，一条西服生产线上，几百件西服每件都不一样，颜色、款式甚至袖口都不同，为什么能这样？通过智能技术变革生产线，从互联网上接单，把整个西服分成 200 多个模块，对生产线做改变，常规的一块布做一件西服，剪裁完之后会有很多废料。但是把几百万上千万的订单，根据不同的需求来组合，变革形成柔性的生产线，这样不仅满足了规模的个性化定制，还解决了废料问题。

这就是科技带来的非规模经济性，医药领域也有一个案例。

2018 年我去美国的硅谷参观，有一家制药公司，它的创始人原来是谷歌的高管，他的妻子患癌症去世之后，他就研究怎么能够抗癌，于是创建这家公司。交流之后得知，癌症晚期患者通常 3~5 年就走到了生命终点，核心问题是用统一的药品针对不同的癌症变异患者进行治疗。如果能够针对某类癌症准备几千种几万种药品，就能保证在癌细胞变异的过程中，都有针对性的药品来治疗。但是这样的方式缺乏规模性,怎样解决它的非规模经济性?这是一个非常重要的命题,可能在智能时代,能通过人工智能和制药技术相结合,解决这样的问题。

二 智能时代的兴起与发展

智能时代的初级阶段是"互联网+",李克强总理在2015年提出"互联网+"的国家战略、"互联网+"行动计划,为什么要提"互联网+"?它是智能时代的基础,为智能时代的到来奠定了坚实的基础。人工智能的核心,需要数据、算力和算法来驱动。第一个核心是数据,而"互联网+"让大量的数据在线,带来了新的生产要素,信息已经成为一个基本的生产要素。我们每个人既是信息的消费者,又是信息的生产者,大家在这里上课,手机产生的位置信息,都有可能被收集、被分享,为智能时代提供信息。

"互联网+"为智能时代打下了坚实的基础,从PC互联网到手机互联网,到物联网,万物互联解决了信息的流通问题,而人工智能的到来,则可解决信息耕耘的问题。

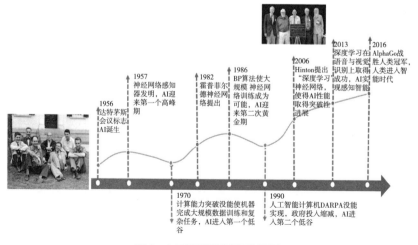

图1 人工智能发展的三次沉浮

人工智能是在1956年达特茅斯会议上提出来的，经历了三次沉浮，从最开始的知识驱动、规则驱动的模式发展到以数据驱动为主。最近一轮标志着人工智能兴起的事件是谷歌的AlphaGo战胜了李世石，这标志着人工智能第三次浪潮的来临。后来谷歌又创造了一个AlphaZero，有点像武侠小说中的左右互搏，自己生成棋谱，AlphaZero宣布，人类已经不可能战胜机器了。

与AlphaGo的比赛，为什么李世石还赢了一盘？因为AlphaGo连赢了三盘，第四盘李世石下了一步臭棋，AlphaGo学习了人类200多万个顶级棋手的棋谱，但没学过臭棋手的棋谱，这个时候AlphaGo疯了，没法应招，所以AlphaGo输了这一盘。为什么AlphaZero说人类不可能再赢机器了？围棋是19×19的棋盘，在人类史上，预测从下第一步到最后一步的最理想的棋招，人类没法穷尽所有的过程。但是，AlphaZero穷尽了，它就可以战胜人类所有的棋手。围棋是人类智力最主要的体现之一，所以，AlphaZero在2016年给人类世界带来了强大的冲击。

但是，围棋这件事情其实也没有多大意义，因为它是有规则的。现在的人工智能还处在弱人工智能时代，而不是强人工智能时代。因为现在看到的所有人工智能的应用，比如围棋，是有明确的约束条件的，是一个确定性的问题。而人类活动，无论是企业的经营者还是其他人面临的社会问题，往往是不确定性的问题。所谓人工智能非常厉害，其实人工智能只是解决了人类真实世界所有问题中非常小的部分。

这一轮人工智能的兴起，有三大要素：算力、数据、算法。算力是一个基础的设施，集成电路有一个非常著名的定律——摩尔定律，每隔18个月，芯片性能提高一倍，而价格降低一半。第二个是数据，深度学习、人工智能是一个黑盒子，不是白盒子，不知道为什么，但是通过数据和算力的支撑，可找到好的结果。接下来从弱人工智能到强人工智能，有一个非常大的命题就是AI是可解释的，原来的AI是不可解释的黑盒子，不知道它的整体逻辑。但是，在很多行业，比如AI和医疗结合，如果不能解释为什么，就不能使用，所以，可解释是一个非常重要的方向。第三个是算法，深度学习的神经网络并不是新

的提法，而是三四十年之前就提出来了，为什么这一次促成了第三轮浪潮？这是三个要素共同作用的结果。

现在这一轮的人工智能是弱人工智能，是专用人工智能。具有了一定的智能，但是不够智慧；具有一定的智商，但是缺乏情商。大家用手机可能会用苹果的 Siri，有很多语音交互，家里可能有智能音箱等产品，估计有耐心坚持使用的并不多。我有位同事是智能语音科学家，他创立了一家企业——思必驰，我和他开玩笑，你做的人工智能产品，有点像人工智障产品。所有的智能音箱，和它们交流几句之后，它们如果没办法正常交流就开始卖萌，这是现在智能语音交互产品的一个特点。但是，我在家里和六岁的女儿可以聊天一两个小时，和朋友聊天也非常开心，在整个过程中，人类交流是有很多情商在里面的，而人工智能产品更多的是依靠算法来解决，是固化的程序模块。

现有人工智能产品的第二个特点就是很能计算，但是不能算计。我女儿六岁多，学习 100 以内的加减法，大概需要几个月；但是对于计算机而言，不到一秒钟就全会了，计算能力非常强。但是我女儿会算计我，AI 产品根本不知道什么是"算计"。所以说，人工智能现在只是一个专才，而不是通才。

未来的人工智能会替代非常多的工种，但是人类本身所固有的东西是不可替代的。比如如何培养自己的小孩，最好的方法可能就是让她处于人工智能产品的环境中，接触各种新奇的人工智能产品。现在的机器人形形色色，有炒菜机器人，有扫地机器人，还有陪小朋友的陪伴机器人，等等，但是，我们还不能把保姆辞退，还没有一个像保姆这样的服务机器人。炒菜机器人只能做那几种菜，扫地机器人只能扫地，陪伴机器人只能为小朋友提供讲故事、聊天式的陪伴，所以，我们目前还处于弱人工智能时代。

但是，当人工智能从弱人工智能走向强人工智能，希望人工智能带来的是脑力的解放。脑力解放之后，我们需求的层次从温饱到小康再到富裕，但是需求的最高层次是自我超越。人类以后的需求应该怎么构建呢？从个体需求到宏观需求，安全的需求、社交的需求、尊重的需求、自我实现的需求，宏观的需求有知识型经济、信息化资产、信息化导向型产品等，这是我们在人工智能到来之后个体和宏观的需求变化。

三 "AI+医疗"：拓展生命的长度和质感

医疗行业有多个"痛点"。首先，医疗资源分布不均衡，居民患了重病大病都喜欢到北、上、广、深等一线城市治疗。社会的老龄化带来医疗需求增长，分级诊疗持续推进，但是像上海这样的城市，三级医院门庭若市，而社区医院尽管硬件很好，就诊的患者人数并不多，其中一个重要的原因就是大医院和基层医院的医疗水平还有较大差距。其次，管理效率有待提高，医院管理的数字化程度不够，而且各个板块都被不同的 IT 供应商分开，没有统一的平台。另外，科研与产业化创新有待加速，大量的健康数据没有被有效使用，例如药品的研发周期非常长，需要大量的健康数据，是否可以运用新方法和新技术，例如用 AI 技术缩短药品研发的周期？

人工智能在医疗中的应用有很多方面，例如医院管理的智能化，医疗仪器的管理智能化，医学数据分析的智能化，医学数据治理的智能化，等等。

"AI+医疗"的入门级应用，许多医院有尝试，就是医学影像的 AI 和医学影像的识别。AlphaGo 战胜李世石，是因为用了 200 多万个全球顶级棋手的棋谱来训练机器，所以机器比人类最好的棋手水平还要高。同样地，用人类读片、读医学影像最好的知识来训练机器，机器是不是会比最好的医生水平还要高？逻辑上是这样的，许多比赛的结果也是如此。

在中国或者美国，培养一名合格的医生需要用十几年。美国没有医学本科，在美国一定要读完工科或者理科，并且读了研究生之后才能读医学，博士毕业之后还要做实习医生，随后到一定程度才能拿到医生执照。医科的学生通常比其他的同龄大学生晚 10 年开始工作，需要多经过十年才能拿到医生的执业证。然而，这样的医生，特别是影像科的医生面临着非常大的挑战，有机构预测影像科的医生未来将被 AI 替代。

上海交通大学和斯坦福大学共建了一个智能医疗联合实验室，探索 AI+ 医疗更高级的应用。首先来看 AI 点亮医疗的黑暗角落，在医院内交叉感染是非常大的问题，目前瑞金医院做这套系统研究已经有三年了。常规的医院用什么方法？就是第三方，聘请第三方来监督医护人员有没有洗手，有没有在进入 ICU 病房之前彻底地清洁手部。为了防止交叉感染，平均一个医生一天要洗手 20 次以上，交叉感染每年大概浪费国家 GDP 的 1%，这是一个非常大的问题。但是由于民众和医院的信息不对称，交叉感染带来了非常大的隐患。聘请的第三方很难做到全面公正地监督，但是人工智能可以，计算机可以 7×24 小时全方位监管医护人员有没有进行有效清洁，未来"智能医院"的医护手部清洁行为监控将全面升级。

在外科手术室，医生要操作的器具有几十个，以及各种医疗器材，会不会发生手术结束之后，某个器械留在患者身体里面的事？通过 AI 监控使用了哪些器具，最终整个手术完成之后，这些器具是否全部归位，该处理的即时处理掉。我们和医院做过一项调查，一个 ICU 内有四五个护士，她们的工作非常辛苦，70% 的工作是做护理，还有 30% 的精力是把做护理的过程记录下来，方便检查和总结。现在试点用人工智能把这 30% 的精力节省下来，使她们用百分之百的精力去护理病人，扶病人下床、帮病人翻身，用 AI 识别并自动记录每项动作，这样就可以将护士从简单的记录工作中解放出来，更好地发挥价值。

当然，为了规避隐私问题，AI 使用红外和热感摄像头，不是高清晰的摄像，而是捕取关键信息，指导重症监护，合理分配人力，进行实时监控。

还有老年监护的应用场景。我国老龄化越来越严重使得养老资源供给不够、看护医疗费用较高的问题更加突出了。我们针对独居老人做了这样一个方案，在整个家里做一些摄像头人工智能的部署，经常发生的老年人上厕所后站不起来，还有跌倒，对于老年人是非常大的危险，所以布置多形态传感器用于检测老人跌倒，用 AI 来及时发现并引导解决这样的问题。

从智能医疗到智能健康，从治疗到预防，有些 AI 产品和系统已经上市。例如 IBM 有一个非常著名的 Wason 系统，但是它不是很成功，逐渐退出中国市场。我和 IBM 交流的时候讲，可能是你们的名字起得不好，应该是一个医生助手，而不是一个超级医生。我在科技部人工智能专家组负责智能医疗这个方向，有次在召开专家组会议的时候也在提，最开始说要做智能医疗大的专项，想做超级医生，整个专家组还有协和医院、301 医院的医学专家听了就不发言了。第二次开会，有的医生专家就不来了。第三次基本上所有的医生专家都不来。后来和中科院自动化所的徐波探讨，他说我们的方向不对，不能叫超级医生，要叫超级医生助手。如果邀请一批知名医生、大专家，跟他们说，咱们共同来策划一个专项，这个专项实施完以后，你们就可以下岗了，那么没有人愿意与你合作这样的项目。另外，这样的项目也做不成，团结不了医生就不可能做这样的研发。后来我们调整为超级医生助手项目，符合"AI+ 医疗"的大方向，就是"医生 + 助手"的模式，特别是治疗助手，比如影像解析、辅助诊断，然后在治疗方面，例如正在做的虚拟看护机器人、看护护士，都是作为一个辅助的手段。

总之，工业时代和智能时代的区别在于，工业时代是机器和动力的革命，每一轮革命，从蒸汽机使用到电力使用，到围绕着计算机、IT 的变革，机器和动力的革命实现了人类的体力解放。大量生产资料的投资带来了规模经济。在智能时代，互联网带来信息的流通，而人工智能实现信息的耕耘。技术创新使人类进入了脑力解放时代，而信息作为一个新的生产要素，促进形成产业变革和企业竞争的新格局，智能时代的核心是脑力的解放。

未来已来，关键是每个人的心态，若能拥抱智能时代，把行业与人工智能有机结合，这就是最好的时代！

NLP：人工智能
王冠上的明珠

朱其立 *

朱其立，2021 年 5 月 11 日

借此机会和大家分享自然语言处理（NLP）以及人工智能（AI）方面的基本理论和最新成果，从一些例子和问题的角度展示 NLP 可解决哪些有趣的问题，面临哪些主要挑战。

一　什么是自然语言处理

首先看幅漫画，20 世纪 90 年代有一幅比较火的漫画，一个小孩养了一只宠物，这只宠物有点奇怪，不是猫也不是狗，而是老虎。有一天找不到宠物了，小孩想写一个失物招领，妈妈看到了对他说，你写失物招领，是不是要描述一下这个宠物是什么样的？这个孩子开始写道，这只老虎比较安静、比较文静，但是有时候又有点奇怪，是一个很好的伙伴。妈妈看了笑着说，我让你描述的是它长得怎样。自然语言里面描述一个人（物）的时候，对"描述"这个词可以有多种理解方式，这个孩子也没有理解错，他觉得描述的是宠物的性格特征，妈妈的意思是外表是什么样子。由此可见，理解

---

* 朱其立，上海交通大学计算机科学与工程系教授。

自然语言挺困难，即便人也没有办法很好地理解清楚。

自然语言处理的总体框架，在刚才那个例子中，把这个孩子叫作卡尔文，把他视作一个机器，最终希望要做出什么结果呢？就是希望机器和人一样可以听懂话，听懂人话也可以说人话。所以整体上会 Follow 这样一个流程：某个人说出来的语言，以声波的形式显示出来，第一个模块，就是自动地对语言（话语）声波进行识别，识别之后将声波变成文字，完成后进入下一个模块；这个模块就是去理解前面这一段文字，从文字里面抽取一些内容，比如知道这句话的意思是"想要去转钱"，然后从中抽出一些 Slot，进行对话回应的时候，要从输入的话中提取出关键信息，即你既然要转钱，就要知道转给谁、转多少钱，这是两个比较重要的信息；转完钱之后有一个 Response，这句话依然是文本，通过这个文本再进入模块；最后把文本以声波的形式返回给最初说话的人。这是一个完整的对话流程，这个流程可以用到所有的东西，每个东西可以拆解成很多方式，每个方式都有一些问题和挑战。

NLP 面临哪些挑战？它属于计算机科学，同时又是与人工智能、计算语言学这几门学科交叉的学科。要做的事情就是让机器和人一样，与人交流，NLP 很难的原因就是人类的语言对机器来说非常难懂，特别是有歧义，而且在不断变化。

人类理解对话信息的时候，有很多东西不是显性的，而是隐性的，还有隐性的记忆，还有一些口语化的东西，完整理解对话，需要有一定的记忆。自然语言这些非规则化的特点，导致理解起来很困难。

目前 NLP 的方式主要有如下几种。

早期的做法是手写一些规则，这些规则相当于一些函数，输入的是自然语言，输出的就是对它的理解和反应。近几年比较有效的方法是"深度学习"，其中主要是数据驱动的一些方法，什么叫数据驱动？在深度学习里面，需要有很多数据，这些数据以输入、输出的方式呈现，然后形成一个 mode，这个 mode 叫作 NLP 的 test。

对话类型的 AI，就是前面说的转钱的例子，以及卡尔文和他妈妈的对

话。除了刚才讲的几件事以外，比较重要的还有自动地对人说话的语音辨识（ASR），把语音转变成文字。这方面的东西已经有成型的系统，但是并不完美，原因就是 ASR 这块也需要大量的数据，如果需要大量的数据驱动，也需要用这类数据训练模型，这个模型很大，不是特别容易训练。

通常做 NLP 的人不会碰 ASR，ASR 是另外一个模块。做语音的模块，我们关心的是已经变成文本之后的理解和反应。

自然语言是什么？自然语言就是人类的语言，包括各个国家的语言，中文、英文、法文、印度文、阿拉伯文，但是不包括 Java、C++、Perl 这些语言，因为这些属于计算机编程语言，如果写了一段程序，其中有问题，编译器会自动报错，不需要专门的方法来理解这些编程语言。

NLP 最终的目标是让人和机器可以非常自然地沟通，是 AI 的一个子领域，比如与 HCI（人机交互）、心理学等都有很大的关系。

微软创始人比尔·盖茨认为"语言理解是人工智能皇冠上的明珠"。自然语言处理的进步将推动人工智能整体向前发展。斯坦福大学人工智能实验室主任、NLP 权威专家 Manning 指出，人类与动物最大的区别就是语言，我们的目标是让机器掌握语言能力。

二　自然语言处理的主要应用

NLP 的一些应用非常有意思，主要有以下五个方面。

1. 文本分类

这是最主要的应用，也是 AI 里面最大的部分，不仅是 NLP，所有其他的 AI，包括计算视觉都研究分类问题。分类具体做什么？给你一个文本，需要将它分到某一个类别上，这些类别是预先确定好的。比如邮件，区分为垃圾邮件和非垃圾邮件两类，但是即便只有这两类也不是特别好做，因为需要考虑很多特征，比如发件人的邮箱名、邮件的内容等。还可以将来信自动归成多个类别，例如 Social、Promotions、Updates，可以把已有的邮件打上一些标签，这样的话，机器学习之后，甚至可以帮助增加新的标签。

2. 机器翻译

它也是一个非常重要的应用领域，百度和谷歌都有自动翻译，可以识别输入的是什么语言，并把它翻译成英语或其他语种。另外还有一些功能，比如社交网站上，或者浏览器上，点击右键即可将浏览的文章由英文翻译成中文，这样的功能非常实用。

3. 观点归类

可以按照个人的情感（或立场）对已有文本进行分类，例如在推特上，搜索关键词 Starbucks，把所有相关的文本按照正向、反向和中立三种类型来分类，可以知道大家对 Starbucks 的看法，结果发现有 708 个是正面的，有 4495 个是中立的，234 个是负面的，这个对于商家来说非常重要。有时候用户不一定消费后立即评价打星，而是在网站上评论、在社交平台上进行搜索就可以知道用户的整体评价。

这里有一个例子，不仅可以归类正面、负面、中立，而且可以做得很细致。横轴是从 pleasant 到 sad，纵轴是从 active 到 subdued，通过这两个维度，用很多词来描述，输入任何一个文本，比如一条新闻，或者一个社交媒体，都可以通过这个轴来映射到某个点上，来表示这个文本有什么样的倾向性。很多企业非常在乎企业和品牌的形象，会搜索新闻，搜索后将所有相关的内容都下载下来，映射到这个坐标系里，分析之后直观地做出整体判断，很有指导价值。

4. 信息抽取

举个例子，比如我讲了一段话，大概意思是《纽约时报》新任命了某一个人做管理者，代替了前任 Lance，这也是一条新闻，可以从这段话里抽出谁是这个公司里面的什么职位者，而且区分出是现任还是前任，如果是 start 就是现任，

如果是 end 就是前任,可以抽取一些关键性的命名实体,并且知道命名实体之间的一些关系。

为什么要做这个事情?信息抽取最重要的应用就是数据库,数据库的表现形式,类似 Excel 表格中的行和列。过去的信息抽取,最擅长处理的就是结构化的信息,而不善于处理文本这样的自由信息,如果能够从自由文本里面抽取出结构化的信息,后续就会有很多成熟的软件来处理这些信息,非常容易。所以,信息抽取是将难以处理的事务变得比较简单,后续再用相关工具来处理结构化的数据,还可以做很多有意思的事情,比如问答、查询等,信息抽取也是很重要的应用。

5. 文本生成

比较有意思的应用,举个有点极端的例子,现在已经有这样的一个工具,名字叫作 SciGen,可以自动生成论文。即使一本书没读过,一篇文章也没看过,也用这个工具可以自动生成论文,搞笑的是生成的论文投稿后居然还被采用了。

怎么做到这一点?这个工具其实也是机器学习的例子,用的数据就是海量的论文范本,比如要写计算机论文,下载很多相关的论文,学习之后就掌握了论文的写作风格,也知道该写些什么,最后机器把论文写出来了,看上去真的像那么回事。

另外一个例子,美国前总统特朗普很喜欢发推特,人称"推特治国",他写了很多的推文。有人做了一个 NLP 工具,把特朗普之前发过的所有推文拿过来进行机器学习,用这个工具以特朗普的口气写一篇文章,看起来真的和特朗普的口气很像,会使用很多短句,确实挺像,这就是文本生成。

前面的例子都是比较搞笑的,当然不能这么做。有一个比较有用的应用就是做文本摘要,举个例子,企业老总每天没时间看很多报告、汇报、周报、月报,可以利用 NLP 技术,把收到的所有报告自动做成一个文本摘要,而且还可以控制摘要的长度,这样就大大地提高了工作效率。

还有一个应用,在手机上看文字比较困难,特别是一篇很长的文章,NLP

可以自动生成摘要，将整篇文章浓缩成精简的文字，不需要上下滑动很久，就可以在手机屏幕上一览无余，非常实用。

此外，NLP 在对话（机器人聊天）中当然更加有用，在对话里面已经用到了前面提到的信息抽取和文本生成等多种功能。

三　自然语言处理的主要挑战

虽然应用前景广泛，但是 NLP 还是面临一些挑战。

语言有很强的二义性，而且有很多的改变，有一些指代，语义上也会有很多变化，如果要把所有这些文本都变成有规则的文本，工作量非常巨大，有没有这么大的数据量供机器进行学习，这是一个问题。

语言的时代问题。这个例子是漫画 "Winnie the Pooh"，如果看完之后，做一个阅读理解：谁写了 "Winnie the Pooh"？这幅漫画里面提到了很多人，有 Robin，有 Chris，仔细看了才知道，Robin 是个小孩，是 Chris 画的这幅漫画。要想回答这个问题，必须能够知道人和指代是什么关系，这是比较困难的。

这幅漫画上，左边的企鹅说，有个坏消息，"I lost my wife"，右边的企鹅说，天啊，她死了吗？这句话用英文来讲有两种意思，最简单的意思是她去世了。实际上它是说找不到妻子了，因为每只企鹅长得都一样。语言上有很多二义性，有时候需要根据上下文才能准确理解。

现实中有很多例子说明 NLP 面临较大挑战。

1. 二义性的挑战

有个小伙子过来面试，老板说 "Have a seat"，结果小伙子把椅子拿起来就走，实际上这句话的意思是请坐，但是小伙子理解错了，这也是语言的二异性。

"Call me an ambulance"，这是一个真实的例子，对着苹果手机的 Siri 讲，意思是 "帮我叫一辆救护车"。结果 Siri 理解成让它称呼你为 "ambulance"。

"San Jose cops kill man with knife"，这句话是一个警察用刀杀了一个男的，还是说警察杀了一个带刀的男子。一般来说，警察不会用刀杀人，而是警察杀了一个带刀的男人，但是机器不理解，它解析出来有两种意思。语言有词语上的二义性，也有句法上的二义性。

一个孩子对奶奶说："Joe 让我发疯了，我真想把吉他砸在他的头上"。奶奶听错了，以为真的是用吉他砸了别的孩子，而孩子只是说我想那么做。

还有一些真实的例子，出现在报纸的头条上，比如"Include your children when baking cookies"，可以理解成"你把孩子放在烤箱里烤"，还有一种意思是"你带着孩子一起烤"；"7 foot Doctors"可能是"七尺高的人"，也可能是一个组织。这些问题其实很常见，缺乏上下文的时候，很难准确理解其中的意思。

2. 动态性的挑战

语言非常动态，而且是变化的。如今的互联网时代，每天都会有新的语言产生，比如英文里面 LoL 就代表着 Laugh out loud，G2G 就是 got to go，机器理解这些语言非常困难。上述大多是英文的例子，中文中也有类似的例子。

3. 组合性的挑战

"小心地滑"有时候会被翻译成"Carefully Slide"，这样的分词没有分好，成为一个笑话。其实语言是组合性的，组合有很多种方式，空间也非常大，小心有各种各样的表达，Caution 或者 Carefully；地滑也是一样，可以是 Wet floor，也可以是 Slide。

4. 规模化的挑战

NLP 大部分要采用数据驱动的方式，所谓数据驱动就是通过大量的数据来训练，圣经里面有 70 万个词，是很小的例子，但是如果很好地训练语义，把一句话准确地分解成树状结构，需要训练解析器，至少需要 100 万个树状结构。

把《华尔街日报》的文本下载后，人为地标好树状结构，标注 100 万个，这是非常复杂和成本巨大的工作，但是没有办法避免，如果要做这种机器学习，必须要有这种标注的文本。

总之，自然语言具有非常多的挑战，比如奥林匹克运动会，就是一个词，但对于中国人来讲，可以叫作奥运会，也可以叫作奥运。奥林匹克运动会，是国际奥林匹克委员会举办的，包括多个项目的运动会——如果让机器来理解这句话，就要分词，"奥林匹克运动会"是一个词，但是如果拆成"运动"和"会"，会给后续 NLP 的处理带来问题，因为一旦拆成"会"之后就有其他意思，所以一开始是否把词拆分正确会有很大影响。

四　自然语言处理的基本流程

中文的词和词之间没有空格，英文的词和词之间有空格。还有德文，一些北欧语言也是词和词之间没有空格，这样分词就很困难。还有词意的问题，比如 Bass，读音有两个，怎么让机器知道，在这里是鱼，到了那里是乐器，这是一个很大的问题。还有一个语法结构的关系，词和词之间的关系，比如狗咬人和人咬狗是完全不同的含义，同样一个句子都是这样的词，但是换一下位置后，意思完全不一样。但是有些语言不是这样，比如在俄语里面，把两个词换一下位置，意思还一样。不同的语言有不同的情况。

再往上，不断地从语言底层到上层，从最小的单位到比较大的单位，到句子层面上又有语义的问题，怎么从句子里面分析出意思，有些挑战。

同样的话在不同的场景有不一样的含义。对 iPod 和显示器都说"so small"，前一个意指好，后一个意指不好。分析情感，第一句话是表扬的话，希望 iPod 越小越好；但是第二句话是希望显示器越大越好，实际上是在批评。如何通过数据的方式知道第一句话是在表扬，第二句话是在批评，需要想些办法。

再到最后是句和句之间的关系，也就是所谓的篇章结构。这段话讲的是布什总统和当选总统奥巴马今天在白宫相会，他（He）欢迎了他（him），并且带

他（him）逛了一下。He 是谁，him 又是谁，这就是指代问题，我们很容易知道 He 是指布什，后面的两个 him 是指奥巴马，但是机器不容易解析出来。

把这些东西串到一起，形成一个经典的 NLP 流程。就是语音输入进来，把语音的东西通过 ASR 变成文本，有了文本之后经过分词，然后给词性做标注，从里面抽取一些命名实体，抽取一些概念，然后把这个词的意思做一个消歧，之后做解析、做指代消解，然后再抽取一些关联和关系，最后放在结构化的东西里面，这就是 NLP 的整个流程，从一大段文本，最后变成结构化的知识，这个部分就是所谓的"知识图谱"，知识图谱现在是一个很热门的研究领域。

简要介绍将语音转换成文本的 ASR，也就是所谓的信号处理部分。声音输入的是声波，第一，能量与声音大小有关系，能量越高，声音越大，从这里分辨出讲了什么话，最下面是几个词，里面有一些语气词。第二，通过对频率的分析，可以知道哪一段实际上是一个词，哪一段是另外一个词，因为不同的词，有的是元音，有的是辅音，听到这个声音不知道是什么词，但是听到这个音，听到了 w，最后把声音转化成英文单词，这就是一个链条，从上往下这样一个链条，最后得到一系列的词语。

这个部分也有一些很难的地方，但是这部分实际上和计算机的关系不是那么大，做电子的人会更加关注这个方面，因为通常是把它做在一个芯片上，这样处理起来比较快。

有了这个模块之后，反过来前面如果已经生成一段文字，再把文字变成声波还原回去。你打电话到客服那边，客服机器人说话，就是利用 Text to speech 这个模块。把一段话生成文字，然后处理，再生成文字，文字再变成声波，返回给你，这就是完整的流程。

NLP 流程里面有一个工作叫作"词性分析"，一句话里面有很多类词，要想知道是什么词，是名词、动词，还是形容词、介词，需要给每个词打上词性标签，这是最基本的。打标签这个事情，每一步都可以用机器学习来做，但是都需要训练语料，事先把这些句子标好，这都得需要人来标。再就是分析成树状结构，已经有一个句子，分了词，也打好词性标签了，然后要知道语法结构，比如

"这个果蝇喜欢香蕉"，最上层的节点就是一个句子，这个句子又分为前半部分、后半部分，名词的部分其实是主语，后面是谓语、宾语，这个地方都牵涉到了。如果训练有问题，就会出现错误的答案，例如"eat sushi with tuna"解析成"我在吃 sushi 的时候里面有 tuna"，这是正确的。但是，对于"eat sushi with chopsticks"，虽然两句话的结构看上去一模一样，但是语法结构不一样，训练错了，就变成"我既吃 sushi，又吃了 chopsticks"，闹出笑话。

除了语法树之外，依从关系也很重要。前面关心的是主语、谓语、宾语，以及句式的关系，还要关心词和词的关系，有些类似语言学的东西，做 NLP 需要考虑到词和另一个词之间的关系特征。

随后还要知道词和短语之间的关系，比如这个人叫 Lansky，离开澳大利亚到皇家音乐学院去学钢琴。从语言学的角度，到皇家音乐学院学钢琴是他的目的，这是语言学上的一些标记，study 有一个标记是 Education，只要讲到教育，教育是教谁？在哪里教？教什么？这些东西是下一步更高层次的分析。有这样的东西，如语义角色标注，也是 NLP 里面的一个重要模块，这个模块可以给一个句子打上这样的一些标签。

五　机器学习与深度学习

2010 年以前，大部分的 NLP 主要是以规则为主来做的，也就是让人、让语言学家标注一些规则，来了一句话之后，计算机利用这些规则来自动做一些标签，都是用规则来做。

最近 10 年，机器学习起到了非常大的作用，主要还是因为现在的数据量比以前大了很多，这是第一点。

第二点是算力提高了很多。可以利用显卡做一些矩阵的相乘，以及矩阵的其他操作。显卡有非常强大的并行计算能力，特别善于做简单的并行计算，就是把两个矩阵相乘，把两个矢量乘起来相加，显卡做这个事情很方便。其实深度学习这个技术早就有了，但是一直没有火起来的原因，一是没有足够的训练数据，

二是算力不够。最近 10 年，技术进步和实践提高了算力，数据量也够了，深度学习就火起来，最先的应用是在计算机视觉上，识别人和一些物体，做得特别好，后来转移到 NLP 上面，发现在 NLP 上也有很多应用。

1. 机器学习

机器学习就是给计算机能够自己学习的能力，但是所谓的自己学习，并不是真正的自己学习，我们依然要给它学习的算法，任何机器学习都分为两个阶段，第一个阶段是训练阶段，第二个阶段是预测阶段。在训练阶段，首先要收集大量的标注数据，要让人去标注，但是有很多方法，比如请专家去标，也可以让老百姓来标，就是众包，在网上标注，得到足够多的标注数据。有了标注数据之后，就要有训练机器学习的算法，现在用的大部分是神经网络，神经网络就是模拟人的大脑里面的神经元和神经元之间互相传递电信号的原理，每个神经元单位其实就是做一些计算，不停地把数据从一个神经元传递到另外一个神经元，做乘法做加法，再传到另外一个神经元。每个神经元都是一个模块，但是这里面有一些参数，这个参数需要学习，学习参数通常用的方法是反向传播。对照标注的数据，使神经元网络尽快达到输入就生成相应的输出，通过机器学习来调整里面的参数，调到最后，让它生成出来的输出和标注的数据很接近，这个时候得到的就是一个模型。

这个模型可以拿来用，可以用一些真实的数据，拿这些数据做一些预测，比如这篇新闻是褒还是贬。绝大部分 NLP 的任务都可以用这个方式来完成，唯一的区别就是学习模式不一样，但是都是这样的机器学习框架。

学习模式分为三种，第一种是监督型，第二种是非监督型，第三种是强化学习型。用标注好的数据来学习，这种是监督型的，已经给出标注数据了，比如老师教学生，我给你题目和答案，至于怎么做我不会告诉你，你自己想怎么做，给你很多题目和答案，之后你就学会了，这是监督型。

非监督型不做任何标记，但是它有一定局限性，所能做的事情只是告诉你哪些数据比较相近，这里面有一种聚类方式，最标准的非监督模型就是聚类模型，这一类模型能干什么事情？就是给你很多数据，你将这些数据分成几类，但是这些类别没有标签，需要根据内容再加上标签。

至于强化学习，因为有些类型的东西无法用反向传播的模式来做，里面有一些数学的东西，是不可导的，所以没办法反向操作，这个时候就可以用强化学习。强化学习绕开了一般的神经网络算法，但是在神经网络的外面增加一层搜索的内容，让他们找到近似可导的结果。学习下象棋、下围棋都使用这个模型。

比如家里的扫地机器人，看到一个障碍物之后会自动绕过这个障碍物，怎么做到这一点？扫地机器人就是用强化学习来做的，扫地机器人往前走，还是往左、往右，不同的方向都会给它一个"报酬"，比如往前走撞了或者掉到楼梯下了，这个"报酬"是负的，机器人在动态的环境里，往前还是往后，要根据环境来决定，而具体环境在不断变化，它看到的东西和之前不一样，这种东西不可导，所以必须用强化学习方法。

2. 深度学习

深度学习是机器学习的一种类型，机器学习有很多种，神经网络是一种，其实还有很多种简单的方式，比如直线回归，用简单的方式来做，不需要用神经网络，如果用神经网络，不是用一条直线，而是用一条很复杂的曲线来模拟。

深度学习是机器学习中的一个小类，这个小类的特点是什么？它用到的参数非常多，还有一个很重要的和机器学习不一样的地方是，以前的机器学习要人为标注特征。比如给定一段文字，怎么学这段文字？是正向还是负向？提取一些特征，把特征送到网络里，比如现在是哪个词？前一个词是什么？后一个词是什么？是什么词性？是现在时，还是过去时？这些都是特征，用哪个特征，不用哪些特征，设计者要根据不同的测试筛选，这件事情只有计算机科学专业的人才能做，是比较高级的工作，所以，机器学习的门槛很高。

但是深度学习不一样，它不需要人来标注特征，把这个事情交给机器来做。

机器怎么做到这一点？机器不再选择这些特征，而是用最底层、最简单的，比如中文，把所有的字拆成笔画，进来一段话就是一个系列的笔画，全部拆散，然后丢给模型。如果是英文，所有的东西就是字母，不管什么词性，丢给机器，机器自己学，这就是现在深度学习的方式。里面每个点都是神经元，每个点上有很多参数，这个网络比以前的网络大，事实上大很多。过去做一个邮件分类，只需要几百个特征就够了，现在可能是几百万个特征，这么大的网络怎么做？需要的算力很大，需要的训练数据非常大，所以不是每个人都能做得了。

为什么深度学习会变得这么有效？好处是它不需要人工地设计这些特征，自己学习出来的特征非常容易适应，是自适应的，可以适应不同的数据，而且很快就能够学到这些新的特征。灵活性很好，普适性也非常好，而且深度学习既可以做非监督，也可以做监督。当然也有缺点，就是需要非常多的训练数据，这是好事，也可以说是坏事。对于阿里巴巴、腾讯等互联网企业而言，天然就有很多的训练数据，为什么不用？但是对于小公司而言，大多都没有，还要请人来训练数据，当然是一件坏事，所以这是一把双刃剑。另外一个缺点就是需要很多的机器，用很多的 GPU 才能做大规模的计算。

3. 深度学习快速发展

2010 年以后，深度学习渐渐取代了以前的机器学习，深度学习的关注度快速提升。

关于语音理解，这项任务的错误率在 20 世纪 90 年代的时候非常高，曾经高达 90%，根本没法商业化，到 2000 年之后迅速下降到 10% 左右，然后一直保持在那个水平。直到 2010 年应用深度学习之后，错误率又很快降下来了，包括科大讯飞，都是采用深度学习的方式来做语音识别。

关于计算机视觉，需要标注很多图像、图片，用这些图片来识别物体，比如这是一本书、这是一个桌子、这是一个人。通过比较这方面的研究方法，可以看到，从 2010 年到 2013 年，基本上是以传统机器学习为主。到 2013 年之后，基本上是深度学习模型取代传统的机器学习。错误率下降了很多，但是最低值是

7%，仍然有 7% 的错误，但已经非常出色，不可能将错误率降到 0。这也是为什么在自动驾驶方面，还有很多事情要做，不仅识别率没有达到百分之百，而且识别需要时间，特别是网络变得很大之后，实时性方面就有问题。当一个网络变得很大，看到一个东西要快速处理，即时得到结果，这需要很快的反应，很快的反应需要的算力很大。把计算机放在汽车上，还是放在云端？放在云端就有一个传输问题，所以要用 5G，推进物联网建设。把看到的图像传到云端，在云端分析是树还是行人，再传回汽车采取动作，这需要时间。有的特斯拉自动驾驶为什么会撞到东西？就是因为传过来传过去太慢了，这个技术还没有完全成熟。

六　NLP 的发展与应用前景

1. 如何增强深度学习模型的可解释性？

深度学习模型其实是一个黑盒子，是 AI 研究的重要领域。它的可解释性如何？模型本身很简单，但是它的每个节点都是非线性函数，仅仅看了网络，不知道这个网络到底代表什么。我们做了一些努力，比如这个网络虽然很大，但是可以用图像来解释，识别人和物体的时候，发现网络里面的某个地方会随着人变化，看到人之后这个地方的参数就会被激活。如果看到一辆车，可能是那个地方被激活，所以现在的研究都从这个角度来解释。语言也是这样，现在用得最多的语言模型使用大量的语料，比如把整个维基百科的语料全部拿来训练一遍，然后得到一个很大的网络。用这个网络去识别推特上某人讲的话，会发现：当他讲到某一个地方的时候，可能某一块地方被激活；如果讲到某个人的时候，另外一个地方被激活。这是我们做的一种探索。

2.NLP 商业化比较成功的有哪些？

NLP 在五个方面的应用都已经商业化了。例如检索方面，去百度做搜索，其实不只是做关键词的匹配，有的时候你发现搜一个词，出现的结果里未必有那个词，但是意思在里面，搜索系统理解这句话的意思，于是反馈给你了。还

有就是可以直接在百度或者谷歌上提问题，比如问奥巴马的妻子叫什么名字？直接给你答案，这就是利用了基于知识图谱的问答系统，把所有的文本拿过来，抽一个很大的知识图谱，这个知识图谱不一定完全是自动抽取的，也有人工在里面，抽完之后由人来标注，并进行校对。你提问之后，模型知道你问的是奥巴马的妻子，妻子的关系是配偶，于是先找到奥巴马，再找到配偶，最后把结果还给你，这个过程其实就是NLP。文本摘要，还有对话系统，很多公司都用于自动客服，自动客服就是NLP，只是准确度还没有达到人工水平，但是一部分已经商业化了，聊几句就能知道客户大概的意图，可以省掉一部分成本。

3.NLP 在医药行业可以有哪些应用？

现在 NLP 最大的几个应用领域是医疗、金融、法律。在医疗领域，首先最简单的就是电子病例的分析，早期的病例很多是写在纸上，需要电子化和纠错，然后提取信息变成一个数据库。现在的病历可以直接录入电脑，但写的是一段话。从医院管理角度来看，比如直肠癌，把过去几年医院内所有直肠癌病人的病历调出来，分析医生开了什么药，其中就要用到 NLP，分析医生的诊断是什么，为什么做出这个诊断，对此要进行分类，有的是良性，有的是恶性。我们与医院也有合作，比如给医院做 QA，分析医生开的药是不是规范，做的检查是不是规范。

药品领域的应用，以前和阿斯利康有合作，药品研发有多个阶段，最开始的想法从哪来？可以搜索分析所有的相关学术文献，比如研究某种肿瘤的新疗法，先检索所有提过这个病种的研究文章，有些研究可能是某个作者完成之后，没有再去关心后续的工作。阿斯利康关心所有和某些肿瘤有关的、所有人研究的各种各样的化合物，我们的工作可以帮助阿斯利康全面整理有哪些人研究过的某些化合物和这个疾病有关。还有一种应用就是对于已上市的新药，跟踪研究药的临床效果怎么样，最后患者的服用效果怎么样？在推特上查询，在新闻里面分析负面新闻，搜集整理是否有人在网上抱怨吃完了这种药拉肚子，或者有其他的副作用，或者吃了某种东西和这个药物之后有不良反应，这些信息都是制药企业非常关心的方面。帮助他们开展这样的研究项目之后，发现某个新药原来没有所谓的副作用，这就是很有实际价值的应用案例。

大数据驱动的智能健康管理

张鹏翥 *

张鹏翥，2021 年 5 月 21 日

与大家分享我们刚刚完成的一项国家自然科学基金重点项目——大数据驱动的个性化健康管理研究的主要成果。

一　项目概况和研究内容

总体研究内容包括五个方面，第一项是基于医学文献和医疗问答大数据驱动的知识挖掘，就是网上在线寻医问药的咨询，也被称为医疗问答大数据，根据这个数据，做一些知识挖掘和分析，希望形成比较好的知识图谱或者知识库。

第二项是群体网络行为大数据驱动的健康管理挖掘。群体网络行为，主要是研究人的行为与健康的关联：通过上网的行为来分析，和医疗数据结合起来，研究其中有什么关联性。

第三项是物联网监测大数据驱动的健康异常识别与预警。主要做健康状态异常识别，通过穿戴式设备，以及一些监测血压、心率设备进行管理。有些公司做网络监测，所以有较

---

* 　张鹏翥，上海交通大学安泰经济与管理学院教授。

为充分的物联网监测的大数据，可以建立相关的模型来分析异常行为。

第四项是个性化数据驱动的健康管理方案生成与优化。根据每个人自己的特征，基于自己的数据，和本项目的知识库相结合，输出健康管理方案。

第五项是成果应用，即全景式个性化的智能健康管理模式。

项目集中在心血管的健康管理上，刚开始设想要做全部的健康管理，面向人的健康管理。专家建议全部的健康管理实现不了，需要聚焦一下。当时我们关注到中国人的心血管问题占比很大，到2019年的时候，全国共有3.3亿人有心血管问题，这个人群规模非常庞大，所以后来聚焦于心血管的健康管理问题。

项目主要是研究大数据和心脑血管的关系，可以采集医学文献的数据，也可以拿到寻医问药网的数据，以及好大夫在线网的数据，还可以共享政府部门的气象预报数据。另外，我们和上海电信有五年的合作协议，可以分析电信用户人群的移动上网行为特征。我们和闵行区人民医院也有一些合作，和上海市的卫生信息中心有合作，可以使用它们的统计数据，当然只是群体数据，不是个人数据。

与一些技术公司合作，比如朗朗科技，它做心电仪，结合一些脑电监测仪，开展相关的实验项目。小云健康有血压监测数据，这些数据可用于项目研究，它有100多万用户，并且与保险公司合作。另外，还有一些健康管理App，比如心电的App，小云健康也有App，而且我们还获得一家美国保险公司的医疗数据，特别是心血管方面的数据。

这些较为充分的大数据来源，有效地支撑了项目开展。主要做四个专题的研究，第一个专题是心血管健康管理知识挖掘和众包校正。这方面的知识有很多，当时我们觉得可以把文本数据、期刊数据挖掘出来变成一个知识库的知识，但是后来计算机方面的专家指出，他们只能做关联，现在叫知识图谱，知识图谱就是一种关联，A和B之间有没有关联，然后关联到C，可以画出一个关联图，这就是知识图谱。我们可以找到这些文献，挖掘出一些基本概念、疾病名称、检测（数据），比如什么样的症状需要做什么样的检测，检测之后可以诊断出什么样的疾病，然后再用什么药，这种形式可以实现。如果要变成一个知识库，最后

落实到方案里面，这就需要人工来做，所以要把这些知识录入电脑，而且要有一个数据支撑结构来做这个事情，这就是众包及其校正工作。

第二个专题是全景式的行为和心血管健康水平的关联，在将行为和关联做好的基础上，尝试做出一些分析关联，比如：什么样的长期行为因素，或者比较明确的行为因素对心脑血管的健康指标有影响。当然做这个关联比较困难，心脑血管的健康问题是长期积累的结果，而电信数据只保持一年，当然也有一些历史画像，有五年的数据，但那是抽象出来的，经过了精简，不一定都能用。所以从行为数据的关联来分析短期状况，可以看出一定的规律，但是要分析长期状况就比较困难。

第三个专题是心脑血管健康状态异常识别，通过穿戴式设备来判断，因为有心电图的数据，可以得出相应的结论。

第四个专题是心脑血管个性化健康管理方案生成与优化。

通过这些研究，能够把相关知识确定下来，找到疾病的发展诱因，能够做到预警建模和优化。通过探索大数据驱动全景式个性化的健康管理知识库及模型方法体系，形成一个全景式个性化的健康管理，然后再做智能技术的应用。

二　文献与问答大数据驱动的知识挖掘

知识挖掘的相关工作包括多个维度，第一个是基于医学文献数据，第二个是基于社交媒体数据，第三个是心血管健康管理知识众包和校验，第四个是在线健康知识获取差异分析，第五个是健康知识库结构。

科研项目注重严谨，最大的特点就是要找准并努力解决存在的问题，怎么从医学文献数据找出心血管的健康管理知识？现在的知识渠道很多，有期刊、图书、网络媒体、微信公众号，这些数据很有特点，有的是表格模式，有的是文本模式，构建一些工具，主要是采用神经网络，用一个词向量的模型，再就是规则推导，把这些模式的推理模型构建出来，当然也用到了很多深度学习的语义模型，以及因果关系强度的度量模型。

专业医生的词汇和老百姓的常用词汇不一样，两者之间有什么关联，有什么差异，都可以通过数学模型挖掘出来，这样用计算机自动做的时候，词汇不平衡的问题就可以解决。

另外一个是社交媒体，对医生和患者之间的讨论这个数据到底怎么分析？需要做一个文本的分析系统，这种分析系统用到了很多机器学习的方法，可以比较哪个方法更好一些，另外就是对相应方法可以进行知识挖掘。比如我们做了一个食材对疾病作用的知识挖掘，根据寻医问药网的数据进行挖掘，至于挖掘出来的知识到底可靠不可靠，还要建立可靠性评估模型，哪些东西可靠，哪些东西不可靠。我们发现有的知识相互矛盾，有的互相之间没法保证一致性，这些行为都可以分辨出来。在实际的医疗服务中，同样的疾病，不同的医生给出的治疗建议有可能互相冲突，哪个医生对？哪个医生错？因为医生是靠脑袋记忆，并不能把所有的事情都记住。医生像每个人一样，可能看到很多事情，但是每个人看到的不一样。同样的疾病，患者的症状也可能不一样，如果医生弄错了，患者的病情恶化了就不好办了。

强调这些非常重要，很多人说医生的回答都是对的，但是实际上，不同地区的医生、不同城市的医生差距很大。寻医问药网站上三年累计有超过520万用户，共计1600多万条医患问答的数据，就心血管疾病的检查、症状、用药、药物效果，可以做一个知识图谱，看起来挺漂亮，但是用起来不一定方便。北京大学有一个老师也做这个，他说可以支持医生的在线看病，但是医生还是应该有自己的主见，不能完全依靠（数据）。看到有矛盾的地方，能用吗？实际上只能做一些参考，还是需要人工来判断到底哪个地方有问题。

在线的社交媒体上，选择医生很关键，到底怎么选医生？这实际上是一个问题，把医生的信息发到网络上让病人自己选，病人应当怎么选？什么样的医生被选择了，什么样的医生没有被选择？对于心血管这种疾病，它是慢性病，慢性病和急性病不一样，急性病选医生的办法到了慢性病患者这里有什么变化？这个研究由我们和国际合作的教授共同推动，研究发表的论文很多，但是并不能解决实际问题。还有一种研究，医生给患者提供的信息，到底参考价值怎么样？医生

仅仅把这个观点发出去了，没有证据不行，如果有比较好的证据，特别是信息来源可靠，这种情况下病人更容易采纳医生的建议。

还有一个研究，做的是线上保健品。很多人经常听到各种建议，比如应该补充鱼油，但是这种属于保健品，这里面有一个情感价格和情感经历与信任和购买意愿的关系，这种研究可以解释一定的信任作用。

最后看一下知识库，知识库和刚才讲的一般研究差异在哪里？当然这个知识库能够使用，可以用于知识推理方案的生成。所以，需要基础本体层、个体健康特征本体层、个人环境变量、健康管理方案变量，这些方案体现在知识库的字段里面，这样做了之后让知识库运转起来，使用时可以生成方案。我们把知识放进去之后，就具有逻辑性、具有层次性。

三　群体行为大数据驱动的健康关联挖掘

现在正处于信息社会，可以通过网络行为的大数据来研究健康管理的问题。从不同的年龄段研究上网行为，主要有：全年龄段的用户上网行为挖掘，以及青壮年全景式行为与健康的关系，还有中老年的全景式行为与心血管病的关系。

全年龄段的用户上网行为，首先要了解不同年龄段的人群上网有什么特点，比如年轻人喜欢在家上网，还是在单位上网？我们分析不同年龄段的人群的上网特点，比如老人是在家里上网更多一些，在家购物，还是看抖音视频？这个事情叫作语义分布特点，为此要做一个电子商务的认知概念网，这个事情对于分析上网行为有很多好处，例如企业要做广告，广告是不是增加了用户的上网时间？对这一点要加以分析。

我们做了很多在校大学生的实验，手机里安装一个软件，可以把上网数据、手机开关屏幕的信息记录下来，在一所学校找了130多个学生，收集了学生的学习成绩，还做了脑电实验。项目组购买20台脑电仪，让学生在实验室里面做实验，做这方面的分析。另外，还研究了上海70多万个电信手机用户的外卖点餐行为，什么样的人什么时间外卖点餐，这种情况下，他们的工作时间延长了，或者在家静坐的时间更长了，主要目的是分析这方面的行为。

实际上年轻人长期使用手机影响了健康状态，也影响了工作效率。基于手机数据可以做语义轨迹挖掘，手机数据分析可以和地图地理位置结合起来，一个人到底是在室内上网时间多，还是在户外上网时间多，反映了人群的日常生活特征，这些特征定义出来就可以解释现在社会上的人，到底是不是户外活动减少了。张文宏老师反对老年人上网买东西，网购的时候，他们就没有时间出去逛商店，不逛商店，身体的活动量就减少了，这些行为的变化可能增加心脑血管疾病的发生。

研究表明，从小学生到老年人都存在静坐时间增长的问题，所以，心脑血管患病人数持续增多，和这个社会的信息化和环境因素有关。以前为什么心脑血管的患者较少？以前小孩大部分时间出去玩，现在则是待在家里，玩电脑或者玩手机。以前大人没时间陪小孩，他们只好和邻居小朋友一起玩，或者到楼下一起玩。现在不是这样，家长没时间，给小孩一个手机自己玩，家长忙家长的事情，有点闲工夫就在手机上点一点，一会儿半个小时就过去了，本来有这个时间可以出去转转，但是现在不行了。另外就是网上点餐，本来中午可以到外面饭店转一圈，现在点餐之后，用手机看看新闻就过去了。把日常行为模式和小云健康的用户数据对应起来，可以做些预测，因为人的血压和运动有关系，运动多了血压平稳一点，长时间运动减少，血压就会升高，短期内可以做出一些预测。

将 LSTM 预测模型与四种传统的回归模型进行比较，比较预测精度，预测收缩压和舒张压的准确率分别达到 95.02% 和 92.49%。基于 LSTM 的血压预测算法可以用于患者的血压预测。

现在有人做心电检测，这些东西很难持续。刚买回（仪器）之后经常使用，过一段时间就不用了，这是用户间歇性的中止行为，感觉有问题了才用一用，没问题就算了。有人推荐，或者朋友赠送，刚开始时有兴趣用。有的保险公司，购买保险就赠送一个监测设备，最简单的就是智能手环，或者是智能血压计，我们研究过为什么居民用了以后又不用了，什么情况下会用，血压变化对用户产生不同的影响，感觉不舒服时就会坚持测一测。

四　物联网监测的健康异常识别与预警

采用的大数据包括三个方面，心电仪数据、脑电仪数据、行为数据。

心电仪传感数据，通过一般的统计分析建模、机器学习建模，还有一个是深度学习建模。穿戴式心电仪是单导联的，主要测量心率的变异性。用心电仪能不能测出人的疲劳状况？通常过度劳累了，就会加重心脏负担，通过数据分析能够得到模型，然后建立疲劳识别模型，可以检测疲劳，甚至可以检测这个疲劳是什么原因造成的，高兴是不是就不疲劳了，不高兴是不是更容易疲劳了？我们得出研究结论，工作负面情绪在脑力劳动者的职业延迟满足感和心理疲劳之间起部分中介作用。也就是说，不喜欢这个工作，越干越不舒服，然后就出问题了。所以，思想工作调节好了，员工愿意干这项工作，健康状况就会好一些。

脑电仪和心电仪相关，但是有差异。脑电波是心电信号，做脑电波的疲劳识别，到底是机器思维还是休眠状态？我们做了一个识别模型，得到的最高识别准确率是88.1%。我们设想给居家老人用脑电仪，在家里测一测，如果累了，看一会儿电视，看一会儿娱乐节目，是不是有利于缓解疲劳？老人、年轻人都看这个节目，收集了很多数据来做分析，分析娱乐节目干预的疲劳改善效果。使用手机和电脑的可穿戴式脑电物联网进行实时疲劳监测，效果可达到与复杂脑电仪接近的水平。

行为数据方面，保险公司提供了很多用户的行为数据，但是这个数据不像电信的数据，而是问卷调查的数据，如是不是喜欢锻炼、是不是喜欢吃油腻食物的数据调研的频率比较高，一星期或者半个月调研一次，基于这些数据提取用户的行为指标，进行急性心肌梗塞(AMI)危险因素分析，研究发现，患者特定行为与急性心肌梗塞(AMI)发病存在相关性，短期行为较长期行为对急性心肌梗塞(AMI)发病解释程度更高。近一年诊断为糖尿病的患者比近十年诊断为糖尿病的患者有更高的概率发生急性心肌梗塞(AMI)。

五　个性化的健康管理方案生成与优化

个性化数据怎么生成健康管理方案？基于知识库做健康管理，再就是做量化模型，还有人体行为的快速识别，也有健康管理 App 的开发项目。

用知识图谱来生成健康管理方案，因为健康管理知识库的变量非常多，为了提高速度，把健康管理方案经过网络变成 Petri 网络，进行矩阵推理，得到个性化方案。对这些方案还要进行量化，根据个人的能量消耗和运动特点，对运动和饮食方案进行量化。

例如，有一个人 50 多岁，有高血压、冠心病，他是回民不能吃猪肉，职业是厨师，我们给他提供了个性化的健康管理方案。运动方案为：每天打太极拳 41 分钟，慢跑 19 分钟（5km/h），高血压患者最佳运动时间是下午或晚上（饭后 1~2 小时后）。另外，提供了饮食方案，不推荐猪肉，推荐牛肉、鲫鱼、鸡蛋。饮食方案有具体的数量建议，是通过模型计算出来的。而且还提供了生活起居方案，禁止抽烟，禁止喝白酒，睡眠时可把腿部稍微垫高 7~10 厘米，稍高于心脏的水平线即可，促进血液回流，有助于睡眠。

心脑血管疾病，年龄越大风险越大，患病的很多是老人。给老人在家里的姿态行为做预测分析，即识别分析。基于模板匹配思路，每步匹配动作姿态与训练样本模板的局部数据，利用时间连续性建立迭代筛选机制，研究结果中提出了一种渐进过滤算法，实现人体行为推测。

还有健康管理 App 的开发，在现有相关 App 的基础上，着重解决获取个性化健康管理服务、记录个体的健康状态信息、提供健康管理方案效果反馈的核心问题。填报相关的健康数据、体检报告、病人每次去医院的诊断记录，然后可以定制健康管理方案，这些是健康管理 App 的特点。

上述四方面的研究成果，应用的目标是形成一个全景式个性化智能健康管理模式。通过文献媒体挖掘知识，通过众包方式高效地存放，然后就有了知识库。知识库结合用户健康监测和反馈数据、室内外环境监测数据和智能穿戴设备

监测的可用数据，可以对个性化的健康管理形成一套有效的管理方案，这些方案可以用于具体操作，数据在使用后获得反馈，用反馈的信息对知识库进行迭代，这就是项目的整体架构。

未来我们还需要做很多事情，和 ZD 集团合作成立了一个数据公司，ZD 数据是依托国家卫健委做国家的医疗健康大数据。ZD 数据在四川省的团队有一些专业人才，四川省的医疗数据由他们来做。另外，他们在福建做了全省的医疗数据，做大数据分析，经过国家卫健委授权，他们做了很多国家标准，也积累了人才队伍。

我们与他们开展合作，他们对健康管理感兴趣，而且有数据，有了数据可以向当地推广健康管理。他们计划先在 ZD 集团的 18 万内部员工中做起来，然后再往外面做，这样的好处是，先把全省的医疗健康数据集中起来，开展挖掘分析服务，最主要的是服务，如果不做服务，仅仅分析没有价值，最后一定要落实到服务上。

与医疗机构和卫生管理部门加强合作。一些医院给患者提供这种健康管理服务或者健康数据分析，应用项目的研究成果做具体的数据分析。有的卫生保健部门，做市民的健康管理 App，他们有为老百姓服务的健康管理系统，包括基本的报告单查询、预约挂号，本项目的研究可以拓展更多的健康管理功能。

高等院校的学工部门关注学生的健康管理，一些学生参与做健康管理顾问，应用相关的模型和结论，努力解决一些问题。

养老机构非常重视客户的健康管理服务，保险机构也有同样的服务需求。

项目的研究可以增强企业服务客户的能力，为他们提供技术力量支撑。与 HDF 在线合作，以前在网上找医生，需要人工找，现在把人工找的这部分工作变成自动匹配。如何实现自动匹配？原来患者在网上找不到合适的医生，就打电话问客服，客服人员的队伍很庞大，有 400 多人，这种服务模式坚持了 10 年。后来，我们把积累的数据利用起来，变成一个自动化的匹配模式，客服从 400 多人降到 10 多个人，企业的成本出现结构性的大幅下降，所以，HDF 在线的这种模式很有竞争力，它是一种大数据服务的价值体现。

　　我们还做了其他的探索，支持医生的多点执业，名医可以到多个医院查房，是虚拟查房。基层医院的医生需要名医帮助，所有的数据在 HDF 在线，统一起来整合管理，让名医帮助查房，成为一种辅助决策模式。如果是外科，名医可以到现场去做手术，如果是内科就推荐一个治疗方案。

区块链思维、技术与应用

马小峰[*]

马小峰，2020 年 1 月 11 日

一　基本概念和原理

1. 区块链是基础设施

区块链来源于虚拟货币，是虚拟货币交易、流通的基础设施。从数字货币角度来看，支付宝和微信支付的都是电子货币，它们只是支付工具。虚拟货币以前就有，像 QQ 币，但是 QQ 币的发行、流通和兑换不是基于区块链，而是基于腾讯，腾讯控制发行和所有环节。比特币是一种全新的虚拟货币，它的发行、流通和交易不是一家公司能够控制的，而是社区性的。在社区内流通没有问题，在社区内流通的国家早就将它定义为商品。但是 QQ 币不能兑换人民币，兑换就违法。在学校里，学生成绩好，或者表现突出，可以获得各种积分，积分多了，奖励就多，可以兑换相关的产品或服务，这些都没问题，因为是在社区内，QQ 是网上社区，在线下也可以做类似的事情。

*　马小峰，同济大学区块链研究院院长。

数字货币是央行发行的，基于加密算法。法定数字货币也是信用货币的一种，所以，货币分类包括纸币和数字货币，相当于新版的人民币，但是不对应纸币。现在的支付宝等支付工具，每花一块钱，背后都有一块钱纸币的清算工作。将来的数字货币不对应纸币。另外，非法定货币是虚拟货币，可以理解为商品。支付工具包括电子货币和电子现金。

由此可见，区块链是数字经济时代的一个基础设施，是社会经济生活中的道路和桥梁。

互联网带来了过去20年的经济快速增长，现在人类进入物联网时代，但是物联网解决不了资产转移的问题。网上转钱，谁来做清算工作？只能通过金融专网，转账的钱只能支付一次，不像电子文档可以复制给若干个人，货币只能付给一个人。区块链出来后就不一样了，比特币的转账不需要经过金融专网，而是网络参与的其他节点一起记账。例如，以前农村记账是村主任找会计来记账。现在简化了，拿起大喇叭一喊，大家都听到了、都记账了。另一个例子，农村以前结婚，按照当地的民俗举办婚礼，请20桌，共200个人参加，男女双方穿着非常喜气的衣服，经过当地认可的步骤，大家一看就知道是在举办婚礼，确认新郎新娘正式结婚，形成了一个共识，就像在节点上广播，200个人一下子都知道了。

所以，区块链是点对点，解决了资产的转移问题，与物联网有很大区别。互联网解决了信息的沟通问题，但是过去20年出现了一个很大问题，信息这么容易流通，必然会造成信息泛滥。金钱只能支付一次，文档可以分发无数份。互联网带来的突出问题，第一个是信息泛滥，第二个是对个人隐私的泄露和对知识产权的破坏。2019年发生了几件事情，一些创业公司赚了很多钱，用爬虫软件爬数据，未经允许，卖给了P2P的金融服务公司。一个真实的笑话，有个创业者在上海市的人工智能大会上做主题演讲，六天后就进了监狱，因为未经允许使用数据，这是过去信息滥用造成的不良后果。

2019年10月24日，中央政治局学习会议提出，促进数据在授权的情况下、隐私得到保护的前提下进行相互的交流。

2019年10月31日，党的十九届四中全会指出，数据是一种生产要素，相

关的立法工作首先在金融行业启动了。数据作为生产要素，指的是这个文档，这个数据是我创造的，如果别人未经我的许可流转获利就是犯法。过去 20 年是第一代的数字经济，线下的数据搬到线上。从 2019 年开始，进入第二代的数字经济，现在是分布式，数据有主人，它的使用必须经过授权，保护好个人隐私，第二代数字经济的支撑技术就是区块链。

2. 区块链的技术特点

区块链技术是多方共同维护一个不断增长的分布式数据记录，这些数据通过密码学技术保护内容和时序，使得任何一方难以篡改、抵赖、造假。

账本上的每页都有记账，整个串起来就是一本账本，类似于公司的会计。大学的图书馆也是类似形式——记录档案。区块链就是一个分布式的共享账本，这本账本不是只有一个中介来参与，而是由参与的多个节点共同确认，这样想抵赖都不可能，记账本上有 100 个节点，而且是异构的，有法院、公证处、监管部门等，任何一方不可能搞定其他所有节点，这就是为什么区块链可以防篡改、防丢失，很难把它彻底删除。

区块链产生以前，所有的资产转移都要通过金融专网，即清算机构，银行之间通过银行账户，如果跨境还要通过 SWIFT 转账。但是有了区块链，钱包直接转，点对点进行，不需要银行等金融机构做中介。所以，从习总书记讲话之后，金融机构感觉压力很大，我国的金融科技人才缺口非常大，有人预计达 150万人，银行不仅要招学金融的学生，还要招收学计算机和学科技的，最好是做科技 + 金融 + 产业的。银行内现在的科技人才占比不到 5%，未来的目标可能是达到 50%。

接下来，简要介绍区块链上的交易流程。第一步，甲方准备转给乙方一笔钱。第二步，这笔交易在网络上以一个"区块"作为代表。第三步，传统的做法是找家银行，到银行去转账，现在不需要银行了。甲方这里有网络节点，该区块广播给网络里的所有参与者，大家根据事先的共识、共同认可的规则，自动判断这个交易是不是合规，对这个交易根据共识直接打钩。第四步，判断交易是否有效，打钩了集体确权、集体背书，取代一个中介或者几个中介的确权和背书。第五步，确认之后该区块被加到链上，提供永久的不可更改的交易记录。第六步，资金从甲方转移到乙方。

所以区块链的技术特点是，它是一个多方维护的分布式账本记录，多方确权，这些交易数据通过密码来保持，序列内容不可篡改。

区块链如何赋能行业？点对点交易，区块链钱包可以去中介。去中介并不是未来，而是未来已来，例如，开发票以前需要中介，开发票的作用就是帮助税务体系确认这个发票真实有效，一笔交易只能开一张发票，不能开多张发票。2019 年，腾讯和深圳税务局直接利用区块链开发票，不需要专用的发票机，2019 年已经开了 60 万张发票。从 2020 年 1 月 1 日开始，深圳前海地区所有的发票都是由区块链直接开，可能到 2021 年，深圳市所有的发票都由区块链开票。

所以区块链的第一个特点是去中介或弱化中介。过去 20 年的互联网把线下中介干掉，变成了线上中介。大家都点外卖，你们知道美团的一个外卖订单，外卖小哥赚多少钱，美团赚多少钱，可能是一笔订单的 20%~30%。这就是过去 20 年造成的颠覆。互联网＋改变了行业，有的行业，例如零售行业容易改变，但是金融行业难以改变，行业改变的难易程度不一样。区块链技术首先把发票这个中介干掉了，速度非常快。

第二个和第三个特点分别是：全网分布保持，可以防丢失；多方共识记账，防篡改。

第四个特点是块的链式结构，易追溯。块之间有时间盖戳，什么时候发生的，序列不可篡改，在区块链上面运行数字资产，必须防篡改。

3. 区块链的层级结构

区块链是一个集成创新，它不只是一项技术，还有多项技术。这些技术体现在六个层面，最底层的是数据层，数据结构，再加上若干个密码学功能，区块链让一个行业变成了热门，就是密码学，现在密码学的人才是一人难求。第二层是网络层，计算机网络，包括安全传输、访问控制、P2P 网络等方面的技术。第

三层是共识层，区块链共识，不是你发给我消息，我就给你记账，大家要判断交易是否合规，合规是大家线下达成的共识，就是一套规则，让每个程序自动执行，让每个节点自动判断，这就是共识算法。共识层涉及两个学科，管理学和博弈学。

上面的三层分别是激励层、合约层、应用层。比特币有什么意义？比特币谁都可以参与，和传统的 IT 概念完全不同，不需要申报和审批。2008 年金融危机，日裔美国人中本聪认为金融是最大的中介、最贪婪的中介，要做一个全球点对点的支付系统。但是全球支付系统的 IT 投入巨大，传统的思维方式下没有人能做，所以大家自发参与。例如甲方给乙方转账一笔，乙方给其他同事再转多笔，这些交易的记账需要 IT 系统支撑。他天才式地提出，记账权和投资的算力成正比，你投入的算力越大，需要买设备、耗能量，拿到记账权的可能性就越大。拿了记账权，相当于为整个社区服务，系统自动产生比特币进行奖励，比特币是每两周奖励 2000 个，所以比特币是一个激励机制，你投入多了，帮助大家记账，拿到记账权，就获得比特币。比特币又是固定的，不能超发，是永远保值的，玩的人越多，它越值钱，这就是激励机制。你在圈内玩没问题，是合规的，但是不能换成人民币，在我们国家的法律体系里面，它是非法的。合约层是软件工程的技术。最上面的应用层包括多种应用，例如数字钱包、可编程，等等。

总之，区块链是多层的技术集成。不像人工智能、大数据，能够做的都是一些数学家和极客；区块链构建一个生态，类似于智能手机，集成了触摸屏、拍照、人工智能等多种技术，也是集成创新。

柴洪峰院士对区块链做过总结，认为区块链的 DNA 包括两种结构、两种算法、一个合约，即链式账本结构、P2P 组网结构，共识算法、密码算法，智能合约。

简而言之，链式账本结构是指数据记载在区块文件上，前后区块间通过哈希函数产生关联性。区块链一般采用的是基于互联网的 P2P（Peer to Peer）架构，所有的节点地位均等，且以扁平式拓扑结构相互联通和交互，每个节点都需要承担数据存储、网络路由、验证区块数据、传播区块数据等功能。

区块链大量使用密码学算法，如哈希算法、数字签名、对称或非对称加密算法等，保证数据安全、可信、可验证、不可篡改。共识算法是指区块链或分布式账本技术应用的是一种无须依赖中央机构来鉴定和验证某一数值或交易的机制。共识算法是所有区块链应用的基础。

智能合约是运行在区块链上的模块化、自动执行的脚本，能够实现数据处理、价值转移、资产管理等一系列功能。点对点之间的资产转移，达到什么条件，比如温度达到 25℃，自动触发，指挥设备去降温，这样就实现自主。在双方的合同里，你先打钱给我，我再去做事，那边说我打给你钱你不做事怎么办，就换成数字化的东西，达到这个条件自动触发智能合约，自动转账。所以比特币是有数的，因为有智能合约控制，人不能干预，规则确定以后，达到条件就自动触发。

4. 区块链的发展阶段

区块链的发展经历了三个阶段，刚开始是技术准备阶段，是多种技术的整合，然后比特币出来了，随后就开始分权，一个是链圈一个是币圈。币圈沿着上面的公有链发展，核心是谁都可以参与，激励机制是比特币。下面的联盟链是从金融行业演变来的，参与者需要授权，不是谁都可以参与。

公有链任何人都可以参与，可以竞争，通过激励机制使用大众提供的基础

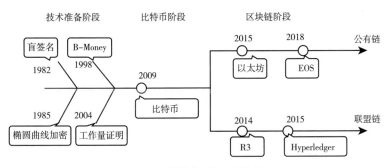

图1 区块链发展的三个阶段

设施。联盟链的参与者必须获得授权,通过共识记账,去中心化,不是一家能够决定的。所以区块链最适合的场景是什么?跨界的多方合作,彼此之间是弱信任,对对方的数据有需求,联盟主要解决多方协同问题,解决信任的成本优化问题,不需要一个一个去验证,多方可以同时保证合作的可靠性。

区块链适合哪些特性的应用场景?

第一,跨部门、跨行业之间的协同合作。合作的基础是可信,现在把合作基础放在链上,谁也篡改不了,例如供应链金融、司法存证、政府公共服务,这可以用来激励合作。

第二,弱化或者去除中介,例如腾讯的电子发票,点对点的应用场景。

第三,高价值的数据互通,以前数据放在一个中心数据库,大家担心这样容易泄露。区块链的数据还在你这里,我有需求就来请求访问,验证后你赚 10元,根据智能合约,你要给我 2 元,这些都是自动执行,在隐私保护的前提下有效实现多方协同的数据分享。

第四,多方及时清算,例如供应链金融、金融支付清算系统等。

当然,有些场景不适合区块链,如数据单方拥有、高并发场景、需要同步大文件的场景。例如,在春运期间用 12306 抢火车票,每秒的交易量特别大,不适合用区块链。上海的车牌拍卖系统,每秒交易超过 20 万人,这么大的交易请求量,区块链也解决不了。区块链的支持场景是每秒低于一万笔,电商的"双11",每秒 52 万笔,这种应用场景也不适合。

二　典型应用案例

1. 赋能传统业务

区块链能解决什么问题?比如信用、价值流通、去中间环节。为什么区块链最大的作用是使得传统行业能够享受金融服务?因为金融服务要考虑三点:信用、分布、监管,区块链都能解决。所以,它能解决中小微公司以及个人贷款问题,区块链最大的意义是供应链金融,还有就是信息安全、隐私保护和数据交换。互联网时代创造了大数据，但是也带来了信息安全的问题，区块链可以解决保密性问题，我的数据不授权给你，你就看不到，因为数据是加密的。数据由全网或者多个节点保存，不能篡改，若被试图篡改就马上会被发现。再就是数据的可用性：数字身份，以前拿着身份证或者用我的脸能够代表我，但有些人用父母的脸一拍就确认了；还有就是双胞胎，刷脸支付无法分辨两人。但是，区块链是一个网络，这个网络可以多个节点同时验证，我说我结婚了，有几个孩子，可从多个角度来确认。与公安系统的同志讨论，采用区块链的身份认证，未来可以做到多方交叉认证，现在乘火车用二代身份证或者刷脸，但是存在造假现象，而区块链是分布式的身份认证。

2017 年 82% 的区块链应用集中在金融行业，2018 年只有 46% 用于金融，各行各业都在应用。用得最多的是共享记账；另外就是资产追溯，各个行业对资产的追踪很关注；还有一个就是身份管理。以前区块链 Token（数字代币）用得很少，主要用在激励机制，但是还有很多其他特性在真实场景被采用。

区块链于 2018 年落地，刚开始是数字化，从 2019 年起，它与物联网结合，真正赋能产业。第一波是数字化，金融和其他许多行业已经数字化；第二波区块链的应用有很多实际案例。

2. "区块链" + 实践案例

上海市大宗商品区块链供应链金融平台，是 2018 年上海市的试点示范项目，现在是全国的标杆项目。它由央行、同济大学和宝武集团共同完成，解决了中小企业应收账款很多但是拿不到钱的问题。以前宝武的十多级供应商，只有一级供应商被银行认可并愿意贷款，而一级供应商不缺钱，其他层级供应商的应收账款很多，但是资金难以回笼，这就是一个供应链金融问题。区块链解决两个问题：确权和融资，合同上链，就是证据上链，大家都认可。

宝武在每个月月底会支付资金，合同已经确权了，作为核心企业，它向区块链的供应链金融平台开立信用凭证。多级供应商根据信用凭证的持有情况，在各级供应商之间支付，或者向金融机构申请融资。比特币可以接近无限地拆分，

拆分成 10 份、20 份，甚至千万份，结果全网上的所有账户都知道。但是不能拆两次，只能拆一次，银行是节点，银行拿到，供应链上的企业也拿到了，不用等一年。这个系统 2018 年 10 月上线，服务于 1000 家企业，最低的资金年利率只有 4.3%，宝武集团做完后，国家电网也开始做这个项目。

另一个案例，供应链的存证平台。以前的产业链很长，保险公司对很多的信息并不认可。运用梧桐链技术，对航运理货报告、航运保险数据进行存证、公证的追溯。多方合作、减少摩擦、增强互信，保险公司参与，一期做存证，二期做四个项目，结合保险业务。无论是哪一方，都可以查询存证的平台到底是不是被篡改过，如果没篡改过说明相关证据是真实的，而如果有人篡改过，他的信用就会降低。

第三个案例，"区块链 + 法治"，提升社会治理能力。2019 年 11 月 16 日，我给司法系统的管理者上课，后来司法部要求在全国推进区块链试点，首个项目在监狱系统开展。还有一个应用，司法的第三方合同管理，契约将来很难确认第三方产权，因为达成以后未来的变化很大。区块链对于这样的不完全契约、小合同，可以使第三方直接参与。2018 年，做了司法存证，可以实时在公证处、在法院做存证，所以自带法律效应。还有行政执法的证据固化应用，行政执法经过拍照后，有可能发现照片被裁剪过，我们做了一个试点，拍照以后实时加密上链，如果 PS 过，照片的哈希值就不一样，说明照片被 PS 过，证据不能被采用。另外一个试点是社区缴费，用区块链将来可以做到各方数据实时互通，保证在城市里可以追踪和预警。

第四个案例，苏州做了一个比较有趣的公证摇号系统，利用公证公信力和区块链技术双重背书，实现摇号流程中各节点实时查询、追溯、监管的功能，杜绝人为因素干预，提高摇号的公信力。截至 2019 年 10 月底，该摇号系统已进行计算机软件著作权登记并经专业鉴定机构权威鉴定，在苏州市 13 个楼盘购房选房、车位选择和 3 所学校招生等多个场景中得到应用。

总之，区块链的应用前景和发展趋势主要有：

——技术集成后的突破性。

区块链技术是通过单项技术优化，在集成后呈现突破性信息技术应用特点，分布式协同发展呈现整体性趋势。

——技术可应用广泛度高。

区块链技术基于共识记账，实现了协同计算，形成一种高层次的协同涌现效应，将对各行各业产生深远影响。

——工程技术可行性得到验证。

区块链应用的发展，特别是 Libra 的推出，使工程技术可行性得到有效验证。

——引发产业链重构。

区块链最终会改变现在的产业构建方式，商业活动的参与方可通过共建联盟链的方式构建自主业务网络，加强产业链自主性。

——社会治理透明化。

通过区块链实现真正扁平化、透明化、网络化的社会治理。

展望未来，企业要抓住区块链技术融合、功能拓展、产业细分的契机，发挥区块链在促进数据共享、优化业务流程、降低运营成本、提升协同效率、建设可信体系等方面的作用。

区块链赋能实体经济

黄　胜[*]

黄胜，2020 年 1 月 11 日

　　区块链的应用主要集中在四个方面：金融、民生、智慧城市、政务服务。最早应用较多的是金融，现在政务服务方面的应用也很多。关于智能制造，目前并没有开展很多，我在这方面有些研究，所以，对区块链如何赋能制造业，借此机会做些分享和讨论。

　　树根互联网是一个跨行业的工业互联网平台，也是中国第一个工业互联网平台，当前已经连接了几十万个设备，成为中国的十大双创平台之一。工业互联网和区块链在国家战略中具有同等重要地位，它们和工业 4.0 有很大的关系。因为执行力比较强、容易落地，现在平台内的 300 多家企业，绝大部分是制造企业。另外一个特色，它是中国所有工业互联网平台中唯一一家服务海外客户的，得益于三一重工的海外业务，树根互联网公司的执行力超过了跨国企业。2019 年 2月，在工业互联网联盟峰会上，工信部领导和我们一起发布白皮书，讨论工业互联网和区块链可以做些什么。

＊　黄胜，树根互联网技术有限公司首席技术官。

一 区块链与金融行业

区块链技术基于分布式账本技术，被称为"新一代互联网"，传递信任与价值，服务实体经济，使服务产业转型优化：

——由分布式的网络来协调各个参与者的流程，大家都是联盟运营者；

——由协作平台共享流程来对商业网络中分布式账本节点之间的交易流程规则进行对应；

——共享数据加强供应链上下游信息互通，加强资产价值管理及风险管理；

——分布式架构让信息系统伴随业务成长。

有人认为区块链的优势是不可篡改，实际上，如果只是不可篡改，根本不需要区块链，更重要的是它不可更改、不可伪造。从 2019 年 10 月 25 日的材料来看，第一个应用场景是数字金融，金融和所有实体经济都有关系，金融行业的应用案例很有代表性。

最受关注的应用案例，是由技术公司、金融机构和上海的一家国有企业共同完成。2018 年 10 月，政府出台一份文件，鼓励中国的制造企业和金融机构联合建立工业金融平台，为中小企业提供融资，服务实体经济，随后大量的企业开始做供应链金融。中国企业的信用相对比较缺失，所以中小企业很难借贷到资金，因为金融行为是基于授信，中小企业的基础薄弱，或者没有征信，所以很难拿到银行的低息贷款，只好去借高利贷。比较有代表性的一组数字，产业供应链中核心企业的资金成本大概是 4%（年利率，下同），一级供应商是 6%~8%，二级供应商是 15%，三级供应商会更高。这会带来什么问题？其中任何一家供应商出现资金断裂，最终可能导致核心企业受损，甚至影响整个产业链上所有的企业。

所以，政府希望金融机构或者产业链上的核心企业将闲散的资金利用起来，借助区块链等新技术统筹管理好。较为理想的情况是，一级供应商、二级供应商、三级供应商，都能够拿到和核心企业一样的低成本资金。操作上，核心企业采购商品的时候，有货流和商流，区块链本质上把商流的过程和物流的过程完整记录下来，不可篡改，因为有相应的双方参与，所以真实性得到保障。核心企业确认之后，付款给一级供应商，开应收的数字账款凭证。一级供应商需要发工资，但是没有资金，怎么办？找金融机构拆借 30 万元，或者找核心企业的财务公司，把核心企业的闲散资金利用起来，让核心企业多一块收益，这样一级供应商以较低的成本拿到资金。依此类推，二级供应商也可以干这个事情，因为它是基于核心企业的信用，通过区块链把整个过程记录下来，这是可以看到的区块链落地最多的应用场景。

但是这方面不是谁都能做，关键是要有一个很好的核心企业，而且很愿意给你做集成，愿意给你做背书。还有一个就是核心企业有情怀，不愿意赚一级供应商的钱，也不愿意赚二级供应商的钱，能够以很低的利息把钱借给它们。后来有一个竞争对手（金融机构）进来，以 3/4 的资金成本借钱给他们，这对于一个区块链技术的公司来讲价值不大，技术公司就退出了。但是从供应链需求的角度看，特别建议核心企业和国有四大银行，联合起来给各级供应商提供金融服务，用新技术降低供应链的整体成本，让更多实体企业发展得更好。

区块链在数字金融的另外一个应用场景是支付，作为全球第二个区块链跨境支付和央行清算市场的参与者，我了解整个过程。第一个应用的是加拿大，后来新加坡央行和南亚以及澳洲国家的银行都参与了，2019 年 6 月，我国的相关部门讨论过，认为中国应该做这个平台，做"一带一路"的支付网络，对标 Swift（跨国之间的企业交易平台）。传统的跨境支付中，支付方交易时需要在中国的银行开户，收账方也需要开户，这样的转账方式，手续费很贵，而且速度很慢。"一带一路"的国家形成一个联盟，相互之间做一些银行授信，传统的跨境支付的费用很高、风险很大，做一个共享账单之后，进出口的时候都用这个平台进行交易，这样费用比较低，延迟也比较短。这件事情的本质，就是做一个供应链金融，刚开始做支付需要一个凭证，通过区块链记下来，最终使用 Swift，如果我国企业和"一带一路"的国家做贸易，就像原始的物物交换、匿名记账。

二 区块链与实体经济

区块链赋能实体经济，首先要与行业密切相关。国民经济包括一产、二产、三产，其中二产以工业为主，包括很多门类，例如采矿业、制造业、能源生产工业等，制造生产管理的流程复杂。制造业本身有产品设计、产品生产、销售，通常做区块链，只要解决企业的身份问题就可以了，但是制造业比服务业多一类东西——设备。工业区块链应用的参与方包括人、机构、设备，应用图谱见图1。

底层是工业安全。为了保障供应链的安全，无论是生产设备还是铲车，首先要被赋予一个身份。有了身份之后，所有权清晰，才可能做到关键的下一步应用——收益权和使用权。有了身份之后，才能对自己做的事情负责，才能不可篡改、不可伪造，所以设备的不可篡改很重要。

再往上是工业制造的效率提高。应用区块链，所有环节都是透明的，可以带来协同效益，供应链的各个环节，以前是割裂的，通过新的方式，例如共享制造，用制造合约和公司协同来提高制造效益。市场机制在共享方面容易失灵，为了让整个中国制造发挥更好的作用，政府部门出台文件，推进共享制造。在国际形势复杂多变的大背景下，对于制造企业而言，怎样在增加税收的情况下还能保持合理的利润？降本增效，有什么新方法？方法就是协同制造，企业和企业之间有很多参数可以共享、生产线可以共享。中国的人口红利在下降，沿海地区的产业工人呈现紧缺的趋势，所以非常需要提高这样的协同效应和综合效应。

设备的身份，类似于人的身份，或者企业的身份，企业有很多标识和ID，每个人有身份证，还有虹膜。要做到精准的身份区分，其实最关键的是溯源，这个前提是什么？就是被溯源的物体本身有自己的身份，这个身份可以说明它就是它。在工业领域是怎么回事？设备里面有芯片，它是不可分割的，记录设备的运营状态。例如有家企业XBZG它使用的设备有问题，可能坏了，其实是想讹钱，经销商问厂商，厂商说我们的所有设备全上网了，将数据发给XBZG，而XBZG怀疑这个数据是在一个平台上，怎么知道是不是真的？技术平台告诉它，

数据共享及柔性监管

设计共享
- 提高设计者营收
- 提高工业品设计效率

模型共享
- 机理模型和数据模型共享，带来模型共享透明化以及收益

MRO共享
- 生态圈对MRO记录共享并提高MRO效率

柔性监管
- 在不失市场灵活度的前提下进行共享监管以及交易规则监管

服务型制造升级

供应链金融
- 商流物流可视化，提高资金率，降低生态圈运营资金压力

租赁
- 设备权属清晰，租赁物监控，还款管理，更高效再融资

二手交易
- 保险维修记录透明，二手交易历史，二手定价透明化

工业品回收
- 绿色回收，安全回收，回收监控

工业制造效益提高

供应链可视化
- 库存优化，设备使用率提高，降低资营费率，减少协作摩擦

工业品运输监控
- 运输状态监控，联运协作效率

分布式生产
- 智能合约未控制生产，提高分布式协作效率

维修工单管理
- 维修记录不可篡改
- 设备状态通过智能合约触发约定的工单

工业安全

设备身份管理
- 统一的设备身份
- 设备状态不可抵赖

设备访问控制
- 统一的访问控制
- 访问操作过程和历史对设备相关方透明

设备注册管理
- 设备软件注册透明
- 设备软件升级历史对相关方透明

设备运营状态
- 状态数据不可篡改
- 状态数据溯源

图1 区块链的工业应用图谱

每个发动机都有唯一的身份，这个身份对所有的东西都进行了签名，设备的温度很正常，没有问题。所以设备管理很简单。

供应链的可视化，参与供应链的相关方，有制造企业，还有零售商，数量越来越多，层级也越来越多，可视化的问题很突出，这套管理体系显得非常重要。中国的工业成本占国家 GDP 的 17%，比重很高，国务院的前任总理，在很多年前就提出要降价，但是能不能降下来要打一个问号，总成本很高就降不下来。供应链的下游，如果是租赁，或者配套维修以及再保险，或者证券化，有可能降低成本，当然做这些工作需要互联网、银行等相关方，需要在可视化的情况下，共同合作。

产业的下游企业对于制造企业也非常关注。商业企业的管理者，最关心销售好、能赚钱。如果能够卖得好，就能够赚得越来越多。其实，对于一些客户，由于资源不匹配、信息不对称，上下游企业合作的难度很大。例如，融资租赁，在中国开展这方面的业务，往往要求产业链上的核心企业主导，我们与很多企业探讨过，但是核心企业出于各种原因，不想牵头干。于是作为技术平台的企业，建议每个团队都要有一个共同的思维，在统一的平台上清晰可见这个设备，这样租赁公司就愿意与核心企业做融资租赁，这是第一个环节。

第二个环节，运营租赁。运营租赁也可以通过物联网，按照使用付费，对于一家制造企业来讲，能够实现 30% 的利润率，绝对领先于其他同行。但是对于一个设备来说，在未来的生产过程当中，它所创造的价值，远远超过这个数字。例如叉车的平均价格是 45 万元，也就是说未来产生的收益要超过这个价格，商业价值才比较突出。

关于二手车和二手设备的交易比较火热，但是有一个很大问题，就是对二手车和设备的定价不清楚，如果把大修记录、出险记录存起来，二手车交易就清楚了，这个商业模式就很简单。

介绍一个实例，这个企业是做电池的，电池里面放一个芯片，芯片可以采集每个电芯当前的数据状况，知道这个设备在哪里。因为有了身份，数据再传到云端，就能很清楚地知道这个设备的主要参数，由此衍生出一个很有价值的商业

模式。通过物联网和设备的身份，物联网和区块链结合在一起，甚至可以远程控制这个电池，于是就形成一个商业模式，而且已经被验证了。

中国市场上有 360 万个快递小哥，这个数字还在扩大。去一个新城市开发业务，很大的成本就是买车和电池，测算下来，每个月一个电池的综合成本是 120 元，通过区块链可以知道这个设备在哪里，而且可以控制，让它更加科学地充电，零首付提供出租，试点了四个城市，这些城市 70% 的电池是这家企业生产的，从买电池，到固定资产投入，都是由它服务。通过这样的技术，可以让电池使用四年，这就意味着年化收益是多少？20%，通过区块链记账并获得未来 20 年的稳定收益，然后和电芯厂沟通，这个电芯卖给我们能不能零首付？如果不行，找家租赁公司过来，由租赁公司采购并埋单，然后支付给它 12% 的年利率，很有吸引力。

另外一个就是电池溯源。设备动力电池的特点是单体成本高，使用中涉及生命财产安全，对环境有污染，有梯次回收利用价值。所以，《新能源汽车动力蓄电池回收利用溯源管理暂行规定》要求，对动力蓄电池生产、销售、使用、报废、回收、利用等全过程进行信息采集，对各环节主体履行回收利用责任情况实施监测。

电池溯源很重要，知道这个电池是谁生产的，型号是什么，等等，终端用户才放心。所以，电池生产商为电池赋码并将生产信息注册到安全可信的标识解析系统。维修商通过扫码并将车辆生产信息注册到安全可信的标识解析系统，关联所使用的电池的标识码。终端用户可以查询设备的信息，通过标识系统获知电池生产日期、生产商、质检信息、绑定车辆等溯源信息，确认自己购买的是安全可靠的正品。

快递三轮车的共享制造。我国的三轮车制造，有显著的时间周期规律，每年一到五月休息，六月开始，然后休到十一月又开始了，因为"双十一""双十二"带来销售高峰。

在需求旺季，三轮车装配厂接收大量来自三轮车租赁公司或快递公司的订单，并通过快递三轮车共享制造平台，把订单按地域就近共享给有盈余产能的两轮车装配厂。三轮车厂希望能平滑季节性订单波动的需求，增强对需求高峰期订单的处理能力。两轮车厂希望在需求低谷季节获得订单，提升厂房和工人的利用率。三轮车租赁公司希望能及时获得足够的快递三轮车交付客户，并降低快递三轮车的整体成本。

分析业务特点和各方需求，快递三轮车共享制造平台基于区块链的订单、合同、物流、仓储管理信息共享，达到全局最优效率。

新平台的价值点比较突出，主要有：

——通过产线的错峰调配，增强了三轮车的整体制造能力，提升了三轮车和两轮车装配厂的利用率，为厂商带来更多收益。

——跨区域协同，利用运输零部件比运输整车效率高的特性，缩小整车运输距离，提升运输效率，降低运输成本，提升整车的性价比。

——通过租赁方式提供服务，降低终端用户的启动资金需求，促进三轮车需求的释放，更好地服务实体快递行业。

智慧政务也是区块链应用比较多的，本质就是做两个共享，一个是数据共享，另外一个是业务共享。数据共享把政府管理的商业机构、服务机构、教育机构、物流机构的相关数据共享，获得授权以后，可以去访问去阅读，还可以做很多事情。

三　区块链与医药行业

药品溯源指的是采集药品的生产、流通、消费等环节信息，实现来源可查、去向可追、责任可究，强化全过程质量安全管理与风险控制的有效措施。

传统的药品溯源面临许多挑战，如采用中心化系统存储和处理数据，无论是源头企业保存、渠道商保存还是政府保存，由于其自身都是流转链条上的利益相关方，当账本信息对自己不利时，这类企业可能选择篡改账本，使溯源流程失效。

从 2005 年开始，原国家药监总局开始建设中国药品电子监管平台，但是

2016 年 2 月药品电子监管被叫停，2016 年 7 月新修订的《药品经营质量管理规范》删除电子监管码的相关表述，取而代之的是"按照国家有关要求建立药品追溯系统，实现药品可追溯"。

药品溯源平台需要解决的关键问题：

——防止假药入侵。

假药要销售必须进入医药供应链中，有效的药品溯源体系可以把假药挡在供应链之外。

——防止良药变劣药。

药品的流通过程中质量管控是否到位，直接关系到药品的质量。管控不好，良药会变为劣药，通过追溯监管可以有效避免这种情况。

——责任可究、及时召回。

若药品出现质量问题能够进行责任追究，并且根据药品流通过程的信息及时把有问题的药品召回和销毁。

——变事后监督为事前预防。

药品溯源体系不仅仅要为政府监管所用，更要为百姓提供能够溯源药品的渠道，避免老百姓购买了假药或者劣药，医疗机构医生用药可以用前追溯以确保用药安全。

药品溯源可以解决业务层面的一些问题：

——溯源，不仅仅查码。

假药能够入侵医药供应链的原因就在于在医药流通过程中码物分离现象严重，原有体系无法解决。

——溯源，还要记温度湿度。

药品流通过程的质量控制关键在于温度湿度控制，如果不能追溯温度湿度，则很难确定药品的质量。

——溯源是公共服务。

追溯本身是事后监督，被作为公共服务提供给百姓，可以起到事前预防的效果，避免用药安全事故的发生。

显然，区块链技术可以有效解决药品的溯源问题。

区块链是一种新型的可信分布式账本技术，其记录可溯源、不可篡改、不可抵赖、不可伪造。它不受单一组织和个人操控和篡改，同时监管机构也可以作为共享账本节点实时监控药品从生产、流通到消费的全流程数据。在药品溯源中实现敏感数据的隐私保护，不同参与方只能根据自身权限访问相应的数据，在保护数据隐私和安全的同时实现信息共享。

除了药品之外，区块链技术还可以实现疫苗全程溯源，切实保障民生安全。

生物大分子药物的前世今生

王立铭[*]

王立铭，2019 年 11 月 22 日

我用四个故事和大家分享生物药到底是怎么回事，希望这些故事告诉大家生物药的历史逻辑和未来发展方向。

一 大分子药物与小分子药物

制药行业经常讲到一个趋势，就是大分子药物（生物药）时代已经到来。的确，2003 年全球市场上销售额 TOP10 的药品中，所有的都是小分子药物（化学药）。到 2008 年，榜单上已经有 5 个大分子药物。更惊人的变化是 10 年之后，8 个大分子药挤进榜单，几乎全是抗体药。由此可见，15 年时间内，医药市场的格局从小分子药物居绝对领先地位，变成了单克隆抗体药物居绝对领先地位。

中国医药市场的格局，药物研发的项目，以及市场上领先的大品种，还是以化学药为主，生物药的数量并不多，由此判断，中国整体上比美国晚了 15 年左右。

先对比一下小分子药和生物药的区别。生物药的分子量

---

* 王立铭，浙江大学生命科学研究院教授。

非常大，以单抗为例，分子量是小分子药物的 100 倍到 1 万倍之间，复杂程度呈指数级增加。

大分子药物能够承载很复杂的生物学功能和药学功能，但是有一些难以克服的问题，例如，无论物流配送还是储藏，以及使用都比较复杂，绝大部分的大分子药物不能口服，需要冷链运输，所以，大分子药物很可能只会在特药市场上机会较多，很难进入普药市场。

做大分子药比做小分子药复杂很多，但是研发的成功率反而高一些。小分子药物的研发项目，平均 20 个进入临床研究，最终有 1 个获批上市。即便很多世界级的药厂，小分子化合物的数目都是几十万甚至百万的数量级，很难保证针对一个靶点最终一定能成药。但是大分子药物的研发项目，平均 7.8 个大分子物质进入临床研究就会成药，成功率高出一倍多。虽然做大分子药物的研发门槛比较高，但是跨过这个门槛之后，成功率反而要高得多，这种特点导致生物药的商业市场变成寡头竞争的格局，因为跨过门槛的公司很少，跨过门槛之后的寡头企业非常容易生存发展，从 FDA 批准上市的新药和企业结构中能够看到这个特点。

还有一个区别，生命周期。小分子药物的专利过期之后，普遍有专利悬崖的现象。但是大分子药物没有真正的一致性评价，一个公司不同批次生产出来的产品可能都不完全一样。即使有生物仿制药获批上市，原创的生物药也基本没有专利悬崖现象，生物药的原研品牌认知度和黏性很高。

生物药是非常广泛的话题，疫苗也是生物药，寄生虫治病，人类沿用了几百年，也是按照生物医药来管理。我用故事来分享四种非常主要的生物药：重组蛋白药物、单克隆抗体、细胞疗法、基因疗法，每一类都有几十种上百种的药物，我挑选了历史演进比较清晰的例子，介绍它们顺应了什么样的临床需求，在什么样的历史背景下诞生，未来可能会变成什么样。

二　重组蛋白药的故事

最早重组人的胰岛素，是礼来公司做的。胰岛素，就是用来治疗 I 型糖尿病的，而糖尿病实际上是一种非常古老的疾病，中国《黄帝内经》提到糖尿病，古埃及的《艾伯斯古医书》也描述过类似于糖尿病的症状。在胰岛素发明之前，糖尿病是一个绝症，没有特效药。人类花了3000年一直没找到糖尿病的病因，后来，1889年德国两个科学家通过动物实验，发现胰腺与糖尿病有关，1901年，美国病理学家尤金·奥培通过尸体解剖，证实胰岛萎缩与糖尿病有因果关系。20年之后，加拿大多伦多大学的几位科学家，比较著名的是班廷，从狗的胰腺里提取了胰岛素，注射到人身上之后治好了糖尿病，此后，大家知道从动物的胰腺里面提出的物质可以治疗糖尿病。

后来班廷发现他的实验室不需要提纯出来这么多胰岛素，这是一个需要工业化的事情，所以他在1922年把胰岛素专利以非常便宜甚至是免费的价格授权给了美国和欧洲的两家公司，即美国的礼来和欧洲的诺和诺德，这两家公司分别从1922年和1923年开始工业化生产来源于狗、猪、牛的动物胰岛素。胰岛素是非常小的蛋白质，牛和人的胰岛素有三个氨基酸的差别，牛的胰岛素还是有点问题，人注射之后可能有点免疫反应，但是猪与人的胰岛素只差一个氨基酸。动物胰岛素用了大概半个世纪之后，最终被人类胰岛素取代了。

人类胰岛素是怎么回事？这要涉及重组蛋白药物的核心了，猪和牛的胰岛素提取很容易，把内脏拿来磨碎，加点溶液提取，就可以直接给人用了，工艺非常简单。但是人类胰岛素，显然不可能从人体内直接提取。

那怎么办呢？这个问题不是由做药的人解决的，而是由基础科学研究者解决的。这两个人是整个生物技术产业的奠基人，美国加州大学旧金山分校的教授伯耶和斯坦福大学的教授科恩，他们大约在1972年、1973年的时候开展了合作研究，一个人研究DNA，一个人研究能切DNA的酶，如果把两个技术结合在一起，是不是就可以把DNA切断之后再连接起来？他们做了一个简单的实验，就是细菌有抗药性，有的能抗青霉素，抗药性本质上是细菌体内的基因属性，把DNA提出来，用酶切断之后连在一起，就变成了一个有红又有蓝的DNA，放在体内变成了一个双重抗药性细菌，实验结果成功了。这是人类历史上第一次人为地把两段不同来源的DNA切断后连在一起，产生某种生物学特性，他们发表一篇文章后，就继续做细菌研究去了。

但是这个事情很快被一个风险投资家斯万森发现了，他看到这篇文章之后觉得，这个事情显然不限于在细菌里，如果把人的基因结合在一起，不就可以让细菌生产人的蛋白质吗？所以他给伯耶打电话说能不能聊聊商业化的前景，他们聊了三个小时，聊完之后签订了一份简单的协议，于是成立了基因泰克公司。科恩是比较纯粹的科学家，对商业没兴趣，一直在学术界，后来成为生物学伦理方面重要的意见领袖，斯万森50多岁因为癌症去世了。两个人在1973年成立的基因泰克公司，1978年就上市了，是当年美国证券市场上最大的IPO，当时这个公司没有任何产品，完全是一个负债经营的公司，没有任何产品也没有任何现金流，实际上这个公司的上市开了先河。

公司上市之后就想能不能在细菌里面放入人的DNA，让细菌帮助我们生产人类的蛋白质。他们很快就找到了比较合适的对象——胰岛素，原因很简单，已经有重要的生物学证据知道胰岛素能治病。治病用的是动物胰岛素，虽然看起来和人类胰岛素非常像，但是毕竟有氨基酸的区别，如果用这个方法生产出人类胰岛素，虽然在临床上优势不大，但是在商业上有优势。他们把力量集中起来做胰岛素，公司的第一个产品是在1982年上市的，药物名字就是人类胰岛素。

这是人类历史上第一个重组蛋白质产品，这个东西到底有什么好处呢？通常我们感觉它就是比动物的好。但是人类胰岛素并不比猪胰岛素好，实际上还有大量的例子，但我们没有足够的证据证明，人的免疫因子就比动物免疫因子好。除了这一条之外，我们费心费力做一个重组蛋白质产品，到底有什么好处？理论上讲，最大的好处是提供多种可能性，从动物体内提炼蛋白质，原来是什么样就是什么样，如果用细菌插入一段基因生产蛋白质，只要对基因进行调整，就可以生产完全不一样的蛋白质，这为我们进一步优化改造和升级蛋白质产品提供了可能性，所以最终重组蛋白成为一个产业，而动物蛋白没办法成为产业，而只是产品。

举个例子，比如胰岛素使用起来有点麻烦，打到人体内需要几个小时之后才能起作用，大概十几个小时后又被降解了。对于糖尿病患者来说，只能经常注

射，还得掌握注射的节奏，虽然能救命，但是生活质量很低。我们既然已经知道人的胰岛素基因长什么样，修改基因就可以让效果变得更好些。

第一个例子，赛诺非的来得时，2015 年全球销售额为 110 亿美元。它把胰岛素上的三个氨基酸改掉，因为使用了重组 DNA 技术，改变氨基酸是件非常容易的事情，只要在实验室里稍微调整一个 DNA 的序列就好了，改造之后的效果是什么呢？让胰岛素在人的血液里形成一些非常微小的沉淀，结果可以延长胰岛素在人血管里的生命周期，形成了超长效应，以前的胰岛素打一针可以管用 8~10 个小时，而这个产品可以管几天。所以通过这个方式使胰岛素的功能变得比原来更好。

能不能把胰岛素的功能改得起效更快？这个特点也很重要，因为吃完饭之后要降血糖，最好就是胰岛素注射后很快就起作用，吃之前打一针，对于吃饭不影响，因为那个时候胰岛素还没有发挥作用。经过 DNA 改造之后，新生产出来的胰岛素有些变化，它尾巴上的两个氨基酸换了一下顺序，这个药物在血管内起效的时间就可以从 2 个小时变成 30 分钟，这可以使患者非常方便地使用这个药，准备要吃饭就打一针，饭做好就可以吃了，这让他们的生活质量有非常大的提高。动物胰岛素没这些功效，这个事情只有用了重组蛋白技术、把人类胰岛素进行改造之后才可以实现，这就是重组蛋白可以成为产业的原因。

另外一个例子更重要、更值得提，就是 GLP1，它是近年来国际市场包括中国市场上比较火热的主题，开辟了全新的能够治疗糖尿病和肥胖症的新药赛道，包括一些心血管疾病的新药。GLP1 蛋白是人体蛋白，问题在于 GLP1 蛋白在人体内的半衰期只有几分钟，相当于你用重组 DNA 技术生产一个 GLP1，打到人体内两三分钟就没有了，这种特性没办法成药。所以，这个蛋白如果要做成药必须进行改造和升级。这个事情真的做成了，第一个 GLP1 的药是诺和力，相当于在 GLP1 上加了一段非常长的脂肪链，使得它的半衰期变成几十个小时，按天来打，是一个好的新药。

在 GLP1 的案例上，最有意思的是重组蛋白药不仅能改变药效时间，而且可以改变给药途径。礼来上市了一个一周只需打一次的新药，非常方便，而诺和诺德做了一个口服的索马鲁肽，这就更加了不起，这是历史上第一次把重组蛋白药物做成口服的，这也是改造 GLP1 蛋白带来的变化。

实际上所有这些事情，有了重组蛋白技术之后，就可以发挥很多想象力。有了这个重组蛋白很重要，可以拿它来治病，甚至可以改得和原来的功能一点也不相同，让它更好地治病，甚至治疗更多的疾病，这也是它最终会发展成为一个庞大的产业的原因。

三　单克隆抗体的故事

基因泰克是第一家生物技术公司，开启了生物医药的新篇章。实际上第一代的生物技术公司除了基因泰克外，还有一个成立时间差不多的安进公司，它们都是做重组蛋白药物起家的，技术也差不多。基因泰克最早做胰岛素和生长激素，安进最早做 ECO（促红素）和干扰素（α 和 β 型），这四个药品并称为现代生物工程药品的"四大金刚"。这两家公司的技术衍生出了第一代生物技术企业的第一代大分子药物，就是重组蛋白药物。历史上差不多同时期出现的其他生物公司，用互补甚至有些竞争性的技术衍生出了第二代生物药，就是单克隆抗体药物。最重要的三家公司，它们的名字对于大家来说很陌生，因为经过多次并购，它们都变成了跨国医药巨头的一部分。这三家公司差不多同时使得单克隆抗体从一项实验室的技术转化成为功效强大的新药。

为什么第一代生物技术公司今天还在，但是第二代公司被收购了？这说明一个问题，生物医药行业的寡头局面变得越来越显著，小公司很难有整个生命周期的生存机会，后期都会被收购。

人体的免疫系统产生抗体，它是一系列蛋白，能够杀灭入侵的病原体和体内出现问题的细胞。现在预测人的免疫系统通过基因重组，可以产生 10^{11} 个不同的抗体，这个数字非常巨大，只有真正在实验室内具备了合成抗体的能力，才可以生产单抗药物。

制造一个抗体其实很简单。50 多年前很多人在做，拿一只兔子，要获得对

某个蛋白质产生的抗体，把这个蛋白质直接注入兔子的体内就可以了，兔子的免疫系统会自动识别蛋白并产生大量的抗体，这个时候抽取兔子的血液，把里面的细胞提取出来，里面一定有大量的抗体分子专门识别注入的蛋白，提取这些抗体就可以用了，这个抗体是动物多克隆抗体。这个技术最大的问题是提取出来的抗体中，只有很小一部分对抗注入的蛋白，其他的抗体是用来对抗其他的微生物和死掉的细胞的，所以没办法成药。

1975年，科学家发明新的方法，把动物的抗体从多克隆变成只有一种抗体，这就是所谓的单克隆抗体，它本质上是把合成抗体的过程从兔子体内拿到了实验室里，用细胞来生产某种特定的抗体。

1986年第一个单抗药物上市，但是，很快就自己退市了。因为年销售额很低，没有超过1000万美元，原因很简单，因为是用动物的单抗做成的药，打到人的体内，会引发强烈的免疫反应，除非万不得已，很少有人愿意用这样的药，所以销售额很小，就退市了。

作为改进策略，把老鼠的抗体做得尽可能像人的，一段一段地替换掉抗体上的片段，把人的片段换上去，这就是人源化抗体，激发免疫的能力越来越强，用起来的安全性也越来越好。

全鼠源的抗体已经没有人做药，人源化或者全人源的抗体使用得非常广泛。肿瘤市场上两个PD1的重磅药物K药和O药，都是全人源的。来源于人的蛋白质，只能想办法用动物或者细胞生产人的抗体。单克隆抗体行业的最上游可能也是最卡脖子的技术，就是这个技术。

什么技术？想制造一个全人源的抗体，就需要干两件事情，首先把老鼠体内用来合成抗体的基因全部破坏掉，再把人体内合成抗体的基因，原封不动地放在老鼠体内，基因改造后，虽然它还是一只老鼠，但是合成出来的抗体和人的完全一样，这个事情听起来非常简单，但是刚才那3家公司花了差不多20年的时间才做成。实际上抗体基因非常大，不像胰岛素的基因只有100多个核酸，抗体基因动辄几十万个核酸，所以在很长一段时间内，找不到什么有效方法，能够把这么大的整段抗体放在老鼠体内，这个问题在1997年才解决好，改造了一只能够产生人抗体的老鼠。

这个技术的专利掌握在美国的一家公司手里，这家公司获得这个技术之后，现在市场上已有的 60 多个单抗，其中有 50 多个用的是它的技术。

这个公司在做 O 药的过程当中，因为缺乏资金，就把自己卖给了 BMS，卖了 16 亿美元，实际上是非常低的价格，现在 O 药每年的销售额都超过 70 亿美元。

人源抗体生产出来之后，它可以干什么？最早想到的就是用作抗肿瘤药。1998 年，全球同时开展了 30 个左右的项目，用这个老鼠试验不同的蛋白——和肿瘤相关的蛋白，看哪个可以做成药，其中就包括 O 药。

肿瘤细胞和免疫系统有非常强的关系，这个认识很久远。1899 年的科特比，对于无药可用的晚期癌症病人，直接注射链球菌，很多患者死掉了，没死的患者就痊愈了。于是，科学界提出一个概念，如果能够激活人的免疫反应，就可以治病。整个 20 世纪，科学家都不知道怎么激活免疫反应，做了很多尝试，包括细胞疗法、TRL 等等，本质上都是希望激活免疫反应来治疗癌症，但是实际上没有一个真的管用。

直到 20 世纪 90 年代，研究发现了一个最重要的起作用的蛋白质 PD1，PD1 是一个免疫细胞上的蛋白，如果把老鼠体内的 PD1 去掉，老鼠特别容易得自身免疫疾病。

21 世纪初，PD1 被发现 10 年之后，一位华人学者发现肿瘤细胞上还有一个 PDL1，它和 PD1 结合在一起，抑制免疫反应。2002 年发现 PDL1 蛋白只有在癌细胞上有，也就是说 PD1、PDL1 蛋白的功能主要是让肿瘤细胞逃脱免疫反应。机理明确后，大家觉得这个东西成药没有问题，如果只在免疫细胞上有用，把它作为靶点来设计新药，专门靶向免疫细胞，对其他细胞没什么影响，所以，公司决定拿 PD1 做药。这个 O 药做出来了，迅速成长为全球重磅药物，在中国卖得也不错。

单抗药物，除了找到靶点、注到老鼠体内，获得一个单抗并做成药之外，还能干什么？只有持续地推陈出新才能形成一个产业，否则能用的靶点总是有限

的，不可能把人类基因组里所有的蛋白都拿出来做靶点，肯定需要技术升级，而不仅仅是发现新靶点。

根据我的认知，提供几个可能的方向。

第一个方向是在抗体上做些延展，可以更有效地杀死肿瘤细胞。

例如，赫塞汀是治疗乳腺癌的单抗药物，后来另外一个新药拉帕替尼，针对 HER2 和 HER1 两个靶点，具有双重功能，识别乳腺癌细胞并让它停止分裂。另外，它携带了一个抑制剂，让这癌细胞死掉，效果比赫塞汀单用要好。偶联药物曾经有些技术上的问题，后来又成为焕发第二春的抗肿瘤药物。

抗体的结构在理论上最多可连接 5~6 个蛋白，如果把抗体改造完之后连接两个蛋白，最终两个蛋白还在不同的细胞里，就是双抗。Removab 是迄今为止唯一一个上市的双抗药（2014 年上市），抗体的两个臂，一个连着 T 细胞，是免疫细胞，另一个连着肿瘤细胞，结果把肿瘤细胞拖到免疫细胞附近，让免疫细胞识别并杀死它，这个逻辑是合理的，但是做起来比较难。双抗药在批准之后有过一波热潮，但是后来发现把两个细胞拖在一起，实际上非常困难，最大的难度是怎样合成一个双抗，这个问题到现在还没有解决得非常好，没有新的双抗药物上市，于是又慢慢沉寂下来。

2018 年之后，这个领域又开始一波新的投资和创业热潮，可能是一些技术细节解决了，把不同的抗体结合成双抗，甚至三抗、四抗。赛诺菲研发团队开发了一个三抗，把抗体的两个臂分别用来结合三个不同的蛋白，两个在免疫细胞上，一个在癌细胞上，把这两个细胞拖在一起，同时放大 T 细胞的免疫反应，使得它能够更好地把癌细胞杀死。

第二个方向是纳米抗体。抗体药物有个最大的问题就是体积非常大，它的分子量是小分子药物的 100 倍到 1 万倍，基本上没办法进入脑部，很容易引起免疫反应。研究者尝试了一系列的东西，包括鲨鱼的抗体和骆驼的抗体，它们比人的抗体小很多，只有人抗体的 1/5 左右，而且抗体更容易生产、使用、进入脑部。最小的抗体是纳米抗体，也就是羊驼抗体，体积只有人的抗体的 1/10 甚至 1/20，而且识别能力和人的抗体差不多，所以这个抗体有全人源化抗体的优势，同时可以入脑，生物稳定性又比较好，是有前途的发展方向。但是生产很困难，这种技术掌握在两三家公司的手里。 第一个羊驼单抗的药物 2018 年上市了，治疗过敏性自身免疫疾病，是第一个上市的纳米抗体药物。

总结一下，抗体药物的产业性机会，包括人源化，还有抗体偶联药物，还有双抗、三抗、四抗、五抗，以及纳米抗体，等等，这些都有可能发展成为一个完整的产业。

胰岛素和抗体，两个药物有共同点，都是蛋白质，但是大小有区别，或多或少利用了重组 DNA 的技术来生产。

生命周期怎么管理，或者说怎么做仿制药？

首先，监管政策方面。美国和欧洲对待生物仿制药的思路有很大不同，美国很严格，欧洲宽松一些，可能有产业的原因，这些大分子药主要是美国研发的，欧洲企业当然希望放开一个仿制药口子，否则就会被美国垄断。从这个角度猜想，中国的生物仿制药法规，可能采用欧洲的策略，仿制药的口子会放开一些。

其次，成本问题。生物仿制药的成本太高了，实际上，没有任何技术能够保证生产出来的仿制药和原研药完全一样，这就使得各国的监管机构，对仿制药的上市要求，不仅是要做是一致性评价，还需要做一期或三期临床，要验证安全性和药效，这样成本就降不下来。即使上市了，也很难撼动原研药的品牌价值和影响力，没办法打价格战。

四 细胞疗法和基因疗法的故事

细胞疗法和基因疗法是一回事，所以放在一起介绍，它们可以算作生物药。主要生物药相当于一个大的拖两个小的，一个大的是重组蛋白和单抗，两个小的是基因治疗和细胞治疗，这两个小是有原因的，近期内很难有产业级别的机会，但是它们相当于产业的制高点，所以，想在市场上长期繁荣昌盛的制药公司必须

要做。

先从基因疗法说起，人的基因如果变坏，就会得病，这就是遗传病的来源。美国有个生活在气泡里的男孩，非常有代表性，他的免疫系统彻底坏了，接触到空气中的一点点病原体，就会死掉，这是一种很罕见的遗传病。

如果把出了问题的基因修复好，再重新放回免疫细胞里，是不是就可以把病治好？基因治疗的思路可能是所有疾病治疗中最简单粗暴的。人类开发基因疗法最早就是用来治疗这种孩子，抽血提取免疫细胞是件很容易的事情，所以这是技术门槛比较低的。1990年，美国南加州大学第一次这样做成了，患病的孩子恢复了正常。

随后全世界有大量的人研究基因疗法，但是直到现在，它仍然是在商业上非常初级的东西，主要原因如下。

第一个原因，20世纪90年代出了一个非常严重的事故，一个孩子被用这种方式治疗之后，引发了非常强烈的免疫反应，高烧不退后直接死亡，社会影响较大。

第二个原因，价格太贵了。2012年上市的全世界第一个基因治疗药物是英国的GSK研制的，它的使用成本在100万美元左右，终身只用一次。这个新药先在欧洲上市，后来发现它贵到没有任何人买，GSK就撤回了在FDA的申请，没有在美国上市。直到2018年，全球只卖给一个病人，远超很多人的承受能力。2019年，诺华获批的另一个新药，也是一针见效，但是价格高达200万美元，这些药物在商业上非常困难。

还有另外一类遗传病，不是因为一个基因坏了，而是因为一个基因功能太旺盛了，生产了太多的蛋白质而导致了疾病，这个时候用基因治疗就没有用，需要想办法让这个基因变得更少。1998年，生物学家发现用一段很小的RNA输入细胞里，让它破坏掉大量的蛋白质，从而可以治病。但是20多年过去了，这项技术还没有得到很好的商业化，问题是不知道怎么把RNA放在人体细胞里，因为RNA是非常脆弱的分子，很容易被降解。后来有家公司把这个技术问题解决了，上市了两种药物，但是，RNA药物没办法一次性解决问题，这两种药都需要每周打，使用成本大概是每年 50 万美元，终生使用成本高达 1000 万美元，更难想象可以获得商业上的成功。

但是无论如何，这个领域仍然非常重要，虽然不能够挣什么钱，但是预示着医药行业未来的发展方向。从小分子走向大分子，从大分子走向活细胞甚至活生物，从这个历史发展的脉络来看，没有任何一个领先企业愿意放弃这个方向，哪怕不赚钱，也要开发这样的药物，证明这个公司有这方面的人才储备和研发管线。

基因治疗最新最时髦的概念就是基因编辑。以前的基因治疗有两个思路，一个是基因坏了换一个新的，另一个是基因太旺盛了，把它抑制住。实际上这两个方式都没有完全解决问题，因为那个坏的基因还在，所以更好的方法就是把坏的基因找出来，直接修改正确，这样不需要再放一些人工的基因进去，这就是所谓的基因编辑。

基因编辑技术差不多在 20 世纪 70 年代就有了，但是直到 2012 年之后才火起来，因为这个时候发现了一种使用非常方便的基因编辑技术，简单到每个人在实验室里都可以使用。特别是 2018 年，用基因编辑技术改造人类婴儿的 DNA，是非常伟大的贡献。

华为事件出来之后，我们生物学界也讨论过一次，到底有哪些技术是卡脖子的技术，可能会影响到国家利益？基因编辑的技术就是其中之一。因为基因编辑技术的上游专利，掌握在三个机构里，它们分别是加州大学伯克利分校、美国博德研究所、奥地利维也纳大学和德国亥姆霍兹传染病中心组成的国际团队，两个美国机构和一个欧洲团队。如果将来有一天，中国的医药企业想要利用基因编辑技术做药物开发，面临很复杂的问题。所有上游专利都在别人手里，我们得找人申请授权。另外，找谁要都不确定，专利的纠纷还在走司法程序。实际上，基因编辑有很多用途，除了治病之外，还可以做药物筛选，还可以做检测试剂，还可以做农作物改良，能做的事情非常多。

需要说明的是，细胞疗法和基因疗法很大程度上难以分开，用细胞来治疗，很多时候需要进行一些基因改造，这个基因改造可以归入基因疗法的范畴。统计

基因疗法的时候，也可以把 CAR-T 归到基因疗法中去，它们都处在产业的最前沿，还没有完全找到成熟的商业模式，但是又非常值得发展。

细胞疗法这个事情，也是非常久的，有上千家医院可以做这样的技术。举个例子，魏则西事件导致中国细胞技术监管体系发生了改变。魏则西得了环状肉瘤，到武警总医院治疗，医院采用一种细胞疗法，相当于把体内的免疫细胞提出来扩增后，再重新输回体内，认为可以激活免疫系统、杀死癌细胞。这个技术美国在 20 世纪 80 年代就使用了，但是后来证明没什么用，因为癌细胞已经具备逃逸免疫反应的能力，所以免疫细胞再多也没什么用，临床上没有效果。

另外一个例子，2019 年发生的疟疾抗癌。某科研机构的科学家做了一件事情，觉得患有疟疾之后能把癌症治好，思路有点像给人打一针，让人发烧来治疗癌症。他的做法是让人患疟疾，疟原虫住在红细胞里，所以他准备了一大批含有疟原虫的红细胞给患者注射，之后患者得了疟疾，高烧到 42 度、43 度，然后再给他吃青蒿素，减轻疟疾的反应，接着再打，这个做法也可以用来治疗癌症。从严格定义上讲，这也是一种细胞疗法，属于用细胞作为一种药物载体给人治病。

这个东西也很成问题，但是魏则西事件和这个例子说明细胞疗法不只是CAR-T，它有非常多甚至有点歪门邪道的使用方式。

当然最终还是要讲 CAR-T，唯一正在被广泛验证但还没有上市的药物。CAR-T 本质上就是把人的 T 细胞拿出来，基因改造之后再输回去，这也是为什么它也被算作基因疗法，没有必要特别严格区分这两样东西。大家还在研究各种各样的改造免疫细胞以让它们杀死癌症的方法，特别热门的是改造 T 细胞受体蛋白的方式，这个虽然临床上特别贵，四五十万美元，但是看起来还是有产业机会的。因为对 T 细胞或者对人体其他细胞进行持续的改造升级，可以帮助我们治疗各种各样的疾病，这个思路是开放的，没有天花板。类似于单抗、重组蛋白、基因疗法、细胞疗法也是能够有产业机会的。

监管问题比较突出。各个国家的监管方式都非常不同，不管是基因疗法还是细胞疗法，都具备药品和生物技术的双重属性。首先肯定是个药品，因为能治病，有物质载体。同时它需要手术，需要细胞培养，需要静脉输入，等等，又是一个医学技术的范畴，是一项生物技术，所以这个药在各个国家都面临一个问题，到底是当作药来监管？还是当作技术来监管？或者当作医学技术来监管？实际上这几种方式的区别很大，如果把它当作药来管，需要经过药监局所有的审查程序，要做一期二期三期临床才能上市，上市之后还要定期汇报总结。如果当作医疗技术监管，不可能做到那么细，如医生在手术室里对手术程序进行调整，这个事情没办法标准化，没法用药监局的那些标准来监管。

以美国为例，只要是新的干预性的治疗措施，都要按照新药审批的流程来做，不管是一个小分子药、抗体药还是细胞，只要能够产生干预性医疗效果，都要按照新药来审批。如果是观察性研究，那么在医疗机构内部就可以做。日本是一个对细胞技术特别着迷的国家，对干细胞也好，对其他各种各样的细胞治疗都很着迷，相当于把授权给监管机构，由监管机构来判断这个事情是按照新药来管理，还是视作医疗技术在临床机构内部进行管理就可以了。

欧洲最严格，不管是干预性还是观察性，只要涉及新的物质载体，或者新的细胞，都要按照新药研发的流程来做。所以，欧洲最严格，美国居中，日本比较宽松。

简言之，目前的细胞药物和基因药物的商业模式还不清晰，成本高、适用人群少，如果没有支付方和政策的配合，很难成为一个独立发展的业务。但是作为产业的制高点，大家可能都要做，需要一段时间摸索，同时也存在监管方面的问题。

总之，不管从哪个角度判断，大分子药物的时代已经到来，大分子药物不限于重组蛋白和抗体药，还包括基因药物和细胞药物，也包括未来会有的越来越多的活药，这可能是未来的发展趋势，这个趋势可能出现在 10 年之后，对中国而言可能出现在 20 年或 30 年之后。未来这四种药物仍是主角，其中可能出现产业级机会，是非常值得探索的。它们可以持续升级、持续开发新产品和新的商业模式，没有天花板制约。

生物药和小分子药物存在很多区别，药物的特性以及开发的逻辑、定价、竞争格局，还有生命周期都有一些区别，企业到底怎么做生物药？生物药在企业的产业版图里面起什么作用？是现金流还是增长机会？还是品牌背书？等等，都需要每个企业根据自己的情况做出选择。没有最好的答案，原因恰恰在于这是一个正在发展的领域。我们已经习惯在市场上找一个标杆进行追赶，但是问题在于未来真正伟大的企业是什么样，现在还没有标准。所以，这是一个非常困难的问题，使得我们做战略决策的时候，很难找到一个学习对象；但是反过来也意味着机会，因为对未来出现什么样的可能，我们有定义和塑造的权利，这是非常值得每位医药企业管理者深入思考的重大问题。

产 业 篇

新药研发前沿与我国发展态势

陈凯先 *

陈凯先，2018 年 7 月 31 日，2019 年 7 月 26 日，2020 年 7 月 27 日

根据我了解到的情况和大家做一些交流。

首先来了解新药研发的一些前沿动向。生命科学在近代以来，发展非常迅速，带来了很多变化，20 世纪物质科学快速发展，21 世纪很可能是生命科学蓬勃发展、起着重要推动作用的新世纪。生命科学正在经历第三次革命，这是国际上大家的共识，具有如下突出特征。

第一，多学科的汇聚，包括生命科学，也包括物理学、工程科学、信息科学，这些传统上和生物学距离比较远的学科，都汇聚到生命科学当中来，共同推动生命科学的发展，这是当代生命科学发展非常突出的特征。

第二，生命科学进入了大数据时代，深刻影响并改变生命科学的发展。

第三，技术革新使得我们对生命的认识更加全面精确。在这个基础上出现了工程化的改造，不仅仅是被动地认识和了解，而且能够主动地改变和利用，像再生医学、合成生物学等，推动了经济发展和生态文明，同时也给民生带

* 陈凯先，中国科学院院士。

来了巨大的福祉。

借此机会沟通四个方面的内容。

一　全球药物研究的科技新动向

1.新的研究和发展模式

现在理念上有了重大的变化，比如个性化的药物和精准医学的导向。长期以来，我们并不能非常深入地了解一种药物进入人体以后，发生的药效和毒性，以及和人体基因之间的内在联系。所以，对于同一种疾病的病人，使用同一种药物去治疗，实际上效果并不理想。例如抗肿瘤的药物，平均而言，大概只对 25% 的人有效，像治疗老年痴呆疾病的药物，大约对 30% 的病人是有效的，对多数病人无效。所以需要根据不同的情况进行分类，分类的标志就是生物标志物，伴随着对药物的深入研究和应用，生物标志物的研发起到了重大作用。

截至 2018 年 8 月，美国 FDA 批准的具有基因标签的药物已经达到 200 多个，成为一支非常重要的力量。

个性化药物现在的研究和应用，呈现蓬勃发展的趋势。从 2014 年到 2018年，FDA 共批准了 69 个个性化药物，其中 2014 年所有的获批药物中，大概 1/5 是个性化的。到 2018 年，接近一半的新药是个性化的，发展非常迅速。在这个过程当中，抗肿瘤药物占了很大的比重，2017 年标志物指标呈阳性患者的发病率，在不同的肿瘤中间，呈现多种情况，过去是按照肿瘤的类型，比如肺癌、胃癌、肝癌等等，这样来确定不同药物的适应征。现在出现了新的范式，不是按照肿瘤的类别，而是按照生物标志物，凡是有这个生物标志物的，不管患有什么肿瘤都可以用，出现了一种新的治疗方式和研究理念。

2.新技术新方法

除了这些研究的模式和理念上的变化，还出现了很多新的技术、新的方法，发展迅猛，可以说是日新月异。

首先值得关注的是基因编辑技术。人体很多疾病都与致病基因有非常密切的关系，所以对于遗传有缺陷的基因、发生突变的基因，如果能够对它进行修改、编辑，就可以进行有效预防和治疗，这成为药物研究的重要方向。

现在对基因进行编辑已经发展了很多技术，最重要的就是 CRISPR/Cas9 技术。在药物研究中，这样的技术可以发挥很重要的作用，最主要的一个应用就是研究疾病的机理，帮助我们构建很多动物模型，利用这些动物的基因特点，能够重现人体的疾病发生发展的过程，帮助我们了解疾病发生发展的机理，同时评价药物对疾病的作用。

另外，基因编辑技术还可以帮助筛选药物的靶标。药物新靶标的发现，往往可以导致一系列新药的发现，是非常重要的科技发展的突破口。利用基因编辑技术，可以突变某些部位，造成新的变化，如果这个变化非常明显地影响到疾病的发生发展，这个部位可能是新的药物作用靶点，针对这种发现，加快新药研究的进程。

另外在肿瘤研究中发生了很多新的变化，引人注目的是 Car-T 的研究。嵌合抗原受体 T 细胞的免疫疗法，是一个新的重要发展，打破了很多过去的观念，过去所有的药物，无论是片剂还是注射剂、胶囊等，都是没有生命的东西，而现在的 Car-T 这种治疗方法用的是活细胞。肿瘤的发生发展，在人体内逃避了人的免疫系统的监控，要使得免疫系统提高对肿瘤细胞的抑制作用，就需要想一些办法。一个办法就是在 T 细胞表面接上一个肿瘤抗原受体，把这样的细胞在体外扩增，扩增后回输到人体内，这样一个经过基因改造的细胞，能够在体内非常敏感地发现并抑制肿瘤细胞，这就是 Car-T 的基本原理。

2017 年，诺华公司和 Kite 公司的两个 Car-T 药物得到批准，这类突破性的疗法登上"抗癌舞台"，激发了这项技术的研发热潮，有望带来一个巨大的发展空间。

全球肿瘤免疫细胞疗法的研究非常活跃，Car-T 是肿瘤免疫细胞疗法最主

要的一种，它目前对血液肿瘤，也就是液体肿瘤的效果比较好，但是对实体肿瘤的疗效还不够理想。靶点方面，CD19是细胞疗法最集中的热门靶点。

TCR细胞疗法也在蓬勃发展，收集患者的淋巴细胞，在这些细胞表面表达靶向特定肿瘤抗原的天然淋巴细胞的受体。

还有一个引人注目的发展就是肿瘤免疫疗法，被评为2013年度最重要的科技突破，获得了持续的关注，2019年诺贝尔医学奖授予了在这方面做出贡献的科学家。

新药研发最主要的是抗体研究，现在已经有一些药物获得成功，在市场上开始应用，跨国企业和国内许多企业开展了大量的抗体项目研究，FDA批准了肿瘤免疫疗法的一些代表性药物，包括检查点抑制剂、淋巴细胞提升的细胞因子、工程化的疗法，以及细胞病毒，等等。

PD1和PDL1的研发热度很高，不仅研究项目的数量非常多，而且适应证也非常广泛，针对许多肿瘤都有相应的项目布局。比较2017年和2018年的研究项目数量，可以看到，2018年比2017年有明显的增长。一个引人关注的地方，就是过去刚刚上市的时候，此类新药仅仅用于二、三线治疗，但是现在越来越多地变成了一线疗法，用于多个肿瘤的一线治疗。PD1/PDL1的市场增长非常迅速，新药上市仅几年，默沙东和施贵宝的两款PD1新药2018年的销售额均超过70亿美元。业内预测，到2024年这类免疫疗法的药物将成为世界十大重磅药物之首。

基因治疗技术，把外围正常细胞导入靶细胞当中，纠正或者补偿有缺陷或者异常的基因。这当中有很多方法，也经历了多个发展过程，初期的探索、狂热的发展，出现了一些问题，经历过低潮阶段之后，现在又重新繁荣发展起来，获批的基因治疗的药物越来越多。

小核酸药物，用小的RNA进行干扰，使得一些特定的基因沉默、不表达，这样的技术可以在肿瘤治疗中发挥重要作用。经历了一些曲折的发展之后，2018年，全球第一个RNA干扰药物得到批准，成为这类药物发展的重要元年。从1998年全球首个反义核酸药物上市以来，已经有8款小核酸药物得到批准。从研发领域来看，小核酸药物重点治疗杜氏肌营养不良、肿瘤、囊性纤维化等各类疾病。由于小核酸药物兼具基因修饰和传统药物的双重特点，未来将在多个领域大展身手，预计在基因遗传性疾病和病毒感染性疾病领域有不俗表现。

糖类药物，市场上糖类药物的比重一直不大，不受关注，但是近年来它的重要性和潜力越来越引起注意。例如，糖苷酶抑制剂——达菲，等等。近年来更多的糖类药物涌现出来，其中最引人注意的是2019年底获批的甘露寡糖二酸（GV971），成为17年以来全世界唯一的在治疗老年痴呆三期临床中获得成功的新药，引起了世界的瞩目。

新型抗菌药物，抗菌药物的研发陷入一个怪圈，一种新的抗菌药使用不久就有耐药性出现，又要研发新的抗菌药。所以，现在很多新的技术、新的策略涌现出来，力争打破这个怪圈，开拓一个新的局面。

微生态药物，肠道菌群在药物研究当中越来越重要，好像很多疾病都与它们相关，比如肠道和大脑之间的回路和联系，还有肠肺轴、肠肝轴，都和很多疾病相关，神经退行性疾病、精神分裂症、焦虑症、哮喘、慢阻肺，都是一些非常严重的疾病，作用的机理可能和肠道菌群有密切关系，所以肠道菌群成为新药的研究靶点，这是非常重要的发展。还有溶瘤病毒，通过病毒感染癌细胞引发炎症反应，诱导适应性的机体免疫。

新药研究当中有很多新策略、新技术，基于大数据和人工智能的精准药物设计，靶向GBC、离子通道、膜蛋白等新药被发现，多种新技术的发展，带来药物研究的革命性变化的时代。谁能够抓住这些技术发展的动向、掌握主动权，谁就可能走在行业的前列。

例如，基于大数据和人工智能的药物设计技术，已经催生了一些人工智能的公司，其中有些是制药公司，新技术重点关注一些适应的病症，两方面结合起来，可能带来药物研究的重大进展。有人预计，将来如果没有人工智能技术的参与，新药项目可能无法进入临床试验，这意味着新药研发出现崭新的局面。

二　国内外医药市场概况

全球医药市场总体上稳定增长、持续发展，这是医药产业不同于其他行业的主要特点。现在全球医药市场总量是 1.2 万亿美元，每年的增量大约五六百亿美元。五年以后，预计全球医药市场会达到 1.5 万亿美元的规模。

在全球销售前十位的重磅药物中，多数品种为抗体类药物，2017 年的TOP10 中，有 7 个是生物技术药，到了 2018 年变成了 8 个，这方面的发展势头非常强劲。

全球制药企业 50 强，按照处方药的销售额排行。2019 年有 4 家企业新进入，其中有两家是中国企业，第 42 位是一家中国生物制药企业，第 47位是恒瑞医药，中国的医药企业开始进入全球的主要榜单，这是非常可喜的进步。

全球的药物研发投入总额持续增长，投资增速有所减缓。全球平均的研发投入占销售额的 10% 左右，即所有的制药企业以销售收入为基数，而不是以利润额为基数，有 10% 左右的资金投入研发活动中，这是非常大的力度。

比较中外医药公司的研发投入，国外每家医药企业的研发投入每年约为几十亿美元到上百亿美元。中国医药企业的研发投入数量在持续增加，上药集团的研发投入金额名列国内第三位，研发投入比例达到 13%，这是非常高的水平。中国医药企业现在高度重视研发，努力缩小与跨国医药企业之间的差距。

全球药企的研发管线，从 2001 年到 2019 年有较大变化，2019 年全世界在研的新药项目有 16000 多个。跨国医药企业在研的新药项目最多的前 25家公司，基本上集中于美国、欧洲和日本。诺华公司的在研新药数量全球最多，有 222 个，日本武田收购夏尔之后，在研新药数量达到 198 个，位列全球第二位。

我国医药市场的规模，按照工业销售的统计口径，2009 年首次突破 1 万亿元，到了 2017 年，达到 3.5 万亿元，增长速度在全世界范围内最快。市场结构方面，化学药为主，占了大约一半，中成药约占 1/3，生物技术药发展迅速，大概占 1/5。2017 年之后，在深化医改等政策的影响下，我国的医药市场增速趋缓，但是总体上保持增长态势。

中国医药企业开展药物临床研究的数量，恒瑞医药第一，中科院上海药物所第二，许多企业和科研机构的新药研发数量也在持续增加。

三　我国医药产业发展新格局

1. 科技重大专项

从 2008 年开始，我国实施了"重大新药创制"科技重大专项，10 年以来，取得了许多重大成就。

全国立项 3037 个课题和子课题，安排中央财政经费 190 亿元左右，另外，还有地方政府和企业的投入，总体上是一个非常大的投入，这是以前从来没有过的。重大专项在四个方面取得了显著成效。

（1）新药成果数量多。从 2008 年到 2019 年，全国共计获得 44 个一类新药。从 1985 年我国开始实施药品登记注册的管理办法，到 2008 年的 23 年间，我国批准的一类新药总计只有 5 个，而近 10 年获批的一类新药数量，比之前 20 多年的要多出约 8 倍，反映出蓬勃增长的态势，而且对于一些大品种，一些临床急需的品种进行了有效的技术提升和改造。一类新药在 2018~2020 年间获批的数量分别是 10 个、12 个、15 个，呈现加速发展，乃至爆发性发展的良好局面。

埃克替尼是我国制药企业创制的第一个抗肿瘤靶向药，它的上市使得肿瘤进口药的价格大幅下降。康柏西普是我国 10 多年来研发的第一个融合蛋白药物，还有肠道病毒 71 型灭活疫苗，这些成绩表明我国不但能够生产疫苗，而且能够研发出新疫苗。阿帕替尼是全世界第一个被用于晚期胃癌并被证实有效的靶向药。贝那鲁肽是上海仁会研发的治疗 II 型糖尿病、重组人胰高血糖素类的多肽。

还有 PD1 的新药，一个是上海君实，另一个是信达生物，都在 2019 年 12

月获批上市。还有我国自主研发的抗艾滋病新药，以及全球第一个治疗贫血药物。在临床急需的药物当中，一些重大品种，我国企业都及时在专利到期以后仿制出来，满足国内临床需求。多个抗体药物获得批准，有 12 个抗体项目在美国开展临床实验，国内企业研发的抗体药物转让给跨国医药公司的已有七个案例。中药现代化也取得了重大成就，中药新药的研发，重大品种培育和经典名方的开发都取得了可喜的成绩。

（2）初步建成药物的创新体系。我国建立了综合性的完整的大平台药物研发体系，还有企业自主建设的平台，以及单元型的平台，安全性评价、临床评价、资源型平台等，都建立起来了。

我国在人才吸引和队伍建设方面，聚集了一批高端人才，推动了行业高速发展，同时获得了一批优异成果，国家科技进步一等奖共有七项。

（3）带动医药产业快速发展。企业成为创新活动的主体，科研投入大幅度增加，医药产业成为战略性甚至支柱性的重点产业，带动了区域经济的发展。医药企业的成长很快，在重大专项实施之前，全国年销售额超过百亿元的医药企业只有 2 家，而在 2019 年，有 20 多家医药企业的年销售额超过百亿元，有的企业开始进入世界制药行业的主要榜单。

（4）国际化水平不断提高。国产药品和疫苗进入国际市场，与国际企业的成果转让和合作更加广泛。国产药品开展国际临床试验的项目增加，国内的技术平台通过国际认证，疫苗监管体系通过了世界卫生组织评估，我国的药物制剂出口也有较大突破，改变了过去基本上只有原料药出口的局面。

总体来讲，重大专项实施后取得了多方面的丰硕成果，推动我国从仿制走向创新，从制药大国走向制药强国，《自然》和《华尔街日报》等影响力较大的媒体都高度评价了重大专项带来的重大变化。

2. 新阶段新形势

我国的医药市场已经居于全世界第二位，仅次于美国。实际上我国生产的药品重量（吨位）早就是世界第一了，我国处在这样的一个历史方位上。麦肯锡咨询公司曾经对全球的药物创新能力做过整体评估，把全世界的国家分成几个梯队，医药创新最强的是美国，全世界每年的新药，60%~70% 来自美国。第二梯队是日本和西欧，对全世界医药研发的贡献是 5%~12%。中国、韩国、以色列、印度、新加坡等这些国家是第三梯队，合计的贡献在 5% 以下。其他的大多数国家基本上没有药物研发能力。这反映了全球的总体状况。

2015 年之后，中国的药物创新生态发生巨大变化，资本的投入，知识产权的保护，监管、临床研究、技术研究，还有支付体系，以及深化改革的顶层设计，都有重大的发展。

麦肯锡后来又做了跟踪评估，到 2018 年，我国对于世界新药研发的贡献率上升到 4%~8%。上市前的研发方面（新药项目还没有获批上市），在研的新药数量占全世界的比重提高 7.8%，比英国和日本还要高，发展非常快。获批上市的新药数量方面，我国占比 4.6%，比日本少，但是处于英国、德国这个行列当中。由此可见，短期内，我国在国际上有这样的变化，可喜可贺。当然，不能说我国已经进入第二梯队，只能讲有这样一个很好的发展势头，还要继续努力。

中国的 1.1 类新药从 2009 年到 2019 年，累计申请临床 561 个，批准临床 528 个，成药批准有 22 个。同一个新药在国际和国内的上市时间差也在减少，对中国既是有利的，也带来了竞争压力。国外的创新药在发达市场获批后，进入中国市场，过去需要的时间比较长，好像有一个屏障，以保护国内的医药产业；现在没有屏障了，大家在相同的政策环境中公平竞争。

我国的新药研究面临着新阶段、新要求。从 20 世纪 50 年代到 90 年代，40 年是处于仿制阶段，基本上是跟踪仿制。到目前为止，20 多年是模仿创新。从现在开始，我国进入了迈向原始创新的新阶段。

3. 新挑战新机遇

新药研发面临着激烈的国际竞争，原始创新需要加大技术研究的投入，但是我国企业的研发投入非常少，在全球比较靠后。我国的原始创新、突破性创

新，还需要长期的研发投入，我国科技的总投入占国家 GDP 的 2%，在全世界处于中低水平，但是在科技的投入结构中，基础研究只占 5%，与发达国家的差别太大，它们的占比高达 10%~20%。

全世界原创、引领方向的创新药，中国的贡献很少，美国最多，欧洲第二，日本也不多，比中国多一些。我国在 2014 年有两个创新药的原创价值较高。

新药研制格局发生重大变化，企业创新能力增强，逐步成为创新主体。海归学者创新创业，正在成为重要的创新力量。重大疾病的防治给中国医药行业提出了紧迫的要求，治疗罕见病的要求也很紧迫。我国药品新政接连出台，面临的挑战和机遇并存，医保带量采购带来的冲击非常大，医药企业的发展处于新的环境和新的阶段。

过去我国企业靠仿制药、靠销售可以生存和发展。以前有人戏称，不创新是等死，创新是找死，创新的产出遥遥无期。现在许多企业的管理者已有共识，不创新就没有办法发展，要发展必须创新，别无选择。

但是我国企业也有很多新机遇。老龄化加速、疾病的发生发展，这些都带来了紧迫的临床需求，市场的巨大需求就是我国医药产业发展的坚实基础。

新药的审评审批加快。新药的临床实验申请周期 2015 年的平均值是 27 个月，现在只需要 3 个月，政策改革的效率非常显著。新药上市申请的审批周期从 2014 年的平均 26 个月，到现在基本上是 6 个月。新药在美国和中国的上市时间差，过去是 5~7 年，现在几乎同步。获批上市的新药数量，2016 年国产的只有 5 个，2018 年增加到 10 个。进口新药的数量增长也很迅速，2019 年上半年批准进口的新药 13 个，对国内的新药研制带来较大的压力。

创新药的市场不断扩大。随着研发逐渐升级，有专业机构预测，我国医药市场上的仿制药占比将越来越小，而创新药的比重越来越大，到 2030 年，创新药的比重预计提高到 45%，这是我国企业要及早谋划、及早思考的一个战略问题。

我国的新药研发从仿制到创新，许多方面正在持续提升。

国内企业加大研发投入力度，缩小与跨国医药企业的差距。无论是领先的民企，还是体量巨大的国企，以及初创的企业，投入的金额大幅增长，全球最重要最好的抗癌药管线，国内许多企业都有布局，基础研究方面也得到重视。

新兴的生物医药公司已经成为生物医药研发的新兴力量，占了很大的比重，这启示我国的大型医药企业，一方面要自主研发，另一方面还要看准趋势，加强研发合作，甚至资本并购。

药企不断增强创新实力，吸引了大量的国内外资金投入，这是我国创新发展带来的重大变化，各种类型的投资基金非常关注医药行业，为药物的创新注入重要资源。

创新的生物技术药进入收获期，全国已经有三个单抗上市，还有新靶点的单抗药物正在研究中。PD1 和 PDL1 的新适应证，还有双特异性抗体、ADC 的药物，我国都在加强研究。国产的 PD1 可以抗衡进口药，最早的 NAM 单抗和 PAM 单抗，费用都很高，每年需要 20 万到 30 万元，中国的单抗批准上市，带来很大的价格优势。国产的 PD1 适应证广泛，有望弯道超车、后来居上。

中国的细胞治疗正在步入正轨，中国和美国是世界上最大的研究细胞治疗的国家。

国产的小分子靶向药物陆续上市，国内的市场格局重构。像 PDK 的第三代抑制剂、PAPA 抑制剂、CDK6 和 CDK4 的抑制剂等，治疗阿尔茨海默病的甘露寡糖二酸获批上市。从本土市场竞争，到国外开展研究，出现了新格局，不是关起门来做研究，而是国外国内联动发展，并且和跨国企业广泛合作，本土新药瞄准国际市场，形成新的视野和新的格局。

中国的创新药研究的国际影响力不断提升。优良的临床数据，在国际大会上引起了全世界的关注，发出中国的声音，其中包括 PD1、PDL1 的集体亮相，还有小分子抗肿瘤药、细胞疗法，等等。

所有这些反映了新形势、新阶段、新特点，所以我国企业要深入思考，从积累阶段到崛起阶段，现在逐步走向跨越阶段，在这样的情况下，要认真思考药物创新体系的新定位和新任务，要更加重视原创引领新药的发展。

国际上有一种观点，第 1 位的新药占领的市场比后面第 2 到第 5 位的市

场加起来还要多，越是领先，越是主动。所以，我国要加强基础研究，主动对接科技前沿的新方向。我们要加强多学科多种技术方法的交汇融合，综合集成，还要发展生物技术药，重视天然药和合成小分子药的研究。"重大新药创制"的科技重大专项取得了巨大成绩，但是也反映了一些弱点，弱点就是原始创新还不够，创新体系的作用还要进一步发挥，创新的政策环境还要进一步优化。

四　上海生物医药产业的发展思考

上海医药产业历来在全国是领头羊，创造了很多项全国第一，产业发展长期位居全国前列。20 世纪 50 年代，上海最早建成了国内的抗生素工业，后来不断发展，研制出了很多新的产品，在全国领风气之先。20 世纪中期到 90 年代，上海成立了现代生物医药产业联席会议，各个部门统一支持，后来又有了很多新的发展，特别是 1996 年，上海成立了张江生物医药的产业基地，在新的时期，我们面临新的重大机遇，国家重大专项的推动，上海科创中心的建设，还有上海市委、市政府把生物医药产业作为发展的重点。

上海在技术上引领了国内发展的很多潮流，拥有多项国内第一。1925 年中国第一个西药注射剂在上海诞生，1951 年第一个抗生素在上海第三制药厂出品，1953 年第一个中国自行设计和制造的 1500 加仑发酵罐，等等。20 世纪 60 年代、1982 年、1997 年，都有一系列成果在全国走在前面，这是值得自豪和骄傲的。在药物研究方面也有很多成就，例如青蒿素获得了诺贝尔奖，但没有在临床上应用，应用的是经过改造的产物——蒿甲醚。还有获得国家发明二等奖的盐酸安妥沙星，抗肿瘤的新药，等等，这些都是上海在全国起到引领带动作用的表现。

上海医药作为上海市生物医药产业的龙头企业，经过多年的持续发展，谱写了新的篇章。综合实力排名全国前三，创新实力也在显著提升，获得了一批科技进步奖，有几百个专利，基本形成了队伍，形成了体系，形成了平台，拥有一批管线，具备较好的发展基础。

在资源有限的情况下，如何开展新药研发，我提一些建议，把知识产权、研发外包服务、风险投资结合好，综合创新生态的相关资源共同努力推进。

面向未来，落实习总书记的号召，为建设世界科技强国而努力奋斗，把上海建设成为具有世界影响力的科创中心，把握市委、市政府重点发展战略性新兴产业的重大机遇，实现生物医药产业的高质量发展。

中医药的契机与中药发展策略

张伯礼 [*]

张伯礼，2020年12月1日

祝贺上药集团在2020年，特别是在我国抗击新冠肺炎疫情当中做出的贡献，同时在这一年里，克服了重重困难，排除了各种不利影响，为推动产业持续发展取得了突出的成绩。

借此机会通过线上方式和大家交流，我非常愿意和企业交流，听听企业的呼声，了解企业在研发和产品推广当中有些什么困难，我们大家共同来解决。我也非常愿意就国家对中医药发展的一些政策、一些发展的趋势和大家进行交流。

有一个关于新冠肺炎疫情期间中医药发挥重要作用的视频，如果有机会大家可以看看，这也是我总结的在抗击疫情的过程当中，中医药所发挥的重要作用，是增强我国文化自信的一个重要材料。

我重点讲三个问题。

第一个问题，这次新冠肺炎疫情加速了百年变局的演进过程，是一次大考，考政治、经济、科技，也考价值观、考人性，当然更考综合国力。我们中国经受住了这次大考，用比较短的时间，实际上两个半月到三个月的时间，就控制住

* 张伯礼，中国工程院院士。

了疫情，取得了阶段性胜利。之后虽然有北京新发地、大连、乌鲁木齐、青岛，乃至后来天津、上海、内蒙古等地的多点暴发，但是从整个形势来看，我国控制的状况比较好，同时复工复产复学也比较成功。全世界主要的经济体，预计2020年实现正增长的只有中国，截至11月，国家GDP同比增长3%左右，如果12月不出现大的变化，全年有望正增长3.5%，在全世界的经济格局中我国是唯一保持稳定增长的国家。这次抗击疫情过程中，中医药发挥了重要的作用，得到了总书记高度的肯定和评价。总书记讲，在没有疫苗和没有特效药的情况下，我国坚持中西医结合、中西药并重，发挥了重要的作用，体现了中医药的价值，这同时也是中医药传承精华、守正创新的生动实践。希望我们在今后的工作当中，进一步发挥中药在防治疾病、维护人民健康上的作用，为健康中国做出更多贡献。

中医药这次打了一场漂亮的胜仗，赢得了全国上下的高度肯定，同时也为我国的中医药行业带来了发展契机。中央将颁布促进中医药传承发展的具体措施，简称"30条"，这是由国务院办公厅和中共中央办公厅联合发布的具体支持中药发展的若干举措，其中包括中药的新药审评、中药的资源、中药的产业化等，这是一系列的具体举措。2020年国家发布了扶持中药传承创新发展的若干意见，2021年又出台若干具体的发展举措。这30条更实在、更具体、更给力，让行业内的人士感觉振奋和兴奋。

国家药监局下发了关于中医药新药审评办法的修订意见，对于中药的审评有很多变化，更多强调用药的经验，在分类上也有变化，把过去的分类彻底颠覆了。现在的分类是创新药物、改良的药物，还有经典名方，按照这个维度来分类，更加科学、更加合理，也更加突出中医药的一些经验。在中药的发展实践上，医保方面还有很多的制约问题，在中药的药材生产方面也存在一些问题，特别是在中医药的品质和质量控制等方面，还有一些问题，这些都需要我们在下一步集中全力解决。

我先就整体形势与大家做个交流，中医药面临着历史上难得的发展契机，我们认清形势需要智慧，但是更需要驾驭形势，驭势者赢，驾驭这种形势才能取

得最终的胜利。

在中医药取得良好发展的同时，我们也要看到困难，特别是中药。中药的困难在两头：一头在出口，现在的出口过窄，特别是在中药使用方面有很多限制，这些方面逐步在突破。另一头是有些政策制定得不尽合理，有些方面对中医药还是存在管、卡、压，特别是对于中药的注射剂，还有一些创新药物，以及大品种的使用，等等，我们向有关部门反映了这些情况。

但是在目前的情况下，大环境没有改变时，我们还需要等待，利用等待的这个时间，要积极做好自己的工作。

第二个问题，就是中药企业的发展。在目前这段相对困难的时期，如何积蓄力量、优化方向，同时做好我们自己本身的工作，我觉得有两点很重要。

第一点，在提高产品的品质和质量上下功夫。这些方面，需要从源头抓起，从全产业链抓住质量。日本津村的加藤社长几次到中国来，我和他见过面，谈得非常深入，他也到过我的实验室多次，到天津中医药大学参加多次会议，而且考察了我们的生产研究的条件、企业生产的条件，参观了厂房、机械设备，等等。他说他们感觉有压力。但是我认为，日本制药企业的全程质量控制更值得我们学习，我们企业要千方百计地培育品牌，将品牌视为企业的生命，把消费者的意见作为企业的发展动力，在质量上下功夫，在细微处下功夫，这些都是值得我们学习的。

所以，我建议我国的中医药企业，特别是在生产制造方面，包括原料、中间体、制剂工艺等各个方面都要对标找差距，持之以恒提升质量。在制药方面，利用好大数据、互联网、人工智能，利用多种先进制造技术来改造生产线，实现新时期的变道超车，至关重要。

第二点，筛选并做大主要品种。现在正是难得的好时机，所以我把这件事情提出来，建议各个企业选好品种，在全员质量意识提升的基础上，在品种上下功夫，把品种做大做强。

现在的中医药企业往往是从一个主打品种做起的，而一个大品种，又会带动几个企业的同类品种。在同一个企业内，一个主打品种会带动若干个其他的品种。所以，中药企业要思考如何做大品种的开发，最大的品种是什么？哪个品种最值得二次开发？在这个品种上下功夫，把较多的资源聚焦，把它做大做强。如何选择一个好的品种？临床定位必须清晰，市场上没有其他同类药，最好是独家，若有同类药物，力争做到最优。特别是一些西医解决不了的临床需求，把有潜力的中药筛选出来，然后把所有的科技资源集中，围绕筛选出来的品种提升质量、明确定位、循证评价、完善说明书，就一定可以把它做大。

所以，企业在科技上投入多少，最后的产值就可能达到相应规模。几千万元的科技投入，可以有几亿元的产值；几亿元的科技投入，可以带来几十亿元的产出，实践中这样的案例很多。我愿意帮助企业遴选这些品种，共同商量，怎么把它做大做强。

第三个问题，做好企业的"十四五"规划。这也是我们要做的一项重点工作，也就是企业如何做好"十三五"总结、"十四五"规划。没有规划的企业是盲目的企业，落实国家"十四五"的双循环战略，双循环实际上是以内循环为主，打造企业自己的产业链、供应链，要把全链条生产的主动权握在自己手中，同时还要逐步增加科技含量。不在于品种多，而在于品种强、在于质量好，市场占有率要高，这些应该成为企业的"十四五"规划重点目标；另外还要做好人才的培养，特别是高层次人才的培养。

企业的工程技术人员，不能只盯着现有品种的生产，要善于学习新的知识、新的技术进展，要主动掌握和企业有关的新技术、新进展、新知识。将这些知识转化到企业的技术上，推动企业的技术进步和质量提升，这也是企业应当重点要做的事情。所以，企业的工程技术人员，不能仅仅满足于实用的、眼前的这些技术，还要关注长远发展的新知识、新进展，并且思考如何为我所用。

我国在各个领域的发展迅速，有的新技术并不比国际上的差，但是缺少跨界、缺少融合，希望企业在做规划的时候，能够把科技放在更重要的位置，把高层次人才培养放在更重要的位置，把产教融合放在更重要的位置。

我非常愿意和大家共同努力，把科技成果转化成生产力，帮助企业持续发展；也愿意听到企业反映的具体问题、具体的品种想法，大家一起商量解决问题，把中药品种做好，把中药企业做强。

生物医药时代机遇
与创新发展

胡明东 *

胡明东，2019 年 3 月 15 日，2020 年 11 月 13 日

一　全球方位看趋势

2018 年发生了很多的事情，好像有一只无形的手拨乱了世界的时钟，让我们有些应接不暇。对于医药产业来说，也发生了很多很大的事情：一部很火的电影《我不是药神》、长春长生疫苗事件、第一批医保主导的带量采购的结果公布。

这三件事情的发生有一定的偶然性，某种程度上也反映了医药行业的特点。第一件事情提示我们，对于医药产业来说，还有很多未被满足的市场需求，医药产业有使命开发出更多更有效的创新药，来治愈那些重症患者。疫苗事件再次揭示了医药行业是民生高度关注的产业，质量始终是不可突破的底线。仿制药一致性评价反映了医药产业不是高盈利行业，控制成本、提高管理效率，始终是企业发展的主题。

*　胡明东，上海医药战略发展研究院院长。

1. 医药产业全景

医药产业链包括制造、流通环节和终端市场，三大部分密切相关，市场规模有其特殊性。制造环节，根据我国国家统计局和工信部的数据，2020年总销售额是2.98万亿元，接近3万亿元。流通环节，根据国家商务部的统计，行业的规模是2.30万亿元。终端市场，根据多个专业机构的统计，医疗机构加上零售合计略超1.64万亿元，其中医院销售1.05万亿元。产业链三个环节销售的主要差异源于产品结构、业务特点和统计口径不同。

医药产业的微笑曲线，也有它的特点。曲线的横坐标表示产业链上下游，左边代表产业链的上游，右边是产业链的下游，纵坐标代表附加值的高低，越往上附加值越高。对于医药产业来讲，上游的研发，特别是创新药的研发，附加值处于最高端。我国有多个成功转型的案例，例如恒瑞医药、石药集团，从原来做仿制药为主，转变成以创新药为主，销售利润率大幅增加，把握了创新药研发的高附加值特点。

另外，临床服务外包的价值也很大，随着仿制药一致性评价工作的全面展开，临床服务的需求激增，导致了这方面的市场机遇很多，附加值也相对比较高。而仿制药的研发，同质化竞争激烈，附加值就低一些。与其他的制造业相似，医药的商业流通，处于产业价值链的较低水平。而制造环节的合同加工，承担品牌加工制造任务，流通环节为生产提供第三方存储和物流服务，这些业态的附加值最低，处于整个产业链的最低端。零售业态，因为掌握了一部分终端客户，能够为产品和工业企业提供市场营销等增值服务，所以附加值比分销高一些，而营销的附加值更高，基于知识、关系和理念，为产品和服务拓展新市场，满足客户需求、创造价值。

但是医药产业有它的特殊性，医药营销和其他产业的营销有一定的差异，较为普遍的现象是，很多医院挂着很醒目的横幅，要求所有的药品或医疗器械的医药代表不能进入诊区，不能进行产品的营销活动，这种现象反映我国医药产业的市场环境不利于市场营销，对于各种方式的营销活动，从政策到市场都是处于一个抵制的状况。所以，在医药产业的价值链中，品牌营销很难体现出应有的高附加值。

2. 全球医药产业比较

全球医药产业的历史上，科学技术始终是推动医药产业最大的动力。早期的天然药物都是经过经验的积累发现的。德国的科学家埃利希，是化学疗法的先驱，1910 年，他用自己所发现的新化合物，杀灭梅毒的病原体，从而治愈这种疾病。在 20 世纪上半叶，科学家发明了多种抗生素，许多疾病得到有效控制。到了 20 世纪中后叶，一些重大的突破，比如 DNA 分子的双链结构被发现，以及重组 DNA 和克隆技术问世之后，许多疾病的疗法，得到了革命性的突破。免疫疗法的一些药物，上市之后对某些癌症的治疗效果非常显著。还有细胞疗法，促进精准医疗的突破。随着其他一些技术的发展，如基因编辑技术、人工智能、大数据等，药品未来还会有许多突破性的进步。

分析全球的医药市场总量。许多因素影响一个国家的医药产业规模，起决定性作用的还是经济和人口。从 GDP 排名来看，全球最大的经济体依次是美国、中国、日本、德国和法国，相应地，全球医药市场的前五位也是这样排序的。GDP 前十位中唯一例外的是意大利，GDP 排名第九位，但是医药市场排名第六位，主要是因为意大利的老龄化发展很快，80 多岁老人的医疗开支占整个医保开支的 40%。总之，医药市场总量与国家的 GDP 高度相关。

比较全球人口排名，中国人口最多，印度第二，多个亚洲、非洲国家的人口超过 1 亿人，但是它们的医药市场体量并不大，说明人口总量和医药市场的相关性不是很高。但是从癌症的发病人数来看，中国、美国、日本都处于前列，与市场规模的排序基本一致，癌症的发病人数和医药市场的相关性非常高。所以，经济总量和重大疾病人数，是决定一个国家医药市场总量的最重要因素。

进一步分析医药市场的内在规律和特征。在全球医药市场的需求方面，老龄化和肿瘤是非常关键的影响因素，存在巨大的未被满足的需求。世界卫生组织协会每年发布《世界癌症报告》，从中可以看到共性特征和发展趋势。对比发达国家和发展中国家，癌症人数的总量和结构有很大的不同。在总量上，发达国家比发展中国家要高出很多，从这个角度总结，癌症是富人病，富人患病的可能性比穷人大。在病种的结构上也有差异，发达国家的前四位病种依次是：前列腺癌、结直肠癌、乳腺癌、肺癌，合计患病人数占所有癌症人数的近一半，这些癌症的高发病率和发达国家人均寿命比较长有关系，再加上发达国家的肥胖人口比例较高也导致了一些癌症高发。相比较而言，发展中国家也有一些癌症的发病率比较高，也就是所谓的穷人病的特点，主要有胃癌、宫颈癌、肝癌等等，发展中国家比发达国家的患病人数高出很多，这是发展中国家的突出特点。

比如中国胃癌的发病率很高，全球每年新增 95 万的胃癌患者，其中 47% 是在中国，主要是中国的成年人 70% 都会携带幽门螺杆菌，携带这种细菌，胃癌发病率是其他成年人的 3~10 倍。还有一些疾病，比如食道癌和不健康的饮食习惯有关系，肝癌与乙肝病毒携带有关系。这些特点说明，在发展中国家，卫生条件普遍不是很好，人们容易受到一些细菌和病毒的感染，导致相应的发病率比较高。

整体来看，发达国家的人均预期寿命较长，罹患癌症的人数比发展中国家多很多，所以，癌症是与老龄化相关的重大疾病。从卫生费用的角度看，癌症患者的用药负担非常重，比如格列卫，刚上市的时候每名患者一年要花费 30 万元，其他的抗肿瘤创新药通常每名患者每年需要花费 30 万元到 60 万元，这对于患者和家庭都是沉重的负担。展望未来，中国正处于一个经济不断上行的阶段，将会从发展中国家迈向发达国家，经济大国、老龄化、饮食习惯，多重因素叠加，我国癌症患者的人数必将持续攀升，这给我国医药产业提出了很大的挑战：如何面对未被满足的巨大需求，开发出更多的创新药。

创新药的上市和使用。从全球创新药的使用来看，美国、日本和欧洲的发达国家，使用创新药的比例都比较高，基本上都在 60% 以上，而我国的使用比例只有 18% 左右。观察新药上市的趋势，美国批准的新药，代表了全球新药上市的趋势，数量持续增加。我国从 2000 年到 2017 年，18 年以来也是处于上升的趋势，特别是最近几年获批上市的新药数量增长迅速。在美国，医药市场的总量和创新药上市的数量关联度很高，例如 2014 年、2015 年，这两年批准的新药都在 40 个以上，所以 2015、2016 年美国的医药市场增幅很大。2016 年只有 22 个新药上市，所以 2017 年的市场增长缓慢。有一点值得关注，在全球发达市场批准上市的新药中，还没有看到中国药企的贡献，也就是说我国企业研发的新药还是局限在国内市场。

另外一个特点，在美国、欧洲等发达地区批准上市的新药，进入中国的步伐比较慢。据统计，从 2000 年到 2016 年，全世界上市的新药总数有 433 个，进入中国的只有 100 个，还不到 1/4。这也是电影《我不是药神》里反映的窘境，很多患者苦于买不到救命药，世界上的新药已经研发上市了，但是中国的患者不能及时使用。

生物创新药发展迅速。2006 年全球十大创新药，基本上以化学药物为主，90% 都是化学药，生物医药的比重只有 10%。10 年之后，这个结构发生了颠覆性变化，生物药的比例超过 70%，占据主导地位。这反映生物技术的快速发展为新药创制做出了巨大贡献。

较多新药上市的同时，仿制药也有发展。许多国家鼓励积极使用仿制药，美国批准仿制药的文号数量，以前只有 400 多个，到 2017 年增加到 800 个，而 2018 年超过了 1000 个，表明即使在美国这样的发达国家，也希望通过更多的仿制药来减轻医疗保健费用的负担。从处方数量而言，美国市场上仿制药的处方量占比超过 80%，而且持续往上升，接近 90%。然而，销售的比例曲线往下走，从以前的 28% 下降到 23%，反映出更多的仿制药品上市加剧了市场竞争，降价压力大，这也是一个基本趋势。

在此背景下，中国的药企积极把握发达市场的结构性机会，获得美国仿制药 ANDA 的数量持续增加，从以前的 14 个，增加到 2020 年的 96 个。我国医药企业的数量很多，5000 多个，但是获得美国仿制药批文的企业数量不到 40 家，而且 87% 以上的批文集中在少数几家企业。

分析全球医药市场的结构，国家的集中度非常高。其中美国占全球市场的比重，2010 年是 40%，2015 年是 38%，再加上欧洲五国以及日本，合计占全

球市场的比重超过 60%，所以，创新药要获得国际主流市场的认可，美国、欧洲五国、日本是要重点关注和拓展的目标市场。

判断未来的趋势演变，这些主要市场的走向有较大差异。美国市场过去是中低速增长，未来预期保持 3%~6% 的年增幅，主要得益于科学技术方面的进步，有更多的创新药上市。而对中国而言，过去长期保持 10% 以上的增幅，未来可能还会保持 6%~9% 的增长，内需巨大，但是结构变化也很大。欧盟五国由于医疗负担很重，以及价格和药物政策的控制，医药市场增长缓慢。而日本作为一个老龄化非常严重的国家，对于药品价格管控严厉，市场长期处于持平甚至下降状态。所以，未来的中国还是一个增速较快的市场，而美国仍然非常有潜力，是体量巨大的国际市场。

全球医药市场的企业集中度也很高。寡头竞争的企业占据了全球一半的市场，2019 年全球前 15 大制药巨头，合计销售额高达 5500 亿美元，占全球医药市场总量的 50%，即一半左右的市场集中在 15 个制药巨头那里。其中美国有 8 个，以色列有 1 个，其他的基本分布在欧洲。2019 年日本的武田制药收购夏尔之后，也挤进了全球 15 强。

中国的制药企业也在成长。2006 年，国内制药企业没有一家年销售额超过 100 亿元；2008 年，有两家过 100 亿元；到 2020 年，在企业规模的金字塔结构中，超过百亿元的企业达到 22 家，其中有 6 家企业超过 200 亿元，而在 50 亿元和 100 亿元之间的企业有 21 家，接近一半的百强企业规模是 20 亿元到 50 亿元。与全球的跨国制药企业相比，我国还有很大差距，但是这也代表我国企业还有很大的成长空间。

行业内还有一个榜单值得关注，《制药经理人》对处方药的全球市场进行统计分析，每年发布一个全球处方药企业 50 强榜单。2020 年 50 强的销售额，占全球总市场的 63.8%，入榜企业的规模门槛是 22.1 亿美元，每个企业平均超过 100 亿美元。榜单上还是美国企业最多，而且美国企业的销售占比接近一半，另外欧洲有 8 家。引人注意的是日本有 10 家企业。2020 年的榜单上有 4 家中国企业入榜，国内的领先企业正在积极追赶。

3. 中外医药企业比较

研发投入方面，跨国企业掌控创新的主战场。研发投入强度（研发投入金额与销售金额的比例），美国企业为 16%，日本企业高达 20%。而我国企业普遍较低，平均只有 2.5%。在 175 家医药上市公司中，相对比较高一些的，也只达到 4%，少数企业超过 10%。另外，从研发投入的金额总量来看，美国占全球的 46%，这个数字和市场做对比，很好理解美国为什么市场占到全球的 40%，在全球 15 强以及全球处方药 50 强中，美国企业的销售占比接近 48%，美国强大的背后是巨大的研发投入做支撑。

分析一些跨国企业的例子，2020 年研发投入的前 4 位企业——罗氏、默沙东、强生、施贵宝的研发投入都超过 100 亿美元，另外，诺华、辉瑞的研发投入金额也是非常惊人。对比中国的状况，从国家到企业对于研发投入高度重视，比以前重视了很多。整个行业的研发投入总额，2011 年只有 200 多亿元，到 2016 年接近 500 亿元，数量上翻了一番，但是行业的总额还不及辉瑞一家企业的投入。2020 年我国医药企业研发投入的领先企业，最多的是百济神州，研发投入金额 83.0 亿元，恒瑞、复星、中国生物、石药均超过 20 亿元。这些领先企业都把增加研发投入作为提升创新能力的重要战略。

仿制药竞争，强者恒强。仿制药的基本特征，是领跑者不断构筑自己的竞争壁垒、增强优势。全球仿制药的十强企业中，以色列的梯瓦公司是龙头，在全球制药企业排行中名列第 43 位，它在全球拥有 40 个制剂基地和 20 个原料药基地，基本的策略是通过利用全球资源来降低成本。印度是仿制药大国，也是强国，是全球药物的主要出口国，医药产业的 30% 以上是出口，而且是美国仿制药最大的进口来源国。

我国医药企业在 WHO 的品种数量不到印度的 10%，差距非常明显。进一步对标，在拥有美国的 ANDA 文号数量方面，印度累计 3980 个，而我国只有 287 个，我国所有企业获得的文号数量还不及印度一家企业。另外，通过美国

FDA 认证的工厂数量，印度也是非常多，而我国只有 80 个左右。印度企业的高端制剂非常有竞争力，而我国企业还是以常规剂型为主，少数企业也在探索一些高端剂型，但是还没有形成一定的规模。

从发展迅速的生物仿制药来看，印度企业从原核表达到单抗产品，整个生产能力都很强，而且能够出口到发达国家。而我国的首个生物类似药 2019 年 2 月获批上市，来自复星医药旗下的复宏汉霖。

印度一家代表性的制药企业瑞德，20 年间它的股价增长了 1000 倍，反映了印度企业转型升级的蜕变过程。最初立足于本国市场，以生产普通原料药为主，市场估值很低。后来转型做制剂，通过仿制药逐步进入国际市场，以低价格和较好的品质拓展市场，后来通过剂型改进和制造升级，进入美国等发达国家。完成技术和资本积累之后，它从生物类似药等一些创新领域突破，再次发力美国高端市场，以产品和技术平台的优势，在全球市场占据新的地位。由此可见，印度企业的转型升级历程，为中国企业提供了很好的样板。

资本运作，改变行业格局。全球范围内医药行业的资本运作屡见不鲜，历史上超过 1000 亿美元的交易有多次，比较有代表性的是辉瑞。最近几年，资本运作非常活跃，强者更强。资本运作呈现"蛇吞象、巨无霸、玩拼图"等多个特点。2015 年梯瓦收购艾尔健的仿制药业务，希望通过这次大收购进一步巩固业务优势，但是这桩交易的结果并不理想，行业地位没有提升，它反而背上了沉重的债务包袱。日本武田对爱尔兰夏尔的资本运作，交易对价高达 620 亿美元，远远超过了夏尔的销售额，主要是想获得罕见病领域的产品线。并购之后，武田的全球地位从第 19 位提升到第 10 位（2020 年），这个并购后的整合与发展，能否取得较好的效应，有待进一步观察。

2019 年初，曝出规模更大的交易案，美国的百时美施贵宝发起对新基的并购，并购规模 740 亿美元。交易完成后，百时美施贵宝的行业地位从第 14 位上升到第 5 位，它的诉求是要创造一个创新的生物制药引导者。全球医药市场正处于生物技术变革的大时代，传统的跨国企业，在化学药方面比较强，而一些新兴的生物医药企业，例如新基、夏尔等等，很容易成为它们并购的目标，通过并购在新的技术领域占位，增强新的竞争优势。

另外，"玩拼图"也是并购的特色。许多跨国企业拆分业务板块，比较多的是消费品和 OTC 业务，相互之间重新组合，GSK 收购了三个医药巨头的消费品业务，拜耳也收购了其他企业的健康消费品业务。

总之，全球医药市场的主要特征，总结如下：

医药产业正处于生物技术革命的新阶段。市场存在很多未被满足的需求，最主要的是老龄化和肿瘤等重大疾病，还需要更多的创新药去满足。

生物创新药已经在市场上占据很大的比重，在全球畅销药品榜单上遥遥领先，未来仍将是创新发展的主流方向和黄金赛道。许多国家普遍鼓励使用仿制药，但是质量和成本的竞争压力增加，高质量的仿制药有较多空间。

全球市场的国家集中度和企业集中度都很高。美欧日是全球创新药的主流市场，也是国际化发展的主方向。企业的寡头竞争格局基本形成，并且持续强化。仿制药的头部企业集中在以色列和印度，中国药企的转型升级需要同时在新技术、新赛道、新模式上发力。

加大研发投入是创新发展的必由之路。虽然中外企业的投入总量差距极其巨大，但是，中国企业的持续投入开始进入收获期，仿制药也要进行研发投入，印度的标杆企业展现了清晰的转型路径和惊人的创新价值。

热点纷呈的资本运作改变着行业的格局，通过扩大规模、获取新技术，强者更强。

二　中国成就再出发

1. 重大成就

2018 年是我国改革开放 40 周年，回顾发展历程，国内医药市场发生了翻天覆地的变化。过去 40 年，整个行业的复合增长很快，第一个 10 年复合增长 17.2%，第二个 10 年复合增长 19.5%，第三个 10 年复合增长 23.4%。最近几年增长 16.4%，连续高速的增长，在全球市场上是一个奇迹。我国已经成为全球第

二大医药市场，市场总量达到 3 万亿元。国内的市场需求仍然巨大，未来有望继续保持增长，在全球市场上的地位将会更加重要。

国际合作方面，几十年来也有很大的进步。无论是业务还是资本，都有很大突破。截至 2018 年，改革开放 40 年，出口增加了 200 多倍，进口增长了 1000 多倍，医药产业把握改革开放的大机遇，获得了很大的发展。

资本运作方面，我国企业与国际企业的合作有很大的突破，有一些大的并购案，例如三胞集团以 54 亿元收购加拿大的一家生物企业，间接获得美国细胞治疗方面的生物医药企业以及 FDA 批准的细胞治疗产品。复星医药投入 50 多亿元，收购印度的一家企业，通过这家企业进入发达地区市场。

对外授权也有收获，恒瑞、信达等三家企业，将自己的技术授权给跨国医药企业获得了 30 多亿元人民币的收益，这在以前是难以想象的。引进授权方面，国内一些企业，例如再鼎生物，成立仅仅三年，就登陆资本市场，其中的秘诀就是善于利用跨国企业的合作机会，获得在中国和亚洲的研发权益，这些实践说明我国企业的经营方式开始对接全球，不再局限于国内市场，在用好国际资源方面也有很大的进步。

过去 40 年，我国医药行业的成就非常巨大，非常值得自豪。展望未来，这些因素是否还能持续？

显然，有些因素不可持续。比如从计划经济向市场经济转轨，体制的改革红利不可能再有了。另外一个因素是全民医保，过去几年我国完成了从少数人有医保到所有居民都有医保覆盖。

但是，产业发展的内在动因未来还会延续，比如经济和人口，未来我国的经济还会持续增长，在国家的"两会"期间，李克强总理再次强调，我国的经济增长不会滑出合理区间，老龄化也是未来的必然趋势，这些都是我国医药产业发展的重要支撑。

还有一个驱动因素，生物技术的快速发展，推动产品创新升级，为行业的持续发展创造新的机会，再加上人才、资本、产业政策等多种因素，我国医药产业的未来发展值得期待。

2. 面临挑战

未来很美好，但是现实比较骨感。2018 年之后，医药企业的经营者普遍面临增长焦虑，焦虑首先来自市场，医院终端市场的增长曲线明显地高开低走，21 世纪的前 10 年，市场增幅高达 20% 左右，而最近几年的增幅快速下降到个位数。医院是我国医药市场最重要的终端市场，占比 75%~80%，近几年的增幅低于国家 GDP 的增幅，这是以前从未有过的。在这样的市场情况下，商业企业感受最深刻，很多医药商业企业的销售指标很难完成，有的地方甚至出现负增长，比如浙江、福建、安徽等。对于医药工业而言，业务趋势和市场非常接近，也是高开低走的态势。但是在近两年有所好转，2018 年的销售增幅达到 13.3%，这是一个阶段性的高点。主要是受到两票制政策的影响，部分药品的价格从低开转为高开之后，在销售和利润上有很大改善。总体来讲，市场压力比较大，对于这种状况怎么理解、怎么预期？首先要看大背景，我国正处于深化供给侧改革的阶段，医药产业也面临着这样的要求。医药产业链的每个环节之间的销售额差别非常大，除了业务特点的差异之外，确实存在一些无效的需求和多余的产能在空转，国家推行的供给侧改革就是要挤掉这些水分，改革过程给市场和企业带来一些阵痛。

但是这种状况会持续多久，什么时候将出现拐点？我们预判需要一些时间，2018 年国家完成了机构改革，特别是成立了国家医保局，开启新一轮的深化改革，代表性的举措是医保主导带量采购，2018 年只是试点，以后仿制药一致性评价工作全面铺开，将对整个行业的格局产生重大影响。

所以，深化改革还需要一些时间。另外，行业发展的焦虑还与一些深层次的因素有关，尽管我国医药市场总量上升，成为世界第二大，但是不能过于乐观，行业内的差距比较大。首先反映在产品方面，与发达国家相比，差距非常明显，2017 年中国市场上的前十个大品种，基本上是以化学药为主，第四位是白蛋白，而全球畅销药 TOP10 绝大部分是生物药，这反映我国和全球还有差距，还没有跟上生物技术快速发展的步伐。其次，我国市场上的大品种，氯化钠、葡

萄糖，等等，基本上是过了保护期的原研药，处于专利期的创新药只有石药集团的恩必普等少数几个。而美国市场的大品种基本上都是专利药，反映了我国创新药还没有成为市场的主导力量。

3.关键差距

我国是仿制药大国，但是仿制药的质量参差不齐。正在推行的质量和疗效一致性评价工作，还处于初级阶段。从 2012 年启动这项工作，2016 年实质性推进，截至 2020 年底，过评的品种为 196 个，在基本药物 289 个甲类医保目录内的品种比例非常低。这些数字表明，我国的仿制药一致性评价工作任重道远，借鉴国际经验，日本最有代表性，第一批仿制药评价工作花了 17 年，而我国只是开展了五年，未来的道路还比较漫长，需要我国企业付出更大的耐心和韧劲。

新药研发需要更大投入和更多时间。2020 年，美国 FDA 批准 53 个新药上市，数量创了新高，其中一些新技术的新产品获得批准。我国 2020 年也批准了 10 个国产新药上市，过去十年来累计上市 44 个新药，与美国对照，我国的创新药不仅在数量上相差极大——美国一年能够上市的新药数量，比我国十年的总和还多；质量上的差距更加巨大，美国在一些前沿技术方面都有新药上市，而且原创性的新靶点较多。全球累计发现 400 多个药物靶点，只有一个靶点是我国企业发现的，可见我国所谓的新药，质量还没有达到全球新的高标准。

我国企业的研发基本上以跟随为主，例如，在比较前沿的技术细胞疗法方面，我国已有 98 个研发项目进入不同阶段，比美国的数量多一倍。但是从项目的布局来看，处于临床第一阶段和第二阶段的比重很高，而处于临床前的项目很少，这说明我国的研发投入，在基础研究的投入方面严重不足，这就决定了我国创新的质量有差距。

制造方面的差距也非常明显。我国企业以仿制药为主，而且同一个通用名的批准文号非常多，比较有代表性的，如 SMZ、黄连素等，批准文号将近 1000

个，这导致的结果是产品的同质化非常严重。与国际上仿制药的领先企业对标，我国企业在制造方面的差距非常明显，首先在成本控制方面，仿制药的领先企业，它们的原料自给能力非常强，基本做到了原料制剂一体化，这样产品的成本可控能力较强，而且生产成本占销售额的比例高达45%，企业对于生产和原料研发的投入也比较高。而中国的医药企业，原料的自给率普遍比较低，近几年随着原料药大幅涨价，很多企业都面临成本的压力，而销售价格刚性下降，所以很多企业的盈利空间两头受挤压。我国企业的生产成本占销售额的比例只有25%左右，25%与45%的差距，反映我们的生产效率比领先企业高吗？实际不是这样的，国内企业的成本结构中，更多的部分在销售环节，产品同质化，所以主要的资源用于市场推广和营销活动。

质量管理方面，国际领先企业的自动化水平较高，信息系统先进，自动化程度非常高，有很多无人车间甚至无人工厂，对于产品的质量管理有很好的保障。我国的两化融合工作还处于试点阶段，只有少数企业做得比较好，大部分的基础非常薄弱。另外，在生产工艺变更和一致性方面，也有很大差距，长春长生的疫苗事件就暴露了这方面的问题，国内有些企业实际的生产工艺变更之后并没有做验证，质量管理方面没有达到监管要求。

差异化发展方面，特别是"两高一专"，我国企业的差距也是非常明显。国际领先企业非常注重对原料药的技术投入，获得很多的专利保护。在高端剂型方面，例如吸入剂、喷鼻剂、注射剂等等，形成了有特色的产品剂型，增强了产品的竞争能力。生物类似药的技术成熟，能够出口发达市场，占据一定的市场份额。更为重要的是，国际领先的仿制药企业几乎都有若干个创新药，为技术积累和利润做出贡献。代表性的是梯瓦，尽管是全球最大的仿制药企业，但是它的创新产品销售占比20%、利润贡献40%，促进了创新发展的良性循环。

相比之下，国内企业对先进工艺的研究不足、投入很少，缺少有特色的原料药和优质辅料，上市的生物类似药寥寥无几，缺乏有竞争力的创新产品，上述几个方面的差距，给我国的医药行业很大的警醒，不是对过去成就的否定，而是激励我们面对差距要迎头赶上，在新的时期争取更大的发展。

4. 战略机遇

面向未来，我国医药行业拥有很多机遇：

第一是政策机遇，对接全球标准，在鼓励创新方面做出了突破性的制度安排。从 2015 年开始，药品监管政策推进一些重大改革，有关仿制药、创新药的政策基本上都与国际接轨，反映出我国在质量和标准上坚持高标准，"中国新"转变为"全球新"。国务院对医药行业提出了"四个最严"，即最严格的标准、最严格的执行、最严厉的处罚、最严肃的问责。质量标准的提高，对于行业是件好事情，质量较高的创新药可以优先上市，通过一致性评价的仿制药获得更大的市场份额，对于企业是机会也是挑战。短期肯定有阵痛，有些企业甚至面临生存的挑战。从 2018 年 12 月公布的首批医保主导的带量采购的结果来看，不能通过一致性评价的企业没有入围的资格，有的企业虽然入围了，但是如果生产成本没有竞争力，也会失去市场，所以企业在新的政策环境下，要找准自己的定位。

另外一个政策机遇，体现在国家的体制方面，能够集中力量办大事，国家层面的产业规划，无论是创新驱动还是中国制造 2025，药品和器械都是重要的领域，而且从 2018 年开始实施的"重大新药创制重大专项"，给整个行业带来的变化非常巨大。

十年的专项投入资助课题数量超过 3000 个，分布在品种改造、药物创新、平台建设等多个方面，财政投入的总金额接近 200 亿元。投入经费的使用比重方面，创新药物的比重非常高，"十三五"期间，国家的经费更多的是投入创新药研发，而早些年的投入重点是平台建设和关键技术等，基础研究的硬件和软件改善，让创新药物能够在相当于国际水平的起点上，获得更好的发展。

重大专项实施的结果非常可观。重大专项促进了 44 个一类创新药上市，这是我国历史上了不起的进步。创新药的质量也在提高，2018~2020 年批准上市的新药，基本上以生物药居多，大多用于治疗癌症等大病，一批新兴的生物医药企业成为重要的创新生力军，反映出我国的医药企业顺应时代潮流，积极布局生物医药等技术前沿，力争变道超车。

第二个机遇，厚植人才优势制度化。国家已经确定了科学的发展理念，认识到人才是第一生产力，人才是创新的决定性资源，而且更主要的是在行动方面，推出了许多专项计划安排，从国家到地方，例如教育部的"长江学者""青年长江学者"，上海市的"浦江人才计划"，山东省的"泰山学者计划"，等等，这些人才计划的实施，给医药行业带来了很大的人才红利。他们积极参与创新和创业，经过十多年的发展，创新的产品陆续上市，创办的企业进入资本市场，为医药行业的发展起到了积极的推动作用。

第三个机遇，营商环境更加市场化。借鉴发达国家和跨国企业的成功经验，许多创新产品的产业化，大多是在产业园区里完成的，例如美国医药行业产值的75%以上集中在五个产业园区。经过多年的建设，我国已经建成了一大批生物医药园区，全国一半以上的高新技术园区将生物医药作为重点发展的领域，接近一半的经济开发区把生物医药产业列为重点。全国还有23个专门的生物医药产业基地，这三种类型合计近200个。另外省级园区将生物医药作为重点的达300多个。这些园区对医药产业的推动非常巨大，通常会提供两方面的服务。一方面是硬件支持，帮助企业提供办公场所、生产用地、仪器、实验设备，还包括一些产业转化的配套，等等，使企业能够专注于自己擅长的领域。另外是软件服务方面，每个园区持续改善，从引进人才计划、融资、上市到创业、孵化、税收、补贴，以及政府服务等等，为企业创造很好的外部环境。

三大方面的机遇，政策、人才和营商环境，为我国医药企业创造了一个大有可为的发展空间，为我国从制药大国变成制药强国提供有力保障。

三 企业标杆增动力

从整个医药产业的格局来看，我国正处于一个分化和创新升级的阶段。以前绝大部分企业集中在普通仿制药阶段，现在许多企业向高端仿制药和改良型新药迈进。国内一些企业，例如华海、正大天晴等，在高端仿制药方面获得了出色的业绩，以恒瑞为代表的一些领先企业，在改良新药方面取得了令人瞩目的进

展。未来，我国的医药行业必将融入突破性创新药的主流，将来会看到更多的中国企业、更多的原创性新药。

做"全球新"的创新药，国际化是必由之路。拓展国际市场，需要从"4G"迈向"5G"（借用德语的五个单词：Geduld 耐心，Geschick 能力，Geld 资金，Gluck 运气，Gelingen 成功），这"5G"对于药品的创新非常适合。每个新药的创制，都是长周期、大投入的巨大工程，需要很大的耐心，同时对于能力的要求非常高，不仅是研发能力、产业化的能力，还有对接相关产业转化资源的能力。另外，在资金方面，需要持续的高投入，还有研发过程存在很大的不确定性，有时候需要一点点运气，运气好了新药上市就很顺利，这四个方面都做到了，很可能成为一家非常成功的创新型医药企业。

1. 恒瑞医药

我国医药市场 40 年来的快速发展，为一些勇于进取的企业提供了成长的舞台，以恒瑞医药为代表的本土企业，执着创新、久久为功，成为行业内创新发展的标杆。恒瑞医药的发展历程非常值得借鉴，它成立于 1972 年，直到 1990 年还没有自己的技术，主要产品还是红药水、紫药水，以及一些原料药。那时企业面临转型，技术员出身的孙飘扬成为厂长之后，果断选择走创新的道路。后来他们花费巨资，购买中国医学科学院的创新药多西他赛，经过自主研发完成了产业化和商品化，在肿瘤领域占据了领先的市场地位。

恒瑞医药已经成为国内最大的肿瘤药和手术药研发企业，成为国内制药企业综合研发能力最强的企业，在行业内的多个排行榜上都是第一名。观察其成长曲线，20 世纪 90 年代在 A 股上市，当时只有 4 亿元左右的销售额，而 2020 年的销售是 277 亿元，复合增长率超过 20%，销售增长了 60 多倍，跨越了多个行业波动的周期。净利润的增长更是惊人，刚上市时只有几千万元，2020 年高达 63.3 亿元，增长 90 倍。这种持续增长，体现在创新方面，就是坚持既有战略不动摇，所以才取得了如今的成绩。转型之后，销售和盈利能力非常强大，销售利润率达到了 23.3%，并且持续走高，而整个行业的销售利润率只有 10% 左右。

恒瑞是国内第一家注射剂在欧美上市的企业，拥有发明专利200多个，1.1类新药3个，全国总共只有十几个。高质量发展凝聚了20多年的创新付出。

恒瑞的研发队伍遍布全国和全球多个地方，合计人数超过2000人。在发达国家市场上，认证自己研发的产品，获得相应批文的数量制剂有8个，原料有5个。恒瑞研发的产品许可授权给美国企业，也获得了比较高的收益，接近8亿美元，这是非常具有里程碑意义的收获。

在海外发达市场的销售额，占总销售额的比重为6.4%，虽然不高，但是对于中国企业来说也是一个很大的进步。通过自研的创新产品，进入发达国家市场，积累重要的市场资源和研发经验。

恒瑞的创新转型得到了资本市场的高度认可，在资本市场上的股票市值超过6000亿元（2021年），成为行业内遥遥领先的高峰。

2. 石药集团

石药集团是另一家值得学习的标杆企业。它的转型虽然有过挫折，但是非常成功。以前以做原料药为主，后来成功转型为创新药企，从业务增长看，2015~2020年年均销售额增长13%以上，净利润年均增长25%，其中创新产品是最大的动力，盈利能力大幅提升。2020年的销售收入超过249亿元，净利润51.6亿元，销售净利润率21%。业务结构发生了很大变化，创新药形成了一"超"多强的崭新格局。"超"就是在心脑血管领域1.1类新药恩必普，成为创新药的当家品种，贡献非常大。同时在神经系统、肿瘤方面也有多个创新产品，销售额增长迅速。恩必普在2013年的销售额还不到10亿元，2019年销售额近50亿元。这是国内首个年销售额超10亿元的创新药，它的发展过程一波三折，是很经典的创新药案例。

10年左右的时间，石药集团完成了业务转型的蜕变。2009年的销售结构中70%是原料，制剂只有30%，经过10年转型，制剂的销售比重达到73.4%，原料和制剂的结构颠倒过来了，制剂占主导。而且在制剂结构中，创新药的销售占比比较高，超过55%，利润占比更高，达到76%。现在它不再是一个普通的仿

制药企业，已经成为一个创新药的综合性集团。转型后的盈利能力今非昔比，当初以原料为主的时候，销售利润率只有 1.3%；2020 年，发生了很大改变，销售利润率提高了 10 多倍。

在深化供给侧改革的大背景下，医药行业企业面临着增长的焦虑，整个市场的平均增幅走低，最近几年都是低于 5%。而石药集团由于多个创新产品共振发力，业务发展继续超越行业波动，获得出色的业绩，在资本市场上的表现也非常抢眼。

这两家标杆企业给予医药行业很大的信心，只要专注于创新，加大投入，持续改进产品，中国的医药企业也可以做出优秀的创新药品。

在生物医药的大时代，更多的中国制药企业必将走上世界的中心舞台，除了这两家领先企业，还会有哪些？

抗癌药物的研发历程

白　芳

白芳，2020 年 7 月 16 日

　　癌症已发展成为严重影响全球民众健康的公共卫生问题之一。世界卫生组织国际癌症研究机构（IARC）发布的数据显示，2020 年全球新发癌症病例 1929 万例，癌症死亡病例 996 万例；其中中国新发癌症 457 万人，占全球 23.7%，癌症死亡人数 300 万，占癌症死亡总人数的 30%，均居全球第一。全球乳腺癌新发病例高达 226 万例，超过了肺癌的 220 万例，乳腺癌取代肺癌，成为全球第一大癌。癌症治疗包括手术、放疗、化疗、分子靶向治疗、肿瘤免疫疗法、细胞疗法等，手术治疗适用于部分恶性实体瘤，但无法应用于转移性恶性肿瘤，放化疗为更多癌症适应证带来可及的疗法，但伴随有不可避免的副作用。靶向治疗药物能够特异性地抑制肿瘤生长相关的调控因子或有助于癌症生长或生存的微环境等，从而抑制或阻断肿瘤进展，较传统化疗药物安全性更高、副作用更少，癌症治疗药物逐步由化疗药物演变至分子靶向药物再至免疫治疗。

---

*　白芳，上海科技大学生命科学与技术学院研究员。

一　化疗药物的类型与作用机制

化疗药物可以杀伤肿瘤细胞。这些药物能够作用在肿瘤细胞生长或增殖的不同过程，抑制或杀死肿瘤细胞。化疗药物治疗是目前治疗肿瘤的主要手段之一，但化疗药物因其不可避免地会杀伤正常细胞，存在较大的副作用。

传统分类法主要按药物来源和作用机制分类，化疗药物分为以下六类：

（1）烷化剂，环磷酰胺、异环磷酰胺、洛莫司汀、司莫司汀、塞替哌等。

（2）抗代谢类药物，氟尿嘧啶、甲氨蝶呤、阿糖胞苷、巯嘌呤等。

（3）抗癌抗生素，多柔比星、表柔比星、博来霉素、丝裂霉素、放线菌素D等。

（4）植物类药物，紫杉醇、多西他滨、伊利替康、长春碱、长春新碱等。

（5）激素类，泼尼松、地塞米松、他莫昔芬、来曲唑等。

（6）杂类，铂类、门冬酰胺酶、达卡巴嗪等。

根据抗癌药物分子水平的作用机制划分出以下几类：

（1）阻断DNA复制，该类药物包括以环磷酰胺为代表的烷化剂和亚硝脲类药物，它们破坏DNA的结构。博来霉素、丝裂霉素和顺铂等也可破坏DNA结构。

（2）影响RNA转录，如放线菌素D嵌入DNA双螺旋内，抑制RNA聚合酶的活性，抑制RNA合成。多柔比星嵌入DNA后，使DNA链裂解，阻碍DNA及RNA的合成。

（3）抑制蛋白质合成，门冬酰胺酶可将血清中门冬酰胺分解，使肿瘤细胞缺乏门冬酰胺，从而使蛋白质合成发生障碍，而正常细胞可自己合成门冬酰胺，受到的影响较小。

（4）阻滞细胞分裂，长春碱类抑制微管蛋白的聚合，使之不能形成纺锤丝，从而抑制细胞有丝分裂。

（5）拓扑异构酶抑制剂，DNA复制时，此类药物如伊利替康，与拓扑异构酶和DNA形成未定复合物，使DNA单链断裂，无法重新连接，DNA复制受阻，细胞死亡。

二 靶向药物的类型与作用机制

随着肿瘤生物学及相关学科的发展，研究发现细胞癌变原因之一是细胞信号转导通路的失调，从而导致细胞无限增殖。这导致了抗肿瘤药物研发理念的转变：抗肿瘤药物研发焦点从传统的细胞毒性药物转向可对肿瘤细胞内异常信号系统靶点发挥作用的特异性的抗肿瘤药物，即肿瘤靶向药物。不同于传统抗癌药物——细胞毒性药物，分子靶向药物以肿瘤细胞的特性改变为作用靶点，不仅发挥更强的抗肿瘤活性，同时还减少对正常细胞的毒副作用，大大改善了患者生存质量。

靶向治疗通常分为抗体类药物和小分子靶向药，作用于肿瘤细胞生长信号、血管生成、免疫逃逸等不同过程。抗体药物还包括成为近期研究热门的抗体偶联药物（ADCs）。

1. 小分子药物

小分子药物特指激酶抑制剂，通过抑制激酶活性，特异性地阻断肿瘤生长、增殖过程中所必需的信号传导过程，从而达到治疗的目的。小分子靶向药物具有分子质量相对小、给药方式多样、患者依从性好、生产成本低廉等优势，并且半衰期相对抗体药物较短，有利于减少持久的全身副作用，是药物研发管线的重要布局方向。

传统的小分子药物可分为多靶点抑制剂，如以索拉非尼和舒尼替尼为代表的药物，可同时抑制VEGFR1、VEGFR2、KIT、PDGFR-α等靶点，在肾癌、肝癌、大肠癌等疾病的治疗中显示出良好的效果。单靶点选择性抑制剂，则是药物分子特异性作用于肿瘤发生发展中的某一个关键因子，发挥治疗效果。早期的药物研究大多集中于寻找或设计作用于单个靶点的高选择性配体药物分子，但是针对单个分子靶点的药物在治疗疾病时通常很难达到预期效果或者有较大的毒副作用，且易产生耐药性。而多靶点药物可以多方面干预肿瘤发展相关的信号通路，克服单靶点药物的局限性，同时具有调节疾病网络系统中的多个环节、不易产生抗药性等优势。

2020年，美国食品药品监督管理局（FDA）共批准53款新药，其中化学小分子药物38个，而抗肿瘤药物达11种。迄今为止，FDA批准了近80种用于肿瘤治疗的小分子药物，如治疗肺癌的EGFR抑制剂：吉非替尼、厄洛替尼；ALK抑制剂：克唑替尼、色瑞替尼等；治疗乳腺癌的HER2抑制剂：拉帕替尼；mTOR抑制剂：依维莫司；CDK4/6激酶抑制剂帕博西林，等等；治疗淋巴癌的BTK抑制剂：依鲁替尼等。截至2020年底，我国批准上市的抗肿瘤新药16个，除4个PD-1单抗外其余均为小分子药物。

除了传统的激酶类抑制剂外，小分子诱导的蛋白质降解也成为一种强大的治疗策略，包括分子胶水和蛋白降解靶向嵌合体（PROTACs）。以沙利度胺、来那度胺、泊马度胺为代表的经典分子胶水定向E3泛素连接酶CRBN，从而使底物蛋白泛素化，继而被蛋白酶体系统（UPS）降解。与分子胶水的机制不同，PROTACs分子的一端与靶蛋白结合，另一端与E3泛素连接酶结合，利用中间的连接子（Linker）将靶蛋白"拉近"到E3泛素连接酶旁边，通过UPS系统实现靶蛋白降解。Arvinas公司开发PROTAC分子ARV-110选择性靶向和降解雄激素受体(AR)蛋白，用于治疗转移性去势抵抗性前列腺癌（mCRPC）。Ⅰ/Ⅱ期临床结果表明，ARV-110对携带AR T878或H875突变亚群患者具有较强治疗反应，5例患者中，4例患者的前列腺特异性抗原（PSA）水平降低30%以上，2例患者的PSA水平降低50%以上，其中1例经RECIST证实为部分缓解（PR），肿瘤缩小80%。ARV-471是另一款靶向雌激素受体（ER）的蛋白降解剂，用于治疗ER阳性和HER2阴性晚期或转移性乳腺癌，同样显示出良好的临床治疗效果。

表1 FDA 批准的用于肿瘤治疗的代表性小分子药物

药物名称	靶点	蛋白底物	适应证	是否在国内上市
lectinib, brigatinib, crizotinib, ceritinib, lorlatinib	ALK	Tyrosine	非小细胞肺癌	是，否，是，是，否
Venetoclax	BCL2	BCL2	慢性粒细胞白血病 急性粒细胞白血病	否
Bosutinib, dasatinib, nilotinib, ponatinib	BCR - ABL	Tyrosine；CAMK	慢性粒细胞白血病	否，是，是，否
Imatinib	BCR - ABL	Tyrosine；CAMK	慢性粒细胞白血病 急性粒细胞白血病	是
Vemurafenib	BRAF	Serine and threonine；CAMK；NEK；TKL	黑色素瘤	是
Dabrafenib	BRAF	Serine and threonine；CAMK；NEK；TKL	黑色素瘤 非小细胞肺癌 间质性甲状腺癌	是
Encorafenib	BRAF	Serine and threonine；CAMK；NEK；TKL	黑色素瘤	否
Acalabrutinib	BTK	Tyrosine	套细胞淋巴瘤 慢性粒细胞白血病	否
Ibrutinib	BTK	Tyrosine	慢性粒细胞白血病 套细胞淋巴瘤	是
Zanubrutinib	BTK	Tyrosine	套细胞淋巴瘤	否
abemaciclib, palbociclib, ribociclib	CDK4 and CDK6	CMGC	乳腺癌	否，是，否
Pexidartinib	CSF1R	Tyrosine	腱鞘巨细胞瘤	否
Afatinib, dacomitinib, gefitinib, osimertinib	EGFR and HER family	Tyrosine	非小细胞肺癌	是，是，否，是
Erlotinib	EGFR and HER family	Tyrosine	非小细胞肺癌 胰腺癌	是
Neratinib	EGFR and HER family	Tyrosine	乳腺癌	否
Lapatinib tosilate	EGFR and HER family	Tyrosine	乳腺癌	是

续表

药物名称	靶点	蛋白底物	适应证	是否在国内上市
Gilteritinib, midostaurin	FLT3	Tyrosine	急性粒细胞白血病	否，否
Erdafitinib	FGFR family	Tyrosine	尿道上皮癌	否
Ruxolitinib phosphate	JAK family	Tyrosine	骨髓纤维化	是
Imatinib, sunitinib, regorafenib	KIT	Tyrosine	胃肠道间质瘤	是，是，是
Enasidenib, ivosidenib	IDH1 and IDH2	Tyrosine	急性粒细胞白血病	否，否
Binimetinib, cobimetinib, trametinib	MEK1 and MEK2	Serine and threonine; TKL	黑色素瘤 非小细胞肺癌 间质性甲状腺癌	否，否，是
Everolimus	mTOR	Serine and threonine	乳腺癌 神经内分泌肿瘤	是
Temsirolimus	mTOR	Serine and threonine	肾细胞癌	否
Entrectinib, larotrectinib	NTRK1, NTRK2, and NTRK3	Tyrosine	NTRK 融合阳性肿瘤	否，否
Olaparib	PARP1 and PARP2	Poly (ADP-Ribose) polymerase	乳腺癌 卵巢癌 输卵管癌	是
Niraparib, rucaparib	PARP1 and PARP2	Poly (ADP-Ribose) polymerase	卵巢癌 输卵管癌	否，否
Talazoparib	PARP1 and PARP2	Poly (ADP-Ribose) polymerase	乳腺癌	否
Alpelisib	PI3K	Phosphatidylinositol 3-kinase	乳腺癌	否
Copanlisib	PI3K	Phosphatidylinositol 3-kinase	滤泡性淋巴瘤	否
Duvelisib, idelalisib	PI3K	Phosphatidylinositol 3-kinase	慢性粒细胞白血病 滤泡性淋巴瘤	否，否
Crizotinib, entrectinib	ROS1	Tyrosine	非小细胞肺癌	是，否
Glasdegib, sonidegib, vismodegib	SMO	Covalent antagonist	基底细胞瘤 急性髓性白血病	否，否，否

药物名称	靶点	蛋白底物	适应证	是否在国内上市
Selinexor	XPO1	Covalent antagonist	多发性骨髓瘤	否
Axitinib	VEGFR multikinase	Tyrosine; CMGC; TKL	肾细胞癌	是
Cabozantinib	VEGFR multikinase	Tyrosine; CMGC; TKL	甲状腺髓样 肝细胞癌 肾细胞癌	否
Lenvatinib	VEGFR multikinase	Tyrosine; CMGC; TKL	甲状腺癌 子宫内膜癌	是
Pazopanib	VEGFR multikinase	Tyrosine; CMGC; TKL	肾细胞癌	是
Regorafenib	VEGFR multikinase	Tyrosine; CMGC; TKL	大肠癌 胃肠道间质瘤	是
Sorafenib	VEGFR multikinase	Tyrosine; CMGC; TKL	肝细胞癌 肾细胞癌	是
Sunitinib	VEGFR multikinase	Tyrosine; CMGC; TKL	胃肠道间质瘤 胰腺癌	是
Vandetanib	VEGFR multikinase	Tyrosine; CMGC; TKL	甲状腺髓样	否

2. 单克隆抗体药物

抗体药物是发展最快的生物药物，极大地丰富了创新药物市场，其中抗肿瘤抗体药物占主导地位，已成为治疗血液恶性肿瘤和实体瘤最成功和最重要的选择。自 1997 年第一个治疗癌症的抗体药物利妥昔单抗被美国 FDA 批准上市以来，已有 32 种抗体药物获批用于癌症治疗，其中 6 个品种已在我国上市。抗体药物可通过受体阻滞或激动剂活化、诱导凋亡，或药物／细胞毒药物的输送等方式直接杀伤肿瘤细胞，也可通过免疫介导的细胞杀伤机制，包括补体依赖的细胞毒(CDC)、抗体依赖的细胞介导的细胞毒(ADCC)和 T 细胞功能的调控等方式间接杀伤肿瘤细胞。相对于传统手术治疗及化疗、放疗等治疗方法，抗体药物治疗肿瘤具有特异性好、毒副作用相对较小、依从性好、半衰期长（1~4 周）、利用自体（自身）免疫系统发挥疗效等优势。

已上市的抗肿瘤抗体药物涉及 20 多个靶点，从上市药物的靶点分析来看，抗肿瘤抗体热门靶点主要集中于 PD-1/PD-L1、HER2、CD20、VEGF/VEGFR、EGFR。以 PD-1/PD-L1 和 CTLA-4 为靶点的免疫检查点抑制剂备受关注，其中 PD-1/PD-L1 是目前肿瘤药领域最热门的研究方向之一，共有 6 款药物获批上市，包括：Nivolumab（纳武利尤单抗）、Pembrolizumab（帕博丽珠单抗）、Atezolizumab（阿特珠单抗）、Avelumab（阿维鲁单抗）、Durvalumab（德瓦鲁单抗）。

表 2　FDA 批准用于肿瘤治疗的代表性单克隆抗体药物

抗体名称	适应证	靶点	研发公司	上市年份
Retuximab （利妥昔单抗）	非霍奇金淋巴瘤、慢性淋巴细胞白血病、类风湿性关节炎	CD20	基因泰克	1997
Trastuzumab （曲妥珠单抗）	HER2 乳腺癌、HER2 阳性的转移性胃腺癌	HER2	基因泰克	1998
Gemtuzumab ozogamicin （吉姆单抗）	急性复发性髓性白血病	CD33	惠氏	2000
Alemtuzuman （阿仑单抗）	难治性慢性淋巴细胞白血病、多发性硬化症	CD52	美国健赞	2001
Ibritumomab Tiuxetan （替伊莫单抗）	难治性非霍奇金淋巴瘤	CD20	百健艾迪	2002
Bevacizumab （贝伐珠单抗）	转移性结直肠癌、非小细胞肺癌、胶质母细胞瘤	VEGFR	基因泰克	2004
Cetuximab （西妥昔单抗）	头颈部鳞状细胞癌、结直肠癌	EGFR	ImClone	2004
Panitumumab （帕尼单抗）	结直肠癌	EGFR	安进	2006
Ofatumumab （奥法木单抗）	慢性淋巴细胞白血病	CD20	GSK	2009
Denosumab （地诺单抗）	骨巨细胞瘤、乳腺癌和前列腺癌患者骨质流失	RANKL	安进	2010
Ipilimumab （依匹木单抗）	晚期转移性黑色素瘤	CTLA4	百时美施贵宝	2011
Brentuximab Vedotin （本妥昔单抗）	霍奇金淋巴瘤	CD30	Settle Genetics	2011

抗体名称	适应证	靶点	研发公司	上市年份
Pertuzumab（帕妥珠单抗）	HER2 阳性晚期转移性乳腺癌	HER2	基因泰克	2012
Ado-trastuzumab Emtansine	晚期或转移性乳腺癌	HER2	基因泰克	2013
Obinutuzumab（阿妥珠单抗）	慢性淋巴细胞白血病	CD20	基因泰克	2013
Ramucirumab（雷莫芦单抗）	晚期胃癌、转移性非小细胞肺癌、结直肠癌	VEGFR2	礼来	2014
Pembrolizumab（帕博丽珠单抗）	非小细胞肺癌、头颈部鳞状细胞癌、霍奇金淋巴瘤	PD-1	默沙东	2014
Blinatumomab（博纳珠单抗）	急性淋巴细胞白血病	CD3, CD19	安进	2014
Nivolumab（纳武利尤单抗）	转移性鳞状非小细胞肺癌	PD-1	百时美施贵宝	2015
Dinutuximab（地妥昔单抗）	神经母细胞瘤	GD2	United Therap	2015
Daratumumab（达雷姆单抗）	多发性骨髓瘤	CD38	杨森	2015
Necitumumab（耐西妥珠单抗）	转移性鳞状非小细胞肺癌	EGFR	礼来	2015
Elotuzumab（埃罗妥珠单抗）	难治性多发性骨髓瘤	SLAMF7	百时美施贵宝	2015
Atezolizumab（阿特珠单抗）	尿路上皮癌、非小细胞肺癌	PD-L1	基因泰克	2016
Olaratumab（奥拉单抗）	软组织肉瘤	PDGF-Ra	礼来	2016
Avelumab（阿维鲁单抗）	Merkel 细胞癌	PD-L1	辉瑞	2017
Durvalumab（德瓦鲁单抗）	尿路上皮癌	PD-L1	阿斯利康	2017
Cemiplimab-rwle（西米普利单抗）	转移性皮肤鳞状细胞癌	PD-L1	再生元	2018

3. 抗体偶联药物

抗体偶联药物（Antibody-Drug-Conjugates，ADCs）是抗体药物的一种特殊类型，通过化学反应，把传统的小分子抗癌药物与重组单克隆抗体（mAb）分子通过连接分子（linker）结合，形成的新分子。其中，抗体会特异性地识别并引导药物到达病灶，而偶联物一般可以在病灶部位酸性 pH 环境下发生断裂，或进入溶酶体中被分解，释放出活性的化药毒物，破坏 DNA 或阻止肿瘤细胞分裂，起到杀死细胞的作用。ADCs 可提高肿瘤治疗的选择性，还能更好地应对靶向单抗的耐药性问题，因此被认为是未来 10 年单克隆抗体（特别是在肿瘤靶向治疗领域）的重要发展方向之一。

2000 年，FDA 批准了首个 ADCs，Gemtuzumab ozogamicin，用于急性髓性白血病患者的治疗。其分子为抗 CD33 mAb 与小分子药物 calicheamicin 的结合体，也被称为第一代 ADCs，但是后期研究发现，与传统化疗药物相比，Gemtuzumab ozogamicin 并未显著改善患者的生存状态，甚至表现出更高的致命毒性。2010 年，辉瑞将该药撤出市场。

第二代 ADCs 更加谨慎靶向 mAbs 的选择，从而避开第一代的缺陷，并且具有更好的化学成分生产和控制（CMC）特性。截至 2020 年底，有两个第二代 ADCs 获批：brentuximab vedotin 和 trastuzumab emtansine，分别靶向癌抗原 CD30 和 HER2。

ADCs 已经进展到第三代，第三代 ADCs 可实现定向偶联，产生药物抗体比 DAR 均一的 ADC，一般每个抗体上结合 2~4 个毒性化合物的治疗窗最大，过低则抗体携带效率较低，过高机体易将其识别为异物从而快速清除，同时 ADC 药物为不同 DAR 的混合物，不同 DAR 的异质性将导致毒性的不确定，甚至存在未结合的细胞毒药物，造成脱靶毒性。第三代 ADCs 药物利用小分子药物与单抗的位点实现特定位置偶联，降低药物毒性，减少未结合的抗体，提高药物的稳定性和药代动力学效率。目前定点偶联技术主要有 Thiomab 技术、引入非天然氨基酸、半胱氨酸突变、硒代半胱氨酸、酶催化法等。截至 2020 年底，FDA 已批准 10 个

ADCs 药物上市。我国已获批上市了两款 ADCs 药物，分别是武田的维布妥昔单抗和罗氏的恩美曲妥珠单抗。除了已获批上市的两款进口 ADCs 药物外，研发进展最快的国产 ADCs 药物为荣昌生物靶向 HER2 的纬迪西妥单抗，处于上市申请中，用于三线治疗局部晚期或转移性胃癌（CA）（包括胃食管结合部腺癌）。

表 3　FDA 批准的 10 种 ADCs 药物

药物名称	抗原靶点	适应证	研发公司	上市时间
Gemtuzumab ozogamicin	CD33	复发性急性髓性白血病	辉瑞 / 惠氏	2010
Brentuximab vedotin	CD30	复发性霍奇金淋巴瘤	西雅图遗传学公司，武田制药	2011
Trastuzumab emtansine	HER2	曲妥珠单抗和美登木素生物碱治疗后的 HER2 阳性转移性乳腺癌	基因泰克，罗氏	2013
Inotuzumab ozogamicin	CD22	复发性或难治性 CD22 阳性 B 细胞前体急性淋巴细胞白血病	辉瑞 / 惠氏	2017
Polatuzumab vedotin-piiq	CD78B	复发性或难治性（R/R）弥漫性大 B 细胞淋巴瘤	基因泰克，罗氏	2019
Enfortumab vedotin	Nectin-4	已接受 PD-1 或者 PD-L1 和含 Pt 治疗的局部晚期或者转移性尿路上皮癌（成年患者）	安斯泰来 / 西雅图遗传学公司	2019
Trastuzumab detuxtecan	HER2	HER2 阳性乳腺癌	阿斯利康 / 第一三共	2019
Sacituzumab govitecan	Trop-2	转移性三阴性乳腺癌（成年患者）	Immunomedics	2020
Belantamab mafodotin	BCMA	多发性骨髓瘤	葛兰素史克	2020
Moxetumomab pasudotox-tdfk	CD22	复发性或难治性（R/R）毛细胞白血病	阿斯利康	2020

我国目前在研 ADCs 药物的靶点较为集中，处于临床阶段的药物主要涉及靶点为 HER2，其他靶点包括 c-Met、EGFR、Trop2、CD 20 等，如浙江医药与 Ambrx 联合开发靶向 HER2 的 ADCs 药物 ARX788 处于Ⅲ期临床，拟用于 HER2 阳性乳腺癌。另外，国内前期研究进展最快的 ADCs 药物，百奥泰的 BAT8001，用于治疗 HER2 阳性乳腺癌，公布的Ⅲ期临床试验结果表明，与对照组相比 BAT8001 未达到预设的临床目标，项目已被终止。

三 展望未来

靶向药物治疗依然是未来癌症治疗的重要手段，而靶向药物研发虽已取得较大的进展，但是对癌症治疗的大局观并未产生明显的积极影响。如小分子靶向药物，尽管存在超过 500 种的蛋白激酶，目前成药的靶点不足 5%，且多数是酪氨酸激酶抑制剂。除激酶外，较多在肿瘤治疗中有潜力的靶点却难以成药，如RAS。随着分子生物学、结构生物学、药物化学和生物信息学以及新技术的发展，研究人员将关注点逐渐集中于那些难以成药且潜力巨大的靶点，如 KRAS G12C 突变体的出现催生了 KRAS 变构抑制剂的研发热潮，AMG-510 已向 FDA 提交了新药申请（NDA）并被授予优先审查，用于治疗之前已接受过至少一种系统疗法、经 FDA 批准的检测方法证实存在 KRAS G12C 突变、局部晚期或转移性非小细胞肺癌（NSCLC）患者，或将于 2021 年下半年上市。同类型的 KRAS G12C 变构抑制剂 MRTX-849 在临床 I/II 期试验中对于特定突变的非小细胞肺癌患者疾病控制率高达 96%。另外，近期研究火热的蛋白质降解技术也使得多数传统意义上难以成药的靶点成为研究的新热点。

"早预防、早发现、早治疗"不能只是一个口号。研究表明有 1/3 恶性肿瘤是可以预防的，1/3 的恶性肿瘤如能早期发现并得到合理的治疗是可以治愈的，因此对恶性肿瘤有效预防和筛查，可以减少发病率、提高治愈率、降低死亡率。高通量液体活检是实现癌症早期筛查诊断的突破口，但是目前这项技术的研究面临检验灵敏度不足、缺乏液体活检的高特异性的分子靶点等瓶颈。科研人员以及药物研发企业或可将部分研究重点集中于攻克恶性肿瘤筛查及早诊早治液体活检关键技术，构建高灵敏度、高特异性、高效经济的恶性肿瘤液体活检早诊技术体系，对于肿瘤的防治具有更大的意义。

（上海科技大学博士后张向磊先生对本文也有贡献）

中国医改的经济学逻辑解读

陈志洪 [*]

陈志洪，2021 年 2 月 26 日

作为一名经济学学者，我非常关注医药领域的发展和改革，经济学与企业的发展相关，管理学与企业的策略有关。有些原理性的东西，如经济学原理、管理学原理，可以和行业的问题结合起来，借此机会从不同的角度做一些探讨，主要包括三个方面：

第一，从经济学分析医药和医疗行业，包括医药和医疗关系的问题；

第二，回顾中国的医改历程，梳理其中的经济问题和管理问题；

第三，针对医药领域的深化改革，结合几个案例做些分析探讨。

一　医疗行业的经济学特征

关于医药行业的特性，推荐大家读一篇经典文章，1963年诺贝尔经济学奖获得者阿德教授发表在《美国经济评论》

* 陈志洪，上海交通大学安泰经济与管理学院副教授。

上的《不确定性和医疗保健的福利经济学》。这篇文章，以及后来美国其他经济学家的论述，基本构成了医疗经济学的顶层设计。可通过这个角度了解医疗行业有什么特性，以及这些特性是怎么影响医疗行业的发展的。

医疗行业其实和教育非常相近，是一个市场失灵的行业。很多行业，用亚当·斯密的《国富论》来分析，可以用看不见的手（市场）、用竞争机制来推动发展，企业会自主地开展创新。但是也有一些行业，市场是失灵的，最典型的就是医疗和教育。这个市场失灵是什么逻辑呢？第一个就是外部性，医疗行业的外部性。最简单的例子，像现在的新冠肺炎疫情，假如你是病毒的携带者就会影响他人，这就是外部性。存在外部性的时候，就需要承担相应的成本，比如要打疫苗，否则你要为影响他人承担成本，如果拒绝打疫苗，政府可能强制你要采取行动（居家隔离，等等）来控制这个外部性。现实中有很多例子，例如2021年春节返乡，民众被强制要求做核酸检测，外部性的成本很高，这是负的外部性。

教育是一种正的外部性，教育行业需要补贴，每个国家对教育都有补贴，存在外部性的时候，市场机制有很大局限性，这是教育行业的一个问题。当然比这个问题更严重的是第二个特点——信息不对称，什么是信息不对称呢？日常生活中，各种产品和服务，有关它的质量、信息的问题，这个东西到底好不好、有没有危险性之类的信息，卖的人很可能知道，买的人基本上是不确定的，两者之间信息不对称。根据这个特点，可以把生活中的各种商品分为三类：

（1）所见即所得。看到这个东西就知道质量，比如这个杯子，或者矿泉水，基本上知道这个东西没问题，安全有效。

（2）有的东西需要尝试以后才知道，这个叫作经验品。比如电影，看了你才知道好不好，陈老师的课到底精彩不精彩，听完以后大家才有体会。

（3）还有一些是信任品，用完以后你都不知道，教育就是这样。老师说的对不对，你知道不知道，其实真的不确定。

医疗行业是典型的信任品行业。在现实生活中，各种产品和服务，有时是复合型的，比如到餐馆吃饭，色、香，你可能刚进去就能感觉到，但是好不好吃需要尝试了才知道，然后里面有没有食品安全问题，可能永远都不知道，你只能信任，或者要由专业的机构进行监管，这种特点在医疗行业也存在。客观地看，人类发展到现在，还是有很大的信息不对称问题，有一句名言"有时治愈、常常帮助、总是安慰"。也就是说，我们对疾病的认知和相应的治疗手段还是非常有限的。医疗行为存在信息不对称，医生看病，他对你的诊断是不是及时，有没有过度治疗，检查是不是必需，然后给你开的药物或者治疗方案是不是准确，等等，这些你都不能准确知道。医疗行业一定是基于信任，如果医生单纯从经济效益来考量，很多事情肯定就偏离初心。

由于信息不对称，所以引入相应的经济学概念。其实两个重要概念最早是在1963年的那篇文章里提出来的，一个是道德风险，另一个是逆向选择。道德风险就是如果有信息不对称的问题，有一方会做一些过度的事情，比如过度医疗。在春节前和一家企业聊天，一家药企找了一位院长去做报告，院长说现在很多基层医院的效益不错，患者很多，现场去看了以后才发现是怎么回事。很多老年痴呆症患者在那里吊盐水，其实这是一种无效的医疗，而通过这种方式，基层医院的效益提高了，患者也不清楚，医生和患者讲这样对缓解病情有帮助，他们就接受了，感觉还挺好，这就是一种道德风险，要查起来是很难的。

另外一个是逆向选择。有时候掌握信息的一方，可能会做一些特别的事情，比如在买保险时，当了解到自己的身体状况有些潜在问题时，投保的积极性会增加。这是阿德的文章里面提到的，整个医疗行业因为信息不对称，市场也会失灵。

当然还有一个很大的特点，医疗行业充满了不确定性的需求，谁也不知道明天会有多少人生病、什么疾病高发。从经济学角度出发，面临着不确定性的时候，有简单的应对方式，大多数人厌恶风险，希望不好的情况出现时，能够把损失控制在一定的范围内，这就是风险厌恶，怎么办？买保险。所以，全球的医疗行业基本上都有保险，既有政府主导的，又有商业保险，这样大家觉得很放心。这是我们理解医疗行业，以及相关的医药行业的一个基石。

在此基础上分析医疗行业，这是一个简单的利益相关方模型，首先是需求，来自患者，然后医生对患者提供相应的医疗服务。在中国，医生基本上是在医院工作，由医院统一来管理，这是中国特色。近几年开始实行多点执业。但是在一

些发达国家，特别是美国，医生和医院不是雇佣关系而是合作关系，那是另外一种市场化的模式。

在医疗过程中，患者需要做的检测以及治疗所需要的药品，都是由药企来提供的，药企提供相应的药品和保障供应器械。还有重要的参与方医保，它为患者的全部或部分费用买单，并对医疗行为和医药产品产生一定的影响。每个国家的医保差异很大，有些国家如加拿大，是全民保险，我国已经建成多层次的医保体系。

在利益相关方模型中，主要有三方：医疗、医药、医保。其中存在高度的信息不对称，特别是药品的质量、疗效、安全性，都有信息不对称，医疗的及时性、准确性，也存在信息不对称，这是医疗行业非常突出的特性。

2009年以来，我国推进了新一轮改革：三医联动，即医药、医保、医疗联动，很多改革牵一发而动全身，甚至引起体制的重塑。

医疗行为中，药品的特性主要有两个方面。一种药品是创造需求、体现价值，比如胰岛素，还有格列卫等创新药。白血病几乎就是一个绝症，以前的生存率不到30%，通过格列卫靶向药的治疗，生存率提高到95%以上，癌症变成可控的慢性疾病，这种药品的商业价值就显现出来了。另一种药品是消灭需求、体现价值，最典型的是吉利德的丙肝药物，通过彻底治愈疾病，体现了创新药的巨大价值。

二　我国医药改革路径解析

中国的医药行业，早期在体制管理上存在很大问题，类似九龙治水，一项改革往往涉及多个部门，最典型的就是药品领域，2018年国家机构改革之前，药品相关的管理部门有多个，一个是上市的管理，归属药监；还有就是支付，支付归属卫计委和人社部，它们各管一块；2015年之前，药品的价格管理还是由发改委管控。这样多头管理的影响很大，典型的例子，2016年国家刚开始医保目录谈判，外企参与的积极性不高，因为这是由卫计委组织，它不管医保支付，药品销售后企业的资金回笼没有保障，外企当然没有积极性。在改革的过程中，国家成立了医改办，承担着协调各部门的职能。

新一轮医改从 2009 年开始，《中共中央国务院关于深化医药卫生体制改革的意见》发布之后进行过很多探索，2015 年的 44 号文件是重要的分水岭，鼓励创新、对接国际规则，在很多方面有突破，卫健委、药监、医保基本上把产品从上市到定价到支付，以及报销等全流程进行了整体优化，比如药品定价和支付管理全部统筹到医保，新一轮的深化改革，特别是药品领域，很多由医保来主导。药监领域的改革动作也很大，下文再展开讨论。所以在医药行业，药品的上市和企业的 IPO 非常类似，拿到一个新药批文，对于医药企业而言就是一个小的 IPO，是重要的里程碑。

回顾医药领域的发展历程，有一个人绕不过去，他是郑筱萸。他作为国家医药管理局局长，在职 11 年，最后因为受贿被判处死刑。他主管的那些年对医药行业的负面作用太大了，与业内人士交流，在那个年代，企业没有创新动力，因为新药申报材料刚交上去，明天或者不到明天，可能当天晚上就出现在另外一家企业的案头上，也就是企业的创新没有得到保护。还有价格问题，当时的价格管理也是非常糟糕的，出了一些很严重的问题。

2005 年的郑筱萸事件之后，许多方面都比较谨慎。根据 2019 年 6 月 10 日《财新周刊》的封面文章"药还怎么审？"2015 年，滞留在药审中心的药品临床试验和上市等方面的申请高达 2.2 万件，而 2014 年药审中心的在编人员只有 115 人，其中技术审评人员仅 89 名。2017 年以前，29 个已经在欧美获批的新药在中国的上市时间，平均延迟 5 年到 7 年。与审评审批工作密切相关，上市国产药品的质量和疗效也深受诟病，没有全球原创的新药，仿制药质量参差不齐。截至 2016 年，中国所有获批的新药，属于新的化合物分子实体的不到 5 个。

2015 年之后，药企的创新积极性高涨，特别是生物药领域，通过加速新药的上市审批，国际上的创新药进入中国的时间大大缩短。电影《我不是药神》反映的现象：国外尽管有新药，但是进不来，产生了"真的假药、假的真药"的问题，这种状况在逐步改变。

2015 年开始的医药领域改革力度很大，近期比较关注的带量采购和医保谈判，是从那时逐步演变过来的。比较关键性的数据，2019 年我国的卫生总费用是 6.5 万亿元，占国家 GDP 的比例是 6.6%，与发达国家比较，美国高达 18%~20%，我国还有很大差距。随着经济发展，人民生活水平提高，以前满足最基本的生存问题，现在关注质量问题，所以大健康行业的规模肯定会不断扩大。所以，医药行业乃至大健康，会有非常确定的增长，只要能有效满足需求，行业发展的机会就很多。当然，在发展的过程中，医保的压力也很大，虽然我国的医保结余持续增长，但是随着人口结构的变化，老龄化比重不断增大，老龄化对于医保的压力有增无减。

基于花旗银行 2018 年的数据分析中国医药市场结构，其中包括医药行业的跨国药企的原研药和国产仿制药、中成药数据。2018 年之前的数据是实际发生的，2019 年之后是预测值。2018 年的市场结构中，仿制药的金额大约占 30%，其他的是中成药、创新药（专利药）、过期原研药。2018 年我国的仿制药金额占比太高了，对标国外，美国的仿制药，包括过期的原研药，处方量占比接近 90%，但是金额占比不到 20%。所以，分析这些数据发现，我国在仿制药方面，消耗了太多的资源。

它的预测有问题，对于我国仿制药未来的金额占比预测偏高。因为带量采购的新政策全面实施后，对仿制药的价格产生巨大的影响，仿制药的占比肯定不会持续提高。它是在国家推行带量采购政策之前预测的，那时没有预计到带量采购的力度会有这么大。发达国家的新药价格都有专利悬崖的现象，就是说当创新药过了专利期以后，市场价格就像从悬崖上掉下来，落差非常大。例如两个治疗高血脂的创新药，一个是 2006 年到期的可定，药价到 2007 年就降到谷底。另一个是立普妥，专利到期日是 2011 年 11 月，到了 2012 年，价格也降到谷底。发达国家市场基本上都这样，过了专利保护期，许多仿制药参与市场竞争，创新药的市场急剧萎缩。仿制药由于没有大量的研发投入，价格就低了很多。

发达国家市场上的专利悬崖现象非常普遍，但是我国没有这种现象。2018 年之前，市场上的大品种基本上是原研的，背后的逻辑就是在药改之前，中国的药品特别强调安全性，对有效性不是那么有把握。所以从 2016 年开始，国家启动了仿制药的质量和疗效一致性评价工作，然后推广医保带量采购。以前没有专利悬崖现象，因为患者也好，医生也好，对国内的仿制药质量心里没底，实际上就是信息不对称。现在要消除这种信息不对称，即保证质量，首先要验证仿制药的质量是一致的，这就是一致性评价。通过各种实验和临床试验，证明仿制药与原研药的关键指标是一致的。原计划要求三年之内，也就是到 2018 年 12 月 31 日，医保甲类目录（简称 289 目录）内的仿制药，如果没有通过一致性评价，原来的批文就自动作废。但是到了 2018 年年底，真正过评的品种只有 159 个品规，属于 289 目录的只有 55 个品规，品种数量不到 30 个。过评的 159 个品规中有 100 多个是 289 目录之外的，注射剂的品种早就主动做起来了，市场大的先做，这就是市场的逻辑。

所以，仿制药的一致性评价工作没有达到预期，根据实际情况，监管政策和企业行为都在做调整。

三　带量采购与医保谈判

1. 带量采购

仿制药的带量采购完全超出预期。2019 年，上海市首先做了试点，初步制订新的招标规则，没想到中标的药价平均降幅 52%，最高降幅 96%，结果公布之后，资本市场上的医药行业 180 指数两个工作日下跌了 10%。大家对价格的降幅有预期，预期下降 20%~30%，没想到结果降了 50% 多。后来这种方式很快推广，先是扩大地区覆盖面，后来扩大品种数量，截至 2020 年底已经进行到第五批。每批的价格降幅都很明显，平均都在 50% 以上，最高的超过 90%。同时，原研企业的参与策略在调整，前两轮，有些原研企业参与竞标，但是从第三批、第四批的情况来看，外企的参与度在下降。前不久向一家外企的管理层调研，他们的产品纳入第五批，到底要不要参与，企业内部非常纠结。2021 年初，国务院办公厅发文，明确药品的带量采购将常态化、制度化，政策的预期非常确

定，企业如何面对，需要权衡机遇和挑战，需要承担一定的风险。

带量采购是针对通过一致性评价的仿制药，过评数量达到两家甚至更多，就纳入采购的"篮子"。刚开始的时候，有独家获评的也进入带量采购，后来认识到，如果过评的数量不多，竞争就不充分，于是完善规则，要求过评的企业满足一定的数量。没有过评，或者过评数量很少怎么办？2020年有些省份在做试点，摸着石头过河。

除了药品之外，医疗器械也开始带量采购。而中成药和生物类似药也要集采，这种方式必将成为医药行业的常态。

应对带量采购的基本逻辑，我调研许多药企后发现，就是保护市场，对于一些企业来说，招标的品种就是它们的生存线，一定不能丢。最典型的例如北京嘉林和浙江京新，两个降血脂的他汀类药物都在集采目录里，它们80%的销售额来自这两个药物，不中标就影响到生存，所以价格的降幅非常大。

除此之外，降价更猛的是正大天晴的恩替卡韦。我调研过正大天晴，他们原来每盒卖10元，现在卖1元以下，降了90%多。以前定价太高了，这个品种年销售十几亿元，对于企业有很大贡献，现在要回馈社会，用更低价格服务更多的肝炎患者。成都倍特也降了90%多，还有信立泰的氯吡格雷。当然信立泰没想到后来集采扩围时，中标的是原研企业赛诺菲，信立泰二级市场上的股价下跌很多。其中的逻辑很简单，如果对招标的产品依赖度很高，就要尽可能低价中标。

企业在参与投标时，会考量哪些因素？典型的案例，阿斯利康把吉非替尼的价格降得很低，是因为它们的二代新药上市了，一代药已经占据市场，和医院建立了良好的合作关系，在保护市场的基础上推广二代新药，这是一种逻辑。

分享另外一个案例，氨氯地平在"4+7"集采时中标的是浙江京新，浙江京新原来不生产这个产品，但是后来生产了，中标价每盒0.15元。还有一家更狠的，集采扩围时降到每盒0.08元。扬子江也有这个品种，这个公司考量过，竞标价格实在太低了！但是它的产品的市场口碑很不错，综合比较后决定放弃投标，只做医院外市场，到药店或者其他渠道销售，这是本土企业的代表。类似的，辉瑞有两种原研药，立普妥和络活喜，集采没中标但是销售也不错，我查询过，立普妥 28 片 146 元，大概每片 5 元，比中标价高出很多。类似这些药，如果企业的品牌实力足够强大，是不是一定要大降价？可以权衡。

带量采购有没有赢家？有家年轻的企业——四川汇宇制药，网上有它的招股说明书，共有 365 页。这家公司位于四川省，创始人丁兆 1985 年生，15 岁去英国读中学，帝国理工本科毕业，24 岁在剑桥大学毕业，是药理学博士，25 岁回国创立四川汇宇制药。2014 年公司首次通过英国 GMP 认证，2015 年 7 月，它的全资子公司英国海玥药业通过欧盟药品放行资质认证，同年自主品牌抗肿瘤注射剂在欧盟实现规模化销售。公司自有或授权合作方持有海外批件超过 100 件，在近 90 个国家签订了合作协议。公司的第一个产品就是培美曲塞，当时是出口，被视为一致性过评，独家中标后，培美曲塞 2020 年预计销售超过 10 亿元。而 2016 年不到 3000 万元，2019 年带量采购中标以后，销售 1.5 亿元，2020 年上半年 5.3 亿元，增长速度非常惊人，毫无疑问它是集采的大赢家。2021 年，汇宇制药申请在科创板上市。四川汇宇的其他品种多曲他塞，2021 年也将被纳入集采，这家企业的创始人很有天分，起点高、做得好，机会总是留给那些有准备的人的。一家初创的药企，平均而言没有 10 年甚至更长的时间很难盈利，而这家企业创立 10 年，销售过 10 亿元，利润超 3 亿元。

这个成功的案例说明，只要有足够的创新能力，做好充分的准备，我国的医药行业确实有变道超车的机会。它的招股说明书有很大的可信度，因为是给投资人看的，这里面有很多经验和启示，特别是最后一句话，"长期来看，企业的质量、价格、品种线的丰富，是决定企业综合创新力的核心要素"。

简单地做仿制药价值不大，我们以前做过降血脂药的价格比较，即使"4+7"的中标价格也比美国的仿制药高。简单地做仿制，没有太多商业价值，但是如果能够先人一步，控制成本，专注于某个领域并做到极致，这对于企业而言就有价值。带量采购推动医药行业的市场规则发生了很大改变，原来拿到药品批文是关键，没有批文就没有入场券，拿到批文相当于 IPO 成功，剩下的就是搞定医院、药事会。当然不同的人有不同的套路，只要做好几家医院，市场就有

保证，但是现在的市场规则变了，带量采购直接绕开药事会和医院，不需要在市场营销上投入，但是对质量和成本提出更高的要求，包括对产品线的丰富度、对企业的经营模式也提出了新挑战。

整理从"4+7"开始，每批集采的关键内容，招标规则在不断地修正和完善。为了鼓励充分竞争，避免企业的降价动力不足，组织者优化市场配置规则，价格低的优先选择区域，后来先选还不够，价格最低的选择两个区域之后，其他企业再轮流选择，这种改变激励企业的价格竞争更加充分了，是一个积极的变化。

另外一个变化是中标的企业数量显著增加。例如过评企业数量有 10 家时，最早的规则是十进三，第二批变成十进六，第三批十进七，第四批十进八，政府希望给更多的企业提供中标机会，也有利于供应保障和安全，通过这些规则的演进能够了解政策的导向。

还有一个变化是带量问题，这个问题在第三批之前很突出，对于医院来说，不想带量，因为完不成要考核，完成了也没什么好处，后来的规则调整为结余激励。基于医保资金结余部分给医院奖励，这个规则就有吸引力，医院的积极性提高了，不仅仅是公立医院，甚至民营医院、零售药房都一起参与，所以，到了第三批、第四批，有的省份申报量比上年的采购量大很多。

2. 医保谈判

我国的创新药品医保谈判从 2016 年开始，当时谈判的品种数量很少，企业的积极性并不高。以前有个别的谈判品种降价后，发现市场销售没有达到预期，特别是外企，参与的积极性就下降了。但是，2019 年企业的积极性提高了，到 2020 年更是有了彻底的变化，谈成率很高，价格平均降幅为 50.64%。

经过数据统计，从 2018 年、2019 年来看，谈判的品种进入医保目录，虽然价格下降很多，但是销量成倍地增长，销售金额也有提升，看到这种效果，企业的动力就增加了。

分享一个具体例子，罗氏的西妥昔单抗以前谈判没成功，但是 2018 年谈成后进了医保目录，第二年销量增长4倍以上，通过进入医保目录快速占领市场，给了企业很大信心。2020年的医保谈判，刚开始网传有700个品种，最后实际谈判时只有100多个，企业参与的积极性都很高。

我们曾经分析价格和销量的关系，其中有一个指标弹性，降幅多少，销量增长多少。可以寻找一个医药场景，看市场上这些创新药的需求价格弹性如何。但是不同的药物，如肿瘤药物和其他慢性病药物的差异很大，后来选择肿瘤靶向药。整理数据之后，发现差异很大，没有统一的规律，虽然弹性数值都很高，都是1以上，高的达十几倍，但是也有低的，价格虽然降了50%，但是销量只增长10%~20%。

为什么肿瘤药物的弹性是这样的？分析和访谈之后了解到，肿瘤药是救命的药，为了延续生命，难道还计较价格吗？价格降下来以后，销量确实有非常显著的增长，其中的逻辑是什么？为什么价格对救命的药物依然有促进销量的效应，这说明什么？在价格很高的时候，需求就很低，因为这些原创的新药，价格很昂贵，每年动辄十几万元，甚至几十万元，很多家庭无法承受。进入医保目录后，只有一小部分需要自费，这样很多家庭可以承受了，所以需求确实有明显的增量。

研究的基本结论是，需求价格弹性为2~4，这个数字是基于3年左右的数据，也就是说，价格降一半，需求量增长3倍左右。这个数字和收入分布有很大关系，也就是原来每年需要付十几万元的时候，能够承受这个费用的家庭数量，和降到自付只需要3万~5万元时可以承受的家庭数量成反比关系，从这个角度理解肿瘤药物的弹性。

讨论一个具体案例，有很多的医疗问题至今没办法解决，甚至没办法回避。也就是说，所有的创新药，医保能不能都覆盖？中国乳腺癌患者的类型有哪些？HR阳性的占比60%，患者通过内分泌药物和靶向药物来治疗，这是最多的人群。另外一部分就是HER-2阳性，占比30%左右，代表性治疗药物是赫赛汀。赫赛汀2017年进入医保目录，最后个人支付的比例非常低，每年只需几万元。而治疗HR阳性的药物爱博新，2018年在中国上市，每年需要30万元，2019

年医保谈判没有成功，而 2020 年谈判的资格都没有，这就产生了一个巨大的反差。两种药物，一个是 HR 阳性的药物，治疗大多数的患者，进医保还是不进医保，对于患者而言天壤之别，对于医疗资源来说也事关社会公平。国家的基本医保目录不能覆盖所有的创新药，但是这些问题不能回避。

所以，从经济学角度，建议进一步鼓励商保介入，通过大力发展商保来有效满足多层次的市场需求。

创新药物研究的机遇与挑战

张　健[*]

张健，2020 年 7 月 16 日

借此机会与大家沟通讨论有关创新药研究的话题。过去十几年我在药物研发领域积累了一些想法，最近几年，不管是产业界还是学术界，对药物研发都有了新的认识，在新的制度框架下，创新药厂慢慢有了更多的机遇。

创新药物是人类最复杂的智力活动之一，是国际竞争最为激烈的领域，反映了一个国家生命科学领域的综合实力，受到许多国家的高度重视。国际和国内药物研发的过程基本类似。我国在过去十几年，乃至二十几年的时间内，在某些环节上打下了非常好的基础，不管是软件还是硬件，都为我国制药企业开展创新药物研发提供了良好的外部环境。

一　药物化学与创新药物研发

从各种报道上，可以看到我国基础研究有些突破。无论是体系上，还是技术上的一些理念，这些突破慢慢地会传导到药物研发上，此时开展创新药物研发是一个非常好的契机，

---

*　张健，上海交通大学医学院特聘教授。

把原来的基础研究和现在的药物研发比较好地衔接起来。在药学领域，药物开发主要是药物化学和药理学，其他的学科在药物研发环节还是一个辅助性的学科。药物化学在我国过去 20 年占有主流的位置，研发机构招人先招药物化学人才，初创企业要靠药物化学人才研制还没有上市的药物，那个年代新药研发都是药物化学驱动的。以前在药物研发的时候，往往以这个为起点，因为大部分的靶标都来自国外已经上市的创新药物，已经明确了这个靶标确实对相关疾病有逆转或者改变效应，我们只需要通过专利突破，或者其他的思路来获得原有的改进和后续的研发，所以，药物化学在过去 20 年一直是我国药学领域的带头学科。

药物研发的入口有很多，但是出口往往只有一种，就是创新的药物在各个国家的食品和药品监督管理局获批上市。不同国家的标准不一样，美国的审批流程具有代表性，以美国为例，过去 10 年，美国批准新药上市的数量稳步增加，得益于新技术和管理体系的突破，包括基础科学的新发现，最后慢慢延伸到转化的出口，一些创新药物已经在无法逆转的疾病上有重大突破。

原创药往往是对某种疾病产生颠覆性，或者突破性的症状改善，甚至是治愈疾病。过去几年，原创药物占上市新药的比例上升了 5 个百分点，意味着以前的技术突破带来了良好的商业化。这类原创药在市场上获得的反馈往往非常大，一旦某个突破性的药物上市，它很可能迅速占据所针对疾病市场的大部分份额，新机制和新方法上的突破，带来优质的原创药，给人类的健康带来了不可估量的影响。

上周我在苏州参加一个学术会议，主要是在新分子的会场，大家激烈地讨论小分子和大分子药物的比例，以及未来小分子和大分子在药物研发和市场上的发展趋势。从数字上分析，由于生物药在过去二三十年里从无到有，而小分子药在过去 150 年之间逐渐成熟起来，生物大分子药物以两位数持续高速增长。但是，到了 2019 年，大分子药物的增幅与小分子药物增幅的差距缩小到只有几个百分点。展望未来 10 ~ 20 年，生物药的这些靶标，实际上已经达到所能覆盖的极限。比如一些中枢神经系统的药物，细胞内的靶标，或者细胞核的靶标，对

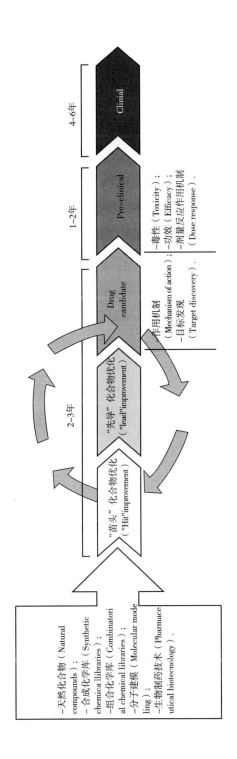

图1　创新药物研发活动的基本过程

于生物药来讲，目前还没有克服一些具体的困难。可以预期未来 10 年，生物药经过爆发式增长之后将进入平台期，而小分子药物由于在整个疾病治疗领域全覆盖，未来还是会占据整个药物研发的重要地位。

药物研发的投资方面，由于市场的增长，以及药物的稀缺性，主流领域的药物研发非常具有吸引力。从投资项目来看，投向肿瘤药的基金、产业基金，还有财务基金，占到投资总额的 48%，表明投资者对这类疾病抱有很大的热情，预期在未来 10 ~ 20 年内有产生一些突破的可能。

国际上药物研发处于增长态势，我国的变化也很快。每年我国药品审批的数量和领域分布都会有很大变化，如果没有较好的前瞻性布局，很容易在药物研发方面陷入有价无市的尴尬状态。

2017 年国家的药监部门（当时简称 CFDA）审批的所有新药，以化学仿制药为主，创新的地方只是在原有专利上获得突破，在突破基础上对化学 1.1 类新药的模拟创新。那个时候，我国的生物制品很少，甚至没有完全新靶标的药物。到 2018 年，国家对药品审评审批制度进行了很大改革，组织机构的名称调整为国家药品监督管理局（NMPA），可以进行国外和国内竞品之间的同步审批。所以，在中美或者中欧同时申报的药物大大增加了，挑战了我国药企在研发管线上的布局。2018 年，NMPA 批准上市新药 48 个，其中进口 38 个，10 个国产（其中替尼类 4 个、单抗类 4 个，仍然缺乏 First-in-class）。

监管制度改革后，我国有一些通过专利突破上市的新药，比如抗肿瘤药，以及在单抗上有一些突破的药。国内的药物研发领域，抗肿瘤药占据最大的市场，约占总量的 1/3。但是我国的人均药品消耗量非常低，不仅低于发达国家如美国，而且还低于经济状况不太好的俄罗斯等这些国家。

关于药物化学或者药学的发展状况，以及未来改善的过程，我国可能面临与国外企业在某个历史时间点上类似的现象。

制药工业成为一个独立的工业门类是在 1880 年之后。150 年之前，西方以英国和美国为主，这些工业化国家已经有了制药工业，而制药工业主要是工业化生产，以及基于理论的药物研发，而不是像中国、印度或者欧洲一些国家，通过

	19世纪末	1930s	1940s	1950s	1960~1970s	1980~2000s	2010年至今
国际	Ehrlich化学治疗概念奠定药物化学的基础；新有机药物的（含锑、砷药物治疟疾、梅毒、寄生虫等）有机药物治疟疾、梅毒、寄生虫等	百浪多息（Prontosil）等磺胺类药物出现	药物化学里程碑时代：青霉素等抗生素发展；Woods和Fildes抗代谢学说阐明抗菌药物作用机理；药物结构与生物活性关系的研究出现	药物作用机理和代谢逐步阐明，从化学结构本身到机制寻找新药；新化合物初步设计：治疗精神分裂症氯丙嗪和非甾体抗炎药	定量构效关系（QSAR）发展，分子力学和量化推进药物设计；受体和酶研究促进亚型特异性激动剂/抑制剂发现，癌基因概念出现，设计新型抗癌药	药物化学承前启后，继往开来的时代；组合化学配合高通量筛选大量使用；内源性活性物质类激素研究出现，生物技术药物研究出现并迅速增加	药物化学的创新关键时代：临床基因组、转录组、蛋白质组学的生物信息学大数据；冷冻电镜、动态NMR的蛋白质结构机制、表观遗传学、PD-1、siRNA等新的靶标类型；新型抗体疫苗等治疗手段
国内	我国汉代至清代的本草著作有数百种，内容丰富，各具特色，是我国药物的总结；新中国成立前我国没有药物科学研究，只有一些小制药厂或制药，化学原料药几乎全部来自国外			从无到有研发原料药，提高制备工艺，成为我国药物化学科队伍的头等大事重大任务	研究药物合成工艺，起步设计合成新结构的新药物；1977年公布抗疟药青蒿素结构	药物设计、组合化学和高通量筛选、制剂，药动、安全性评价等人才和平台建设明显进步，新靶标的发现和验证能力、先导物的新药发现能力和创新水平仍有很大差距	生命科学与生物技术发展迅速，部分领域与国际同步；药物合成成果提升，模仿创新成果丰硕；首创药物新药的研发获得更大关注

图2 国内外药物化学学科的发展历程

一些人的不断尝试，形成一些经验性的传统药物。

制药工业发展之后，第一个工业化的药物就是百浪多息（prontosil），基于这样的设计理念，类似的药物不断创新，而且化学、生物学，以及分子生物学、生物化学等学科陆续加入，让药学慢慢形成了一个独自的领域范畴。

药物化学新的里程碑是百浪多息之后的青霉素的发现，以及磺胺类药物结构上的变化，并且提出了药物化学的基本概念，建立药物的构效关系。后来，药物化学经历了多学科交叉融合的重要时代。

二 创新药物研发的新技术进展

变构使得蛋白实现上调或者下调的功能变化，克服了早期我们认为的一些酶不能被激活的一些困难，也克服了目前面临的一些PPI（蛋白质与蛋白质相互作用），以及一些亲和力比较高的功能位点不能被Touch（触及）的问题。

第一种是通过变构小分子的镶嵌，使得蛋白的构象发生变化，让原来可以结合底部的构象变得不可结合，从而实现对抑制剂的Block（阻断）。

第二种是在变构激动上，使得在原来位点上的底物亲和力更高了，催化循环更快，而这个如何实现呢？通过底位位点可以驱动激动的区域来实现。

总体而言，这种未来的变构药物，可以解决的问题就是高选择性抑制剂的开发，靶点、功能、激动剂的开发，以及面临这种蛋白可能无法成药的分子开发。

过去10年，是变构药物发展较快的时期。我在2009年回国，那个时候全球发现的变构蛋白数量只有154个，而且全部是偶然发现的，在蛋白种类上也非常随机。到了2020年，变构率有非常大的不同，这和我回国这10年开展的工作有些重合，也可能是巧合。

存在的问题就是这个变构位点是不是我们要获得蛋白的位点？有了位点能不能获得新的分子？一旦有这样的突破机会，我们就拥有了开辟药物研发赛道的能力。我们实际上不再需要在同一个靶标上跟随在别人的后面，而要开辟自己的赛道，悄悄地做，到准备好的时候，再宣告新的赛道比以前的还要好。

在整个药物研发的市场上，有三类问题蕴含着数千亿美元的市场，包括位点选择性的问题，需要激活的这些靶点问题，以及大分子相互作用的调控问题，每个问题的突破都可以带来巨大的市场空间，所以，这些问题是亟待突破的重大瓶颈，是能否真正做成药物的关键。

刚才介绍近 10 年的变化，非常大的变化是发现的蛋白结构的变构效应呈指数级增长，这个增长为药物研发提供了非常好的基础。但是在药物研发上，现在看到的上市药物都是 10 年或者 15 年之前开始启动研发的，而变构药物或者变构技术驱动的药物，从 2010 年才开始研发，最近的一个是 RBK，2018 年上市，估计 SHP2 可能在 2020 年上市，这是又一个变构药物。

变构领域为什么有如此快的发展？统计全球在变构领域研发的主要机构，对变构领域贡献较大的公司，有一个来自上海，隶属于上海交通大学医学院。它过去 10 年建立了突破变构发现的位点及小分子的一系列技术，从而在全球范围内实现了变构技术的领先。

这方面的研究有两个瓶颈问题，一个是如何发现变构点，我们在过去十几年积累的高内涵的变构数据上，形成了自己的变构组学框架，来完成对不同变构位点在不同体积上的识别，同时结合 AI 模型，从原始的高内涵数据衍生出来一些知识，用这些具有外延性的知识建立识别变构位点的方法，通过这种方法实现体积上的变构发现。另外一个问题是，发现这样的位点之后，如何获得变构化合物，在不同的问题上如何进行思考和突破。

分享一个案例，有个具有辅助蛋白去酰化酶活性的蛋白，它是一个表观遗传的蛋白，这个蛋白以前是同家族蛋白的一个兄长，曾被视为人类控制寿命的一个表观遗传蛋白。但是，随着近 10 年的研究积累，发现这个家族蛋白控制寿命的蛋白，实际上主要是第六个兄弟 SIRT6，它的控制主要是通过在 DNA 上的修复能力的增强来获得，通过几种不同的标签来完成调控。如何让它恢复随着年龄增大而衰退的功能，通过我们的研究工具，发现了这样的一个位点，并在这个位点上找到了一个具有功能的激动剂。通过大量的药物化学的研究，以及一些评价，我们发现这个激动剂能够实现在体积上比较稳定的化合物的输出，而且接近

PCC 阶段。

这是解决酶激动剂问题比较好的范例，除了酶的激动剂外，很多时候我们面临一些底物限制性过高的问题。

在技术快速发展的过去 10 年间，出现了不同发现领域的领先公司，这些公司更多地出现在美国，包括 2019 年上市的一些公司，主要是针对特定化合物产生的位点进行优化，凭借这个产品线，它们就在纳斯达克上市了。

总结一下整个药物研发要解决的问题，我国在已有高内涵的技术、高内涵的数据，以及筛选库的支撑下，可以实现对功能酶小分子激动剂的开发，可以对具有亚型选择性的酶抑制剂进行开发，以及实现蛋白与蛋白相互作用的开发，这些都可以帮助我们在先导化合物上实现突破性进展。在合成优化的高效性环节上有不同的产业公司，包括现在新兴的 AI 药物公司，可以帮助优化得快一点，还有一些 PKB 的公司，可以做各种各样的实验，这些都是在这个过程当中发挥作用的专业公司。

我们自己也做了一些工作，包括一些做环的方式，能够提高优化效率，或者提高稳定性，当然这些都是一些小的工业化问题。

关于疗效的可预测性，现在越来越多的创新药研发，把当前药物研发中在后期用到的技术前置了。比如一些三维的模型被应用在前期进行药物筛选，2015 年以来，具有高影响力的学术论文中这些模型都是必需的，这些是对于靶点是否在人体有效的一种很好预测。另外，一些生物学技术被标记之后在人体的分布及其药物药效能够被实时监控，由此就可能形成药物研发的新靶标，其在人体上的一些表征得到保障。除此之外，关于组合用药，一些药物研发公司和人工智能公司，采用了一些新的技术，但是还没有看到它们具体在药物研发上的突破性帮助。

三　我国创新药物化学发展的挑战和机遇

我国药物模仿创新的研究发展迅速。比较欧美 (G7) 和我国在药物化学经典

杂志 *J Med Chem* 上发表的论文数（第一单位），2000 年我国发表的论文数量只有 3 篇，而欧美国家超过 60 篇。随后 10 年间，我国每年的论文数量不到 10 篇；而欧美国家增长较快，2010 年的论文数量高达 220 篇。最近 10 年，情况发生了较大转变，我国的论文数量持续增长到 2019 年的 56 篇，占到欧美国家的 1/3，提高了国际影响力。

而我国首创药物的先导研究还处于起步阶段。比较欧美 (G7) 和我国在 4 种重要杂志上发表的首创药物先导研究论文数（*Nature*、*Science*、*Cell*、*Nat ChemBiol*，第一单位），近 10 年内，我国学者发表的论文只有 1~2 篇，与欧美国家的差距极大，反映了我国在基础研究方面还需要花很大力气。

我国创新药物化学发展的机遇巨大。人才梯队和学科建设欣欣向荣，取得的成绩有目共睹。另外，我国的资源优势显著，比如在临床病人方面的一些病种资源优势、临床资源优势，以及海陆天然产物包括菌类资源丰富的优势，这有利于获得新的靶标。除此之外，我国新技术、新方法上的突破，也可以很好地应用于药物研发，比如最近的一些分子胶水技术，一些延伸技术，这些都是在药物研发领域获得青睐的新技术。除此之外，我国合成技术具有高效性。在不同点上加速，可以助力药物的研发，在一些临床指征的预期性模型，在一些新靶标的模型等方面，早期介入可较早地获得足够的证据。另外，我国更加重视前瞻性的技术，而技术往往是突破一个领域的最大利器，也是新靶点和新分子实体研究的基础。重视 *First in class* 和 *Best in class* 的研究，需要融合多学科，而不是单单基于化学和传统的药物研发技术，高效融合才可能有效开展这种源头创新。

总之，新药研发是：千淘万漉虽辛苦，吹尽狂沙始到金。

管 理 篇

基于 5G 的智慧医院管理：
实践与未来

宁　光[*]

宁光，2021 年 3 月 10 日

　　我其实就是一名医生，上级组织让我做院长，我就做了。在 2020 年的新冠肺炎疫情期间，谁也没有想到，成千上万个临床试验（硫酸羟氯喹），最后是我们的临床做成了！不可思议的是，一个内分泌医生带队把一个新冠病毒的药物临床做完了。总结工作的体会，我认为最重要的是，做任何事情要把握好关键环节。当战略目标确定以后，就要讲策略和技术，需要重点研究战术，不要再单纯地讲战略。当战术确定以后，下一步的安排就是经费预算，有没有充足的预算？没有资金保障不可能做成事情。当预算确定以后，下一步就是架构，用什么样的架构和组织去落实这件事？最后，有了组织结构，能找对人吗？把合适的人安排进去，没有事情做不成。所以，真正把这四件事情做好，不可能不成功。

　　借此机会介绍瑞金医院近年来的发展思考和管理实践。

* 　宁光，中国工程院院士、上海交通大学附属瑞金医院院长。

一　医院的发展目标有哪些？

数字化在临床医学中发展迅速，智慧医学取得了较好的进展，对这个方面不展开讲。担任院长以来，我一直在思考瑞金医院未来要做什么。这是我跟瑞金职工反复讨论的，他们逐渐接受，但是还没有完全接受。我的工作体会是，一个领导者就是布道者，你要经常布道，我反复跟他们讲，讲医院的整体战略、未来向哪里发展。

使命：瑞金医院原来的名称是广慈医院，所以使命是广博慈爱、追求卓越。

愿景：面向未来、具有全球影响的亚洲示范性医院。为什么"亚洲示范性医院"一定要摆进去？这是习近平总书记离开上海时给医院的题词，为我们描绘了发展方位。

方针：幸福员工，高效工作。很多人问制订一个方针是不是很困难？其实并不困难。有一次同事的女儿跟我儿子聚会，我对小朋友讲我要当瑞金医院院长了，你们说说看该怎么做才能管好瑞金医院？他们说，吃得好、干得好、高效工作，让员工幸福。这些小朋友也在想，要高效工作，必须要有幸福感的员工。这句话就是这么来的，一场饭局上两个完全没有进入社会的大学生讲的，他们启发了我。如果在我们的医院职工中做调查，也会是这样：幸福的员工、高效地工作。

理想：瑞金医院的理想是在广袤森林中做缓缓流淌的静谧的小溪。生命会有湍流，人们会来看病，瑞金追求的就是将湍流逐渐变成平流，让生命静水深流，静到一根针掉在地上都可以听到。大家想想看，这种医院怎么可能会吵架、不安心？我们追求安心、安宁、安全，三个"安"，做安宁的医院、安心的医院、安全的医院。

瑞金医院追求的目标体系有多个层面：

全球医疗新技术缔造者和策源地。瑞金已经成为全球第二大经济体的最好医院之一，要是不能成为医疗新技术的策源地，情何以堪？

国家全生命周期健康服务示范地。来到这里之前我与万科创始人王石在一起，他正在推广大健康，想与我做些讨论。一个 70 岁的老头，比我大 12 岁，也是属兔，身体比我健康得多。他说 80 岁的时候还要再跟我一起吃饭。如何做好全生命周期的健康服务？这是非常重要的时代之问。

上海公共卫生应急和灾害救援地。瑞金医院要担得起这个职责，我们面对的命题是：在一个特大型城市的中心城区，如果发生公共卫生应急事件和灾害事件，瑞金医院怎么做？

社会急需的医卫健康从业者的培训地。瑞金医院作为一家高等级医院，应该给更多的医院培养合格的医务工作者。

总体来看，这四个角色定位"策源地""示范地""救援地""培训地"，就是瑞金医院的追求目标，我们以后就朝着这个目标去发展。

二　战略规划图如何绘？

明确了未来的发展目标，具体怎么管好医院？这是我当院长之后第二天晚上给职工发的微信：做好一个医院，就是要做到"BE-QUIET"。

"B"，Brand，品牌。广慈、瑞金双品牌，两大品牌都注册好了，已经成为专用商标。

"E"，Evolution，变革。一定要改变，要进步，就必须在原来的基础上往前发展，不能故步自封。

"Q"，Quality，质量体系。一定要建立瑞金内部的质量管控体系，保障品牌形象和内涵。

"U"，Union，有机整体。现在医院每个科室都逐渐成为一个小医院，这样要有一个 Union。以前没有想到会建成这么多院区，目前瑞金已有四五个院区，这也是一个 Union。我们院区是一体化运作、垂直化管理、同质化医疗。到处办医院，建家门口的医院，医生却是从柬埔寨来的，怎么行？服务必须同质化。但要达到同质化的医疗，最重要的就是一体化的运作、垂直化的管理，所以要建运营中心。院长不可能每天都到嘉定或苏州、无锡等各个院区，怎么办？确定的重

要工作都要做，发生的重要事情院长都要知道，这是运营中心的目标。另外，科室之间合作，医生之间合作，彼此也要形成一个真正的联合体。

"I"，Intelligence，智力智慧。现在和可预见的未来，还是要由有智力的人来指挥有智慧的机器，而不是用有智慧的机器驱动没有脑子的人。王石先生和我讨论，你担心什么？我说不担心，他说他也不担心。你们想过5000年甚至万年以前的大熊猫是怎么想的吗？没有想过。但是大熊猫现在不是被保护得很好吗？你们为什么不想将来的机器人，也会把现在的人类保护起来？我们就成为"保护动物"了，想吃什么喝什么都行，让它们干活，我们吃香的喝辣的，我们就成为"大熊猫"了。这个观点非常有意思，但现在还是要由有智力的人指挥有智慧的机器，而不是反过来。"数字化××""智慧××"，往往都是把人的力量给取消掉了，这是不对的，一定要把人的力量加进去。

"E"，Efficiency，提高效率，事情才能越做越好。

"T"，Technology，技术至上。对医院来说，最重要的是技术，就是要治病救人，病人来了马上就能治好，这才是硬道理。

关于智慧医院的战略规划，制订了完整的顶层设计。

顶层是规划目标，四位一体：策源地、示范地、救援地、培训地。有人认为这是吹牛，我听到后不生气，而是到他办公室反复跟他讲为什么要这样。就是要让大家的认识高度统一，盯准目标。

支撑医院发展目标的是一体化智能指挥中心，这个中心不需要建设一个物理空间，在手机上完全可以实现。

另外，达成目标需要实现一体化运行、垂直化管理、同质化医疗。包括仁济医院、六院等许多医院，都有这个想法，都认识到了这个重要性，但怎么做到？我与医院的绩效办商量上年的奖金该怎么发，既然是一体化的运作，每个院区的奖金就应该一样，但是原来的基础不一样，怎么整合成一样？这些都是技术性问题，要努力做到。

要做到有效的管理，首先，需要应用新技术，5G、物联网、大数据、云计算、人工智能等，使用新技术要有专业人才，必须有人做这些事情。其次，建设云医院，然后是智慧医疗，面向医护工作，最核心的是业务流程重塑。不能按原来习惯性的思维来做，必须重塑医疗流程。但是重塑的过程非常艰难，因为大家不愿意改变习惯，只好用个简单办法，就是不断到办公室跟他沟通，你要改变，你要改变，你要改变！这是一个院长要做的事情，永远跟你谈你要改变，为什么要改变，怎么改变，你会得到什么，你必须一起走，谁也不能掉队。智慧管理是面向管理者的，它提供了一种更高效的管理方式。

但真正要做好流程重塑，关键在于基础层，它最为重要。统一的数据标准、统一的数据治理、统一的数据标注、统一的服务中心，所有东西都要统一。以前有的医院向我们申请，想成为瑞金医院的新院区或新的分部。如果双方同意，签个字就好了。但是，成为瑞金医院的一部分之后，要做什么改变？不知道！现在最基层的标准明确了，就是数据统一。我们确定几个统一，做不到数据合并，就不是真正的医联体。基层的事情做好了，就可以真正做到协同，线上线下融合、智能化、平台融合，这样就能实现共同的发展目标。

这份战略规划图，医院内部每个季度的务虚会上都会重点讲，坚持不变，一遍遍地讲。因为只有这样坚持，大家才能形成共识，达成重要的行动共识，这是变革必须要做的事情。

三 智慧医院管理如何建？

关于 2021 年的建设目标。在整体规划图上，不同的色块代表此项工作推进的进度要求。黄色的工作必须在 2021 年内做完，浅黄色的是持续要做的事情，白色的是已经做完的工作。框架内的工作一项一项地推进，每个处室自己去做，每个星期汇报一次结果，检查进度和成效。

基础的信息化工作初步完成。比如多院区的 HIS3.0，是瑞金自己开发的，具有自主知识产权。还有 5G 智能影像中心、健康管理中心、3D 可视化指挥中心，都在建设过程中。建设这些中心不需要很大的房间，关键是信息整合的方式和效率，目标是一体化运行、垂直化管理、同质化医疗，这些是反复强调的发

展方向。

关于 5G，这是完工的图。现在瑞金医院的 5G，有 8 个 BBU 基站，90 台 RHUB 路由，800 台 PRRU 室分站。有哪个地方可以做到 800 台的室分站？8 个基站已经做完了，只用了 3 个月的时间。下一步，要做医联体，把宏站做起来。

什么叫智慧医疗？智慧医疗的战略是什么？刚才讨论的是智慧医疗如何做的战略，那么下一步，智慧医疗将会变成什么？

我们基本的考虑是，新网络、新设施、新终端、新平台。做到泛在联结、全面感知、智能进化、数字孪生。所有数字，都是可以孪生的，大家可以用，所有地方都是泛在联结的。800 个路由器已经在瑞金安装好，泛在联结很容易完成，但现在要转网，可能要转到联通的网络上，与联通一起做。

未来医院将深度融合、延展。具体表现在以下几个层面。第一，云上瑞金，在云端上的瑞金。我们跟太平洋保险已经签约，设立瑞金太保互联网医院，已经拿到许可。瑞金是第一家提出跟保险公司完全连在一起的医院，未来共同做互联网医院。现在第一笔资金已经到位，将会进一步深化落实。第二，集群瑞金，所有的院区或分部实现一体化运营和管理。第三，居家瑞金，按照中国人的习惯，医院会逐渐扩展，但肯定不是无限制地扩展病床，而是扩展到家里。把整个上海居民家里的床变成瑞金的床，到那个时候，瑞金就会增长 5 倍，可以在家庭里开设 5000 张床位。在医院内讲这个设想，有的人可能不相信。现在医院的核定床位有 3600 张，增加一倍的床位，完全有可能。因为只要有整体目标，只要医院的小目标与国家大目标是合拍的，跟党中央是保持一致的就行。具体怎么做？瑞金医院已经成立医工交叉工作坊、3D 打印中心、智慧医疗研究中心、智慧代谢工程中心、智慧医疗研究院，这些都在成立并且实施的过程中。当发展目标确定以后，有预算资金保障，还要有合适的组织架构，同时找到合适的人，统筹这四个方面的工作，重大的事情就一定能够做成做好。

5G 新基建上的智慧医疗，将来医生端怎么做？怎么做到"居家瑞金""云上瑞金"？患者端怎么做？以总院为龙头，分院怎么建，然后专联网怎么做，需要一遍一遍地画，画完以后大家讨论。这是总体的蓝图，它必须画得清清楚楚、不断完善。智慧医院的战略愿景，云上瑞金，哪些地方需要上云？描绘出来，一个个去做，最后就会有很大的不一样。然后推进"集群瑞金"建设。相信在未来3~4 年之内，在长三角许多地方，会发现"瑞金"的品牌很常见。10 年前，我推测每家医院都会建设 MMC（Metabolic Management Center，标准化代谢性疾病管理中心），很多人不相信：这怎么可能？现在全国至少有 1000 家医院都有 MMC。这些管理中心不是挂一个牌子就行，必须按照我们的标准来做，连标识腰线都规定好了，402 个 SOP（后来增加到 600 多个），按照这个标准做，否则就不是 MMC。将来院长的管理很轻松，管理驾驶舱就够了，其他都不需要。关于"居家瑞金"，我们已经与一个养老社区签约了，养老社区将拿出 2.5万平方米的空间，建设一个 200 张床位的医院，容纳 1000 多位老人。这样第一个"居家瑞金"就开始落地。将来绝对不是单独做一个医院，而是做"居家瑞金"，要解决居家的技术难点，确保安全，有紧急报警、智能手环、视频监控、智能床垫、血压检测、健康检测等等。

四 智慧管理带来哪些变化？

以上是瑞金医院在智慧管理方面的整体思考，从具体实践方面分享我们已经做到的主要工作。

登录专门的移动终端，可以查询瑞金医院最新的收入、患者就诊人数等许多数据，有实时监控、运营管理、分析报告、设备产出、手术资源利用、房屋面积等多个模块，每张床位、每个手术室的使用状况，都可即时了解。

以前有些科室申请购买大型仪器设备，认为它们的经济效益好。例如 CT室，经过数据分析发现，不必购买新设备。分析 CT 的使用效率，每台 CT，住院患者现在的平均等待时间是 1.5 天，信息系统刚刚上线时，平均等待时间是一个星期，现在效率提高了很多。有些患者看好病以后，医生会开单子，要求一个月以后回来随访，因为这个间隔，所以等待时间会长，再加快就没有多少空间了。关于出报告的时间，只要点击查询，就知道哪个医生出报告比较快。各类效率数据很充分，例如，每天患者的平均等待时间、CT利用时间，从相关曲线可以看到瑞金医院的医生从早上6点就开始工作了，一直到中午12点，工作量减少，下午又上升到高峰，随后一直工作到23点。CT的使用率曲线显示，原来这个峰是先上去再下来，然后就没有高峰了，科室提出CT不够用，要买新的，就因为这个波动。研究这个曲线，把下午和晚上的时间利用起来，晚上也做CT检查，比如住院病人，可以错峰在晚上做，路程远一些的住院病人下午来做，所以不必购买新的机器，总体效率提高了30%。

以前很多科室主任提出空间不够用，其实所有科室面积的数据都在网上，比如内分泌科，总共配置了6000平方米，但是只使用了2500平方米，还有4000多平方米没有使用好。再不好好使用、提高效率，就要加强考核管理。每个科室的面积都是拿个皮尺去测量，不能仅仅听他们汇报，否则信息不对称。

关于手术室，有的医生抱怨瑞金的手术室不够用、很紧张，紧张什么？因为你没开刀。有的科室自认为手术多，你做多少手术现在随时随地都知道，点击进去可以查询哪个医生做了多少手术，某个手术室的使用状况，可以知道手术室在什么时间有人在做手术。所以有的医生很奇怪，刚下手术台的时候就收到一个短信"感谢你，11点才下手术台！"他们很好奇院长怎么知道，还以为是护士给院长打的电话。有了这些大数据，医院"发现"了尘封多年的手术室。所有这些信息，都在手持的移动终端里，很容易管理，而且是实时管控。

医院的业务数据动态更新。可以随时查看医院的总门诊量，还可点击查询每个科室的数据，内分泌科室今天的门诊量可以到1000人。这是从上午开诊到现在各科室的门诊人次排名，这个数字动态刷屏。瑞金医院所有仪器设备的使用状况都在里面，数据一目了然。

再看看瑞金北院的状况。业务量进步很快，环比增长达到92%。但对我们来讲还不够，还要发展。可以多维度挖掘数据，每个医生每个科室的数据都有，每个床位每个手术室的数据都有。我与外科主任沟通，新大楼里是否要增加手术间，他说不需要，因为感觉够用了。管理的观念已经发生了变化，不是简单地增加数量，而是更加关注使用效率。

　　管理分析报告可以自动生成，每周一次。例如，本周入院人次环比增长 10%，达到去年周平均的 126%。有的人觉得很奇怪，控制门诊均价不超过 540 元，瑞金可以精准管控到 539 元，完全符合考核指标要求。因为有大数据，管理可以做得很精准。

　　这些是瑞金已经做到的事情，将来会进一步加强更泛在的联结，把仪器设备使用得更好，把人力资源使用得更好，智慧医院的管理争取再上新台阶。

新时期医药企业应该怎么办

裴　钢 *

裴钢，2019 年 11 月 22 日

一　药物发现的道理与新思维

在药物发现的历史上，不同早期文明的传统医药和中医药相似，都是解决人的健康问题，但很难把身体和精神分开。早期的西方药物，基本是以植物药为主，但是我国的中医药博大精深，发展出了植物药、动物药、矿物药，好像所有的东西都能入药。无论怎样，中医作为中华民族的特殊实践，作为几大传统医学之一，对中华民族文化的贡献很大，从整体医学的角度，需要加强对中医药的学习。但是有些不确定的是社会营运模式，还不清楚到底做什么比较合适、能够可持续发展。

传统的药物大多是小分子，例如阿司匹林和吗啡，这些经典的药物一直使用到今天，临床上还是非常好用。现在的大分子药物很热门，我国企业该怎么办？做不做，怎么做？2019 年全球的 Top10 重磅药物中，小分子只有 3 个，大分

* 裴钢，中国科学院院士。

子药物已经成为盈利主流，销售增长最快、定价最高、盈利最好的就是大分子药物，因为有很好的盈利和增长，所以许多企业都想进入，舍不得放弃，但是要想做好也是非常困难的。

预计 10 年之后，细胞治疗、基因治疗也许会成为主要的模式。在药物发展的过程中，基因治疗曾有一波热潮，但是后来出了一点事情，就耽误了。于是就轮到干细胞，日本将其作为国策来推进，使得干细胞治疗似乎发展到了基因治疗的前面。但是从整个药物发展的化学属性来看，从小分子药物到大分子蛋白药物，再到基因治疗（即以核酸为基础），它们是一脉相承的。蛋白药物是由许多的氨基酸组成，核酸药物是由许多的核苷酸组成，大的逻辑上是相通的。从这个角度上看，基因治疗包括基因编辑，可能是下一个增长点，发展非常快速。

过去两三年，行业内对细胞治疗半信半疑，医药企业在生产和销售等方面都不成熟。细胞是一个基本生命单元，细胞里面有一个世界，一个细胞世界里面的活动是非常多元和复杂的，暂时还难以掌握和驾驭。然而细胞治疗的最大好处，就是细胞有可能会形成扩增，是其他小分子和大分子药物所不具有的。但是世界上还有一种生物现象，就是病毒。病毒本身就是存在的生命（尽管要依赖于细胞），所以以病毒为载体的基因治疗也可以扩增，可以表达成大分子蛋白。由此推测，基因治疗会很快发展，或将超过细胞治疗成为下一个增长点。虽然我是细胞生物学会的名誉理事长，又参与了许多干细胞的工作，但还是要在更大的尺度下思考问题。这是两个机遇点，从可生产性、可销售性，产品的质量控制和稳定性、作用和机制的明确性而言，基因治疗和细胞治疗都是较好的发展方向。

回到逻辑的大框架，医学和药学是科学，但是医药领域不完全是科学，有化学，也有哲学。科学要讲道理，要有证据，所以现在有一种科学方法是循证医学，这个道理非常重要。但是在中国，道是道，理是理，有所不同。

药学里面有若干个道理，首先是生理，一个生命体的生老病死都有它的道理。生理如果有异常变化，就变成了病理，这两个理是做药的基础。做药还要讲药理，还有一点是药三分毒，任何一个东西少了不行，多了也不好，可能有害，有害的机理叫作毒理。所以生理、病理、药理和毒理四大理是非常重要的，缺一

不可。药物本身是一个可以被鉴定的客观存在，有其化学基础。所有的药物都有化学基础，细胞药物也有化学基础。化学基础方面，包括无机化学、有机化学（涉及大多数药物），还有一个最难的是物理化学。做植物药的，还有一个植物化学，研究植物中的化学组分。

更专业的是药物化学，药物化学属于生物化学，还是属于有机化学？对于实力强大的药企，生物化学和有机化学合成这两块都要强，才能对各种药物有深刻理解，才能做好药物的研发和质量管理。即使是中药，也有化学基础，中草药化学包括植物化学、生物化学、有机化学等。如果药物化学的基础不牢，就会原地踏步、难于突破，更难进入国际市场。

天然产物和组分中药的研究十分复杂，与酒类的研究有些类似，谁都想知道到底有哪几个指标可以鉴别好喝的茅台酒。现在可以从大数据和人工智能出发，根本不用考虑含有多少不同的化学成分，就是做图谱，不光是化学图谱，还要有生物图谱、功能图谱或者多组学大数据。一个产品的质量控制，不能不靠化学，也不能仅靠化学。将来的生物医药，包括抗体药物，使用后可能需要检测生物反应，包括细胞的反应。细胞的反应最简单的检测方法就是基因组表达，现在也可以进行蛋白质组检测了，这两个组学的反应检测构成了任何一种复杂药物最简单的、可以重复的标准。所以药物科学都有一个基本点，就是化学和生物学的基本规律，所有药物在这一点上都是相通的。

面对疾病的挑战，特别是对于复杂疾病，非线性的复杂疾病，很难找到一个有效靶点，甚至没有特定靶点。如果还是沿用传统逻辑，一定要找到一个充分有效的靶点，从而研制出一种特效药。实际上，这里有一个必要和充分的哲学概念，有很多因素是必要但是不充分的。AD（阿尔茨海默病）就是典型的例子，每个报道的致病因素很难被证伪是非必要的，但更加难以证明（作为有效靶点）是充分的，因为必要的不一定充分。这种复杂性疾病还有很多，对于人类最大的挑战就是这些复杂性疾病。这也许是中国药企面临的机会，也是一个更复杂的、在更高层面上的挑战。

人类历史上能够做出巨大变革的往往是处于中间的力量，因为处于顶端的常常安于现状、不思进取，而处于下端的即使想改变也往往实力不够。最有可能做出改变的就是处于中间偏上的力量，有动力又有一定的实力，一旦有好的领导和正确的战略就能改天换地。

我曾经在一次演讲中问大家是否知道有一个叫 85 度 C 的品牌吗。85 度 C 与众不同的是既卖面包又卖咖啡。虽然卖咖啡不如星巴克，但是它有面包；虽然卖面包不如法国品牌，但是它有咖啡。这是综合优势也是一种差异性定位。所以做 ADC（抗体偶联药物）有优势，什么原因？类似 85 度 C，可能你的抗体不如同类的好或者一样好，或者你的小分子药物不如同类的好，但是你做的是 ADC，抗体偶联药物啊！大分子药物和小分子药物有许多排列组合、提供了许多机会。这虽然不是什么了不起的原始性创新，但是有极大的成功机会和盈利可能性，为什么不去做呢？

还有一点，要非常重视数据，特别是大数据的整合。将来的发展首先看：有没有大数据中心？现在的终端基本上是移动的，能不能收集到各种各样的实时数据？可靠性和私密性如何？另外，使用大数据不是简单的信息收集和存储，重要的是通过大数据的挖掘和利用来指导下一步工作，指导未来的行动。与其他行业一样，生物医药也离不开大数据和人工智能的推动。

二　新时期医药企业的战略思考

我国医药行业的创新面临三大挑战。

第一个挑战，临床试验、临床研究能力严重不足。我国生物医学特别是生命科学的基础研究以及原始创新的进步很快，但是在临床方面确实存在短板，这块短板不会在短期内补齐，但是要努力补齐。

第二个挑战，研发带头人未形成规模效应。人才，尤其是领军人才急缺，领军人才带领团队的综合领导能力不强，企业的研发力量与重点发展方向、市场销售盈利点的结合不紧密，等等。

第三个挑战，研发资金匮乏和投入严重不足。怎么应对这个挑战？产学研

资结合，逐步解决这个问题。

关于产业的政策环境，医药企业更应该重视研究国家政策。例如，审评审批制度、许可持有人制度、两票制试点、医保带量采购、按疾病诊断相关分组付费，都很重要，还有海南博鳌的医疗试点，全国共有五个国家医疗试点项目，还有一个动态更新的医保目录。应对好上述三大挑战，用好国家的各种政策，是增强企业竞争力的必由之路。

在上海的一次会议上，我提出"上海应该怎么做"？上海医药产业有这么多人才、这么好的技术、盈利这么多，能不能多投入一些研发资金？投入是基础，没有资金是做不成事的。有了投入，还要做好三件事情，战略、人才和企业文化。

战略很重要，没有好的战略绝对不行，战略只有正确才能成功。刘备三顾茅庐请诸葛亮，诸葛亮首先拿出来的是《出师表》，《出师表》就是阐明三分天下的战略。明初朱元璋平定天下也是用好了谋士朱升的"高筑墙、广积粮、缓称王"的战略。做企业还是要实实在在，讲战略也要讲战术。战略里面包含战术，只讲战略不讲战术，战略是苍白的。但是只讲战术不讲战略，那样会迷失大局，没有出路。

战略确定之后，关键就是人才，得人才者得天下。不是没有人才，而是缺少得到人才的机制。我有一段亲身经历，1994 年回上海参加中科院和德国马普学会的联合招聘，那天答辩之后去静安宾馆用餐，在车上我讲了一个故事：古代有一个皇帝非常想要一匹千里马，找了十年也没找着。一个谋士主动请缨去找，没过几天就回来了，说是找到了，但是去晚了，千里马刚刚死去，他还是花了五百金把马骨带回来。皇帝听了非常生气，但谋士说，我花五百金买千里马骨，就是向天下证明皇上要千里马的真心和决心。果真不到一年，皇帝就得到了三匹梦寐以求的千里马。由此可见，得到人才和使用好人才不是简简单单的事，下多大功夫都不为过。

企业文化也非常重要，一家企业能否成为一家伟大的企业，与企业文化有关。企业文化一定要追求卓越，不追求卓越就没有上进的动力。还有同舟共济，大家在一条船上，要互相关怀和支持。党委的工作也很重要。企业文化的形成与巩固不能只靠规章制度，让上下达成共识的价值观和道德伦理等无形的力量不能低估，很多时候反而是无形胜有形。

还有个建议，企业要特别关注国家的中长期发展规划，特别是积极争取国家的战略支持，在国家级实验室、国家中长期发展规划、国家新药重大专项等方面，争取成为参与者和实施者。另外，还要发挥好上海的区位优势，政策高地带来人才高地，然后才能形成科技高地，如果能建设好这几个高地，企业一定会迈上新台阶，迈向高质量发展的新征程。

三 战略调整做什么、如何做

药物创新很重要的是知识产权，就是专利。这点在 IT 产业非常明显，华为、三星、苹果，都有非常强大的专利优势。生物医药产业也是如此，专利制胜，没有专利优势是不行的。医药企业最难的点就是知识产权，知识产权是企业的生命线。我国多数的大型药企是做仿制药发展起来的，没有知识产权或者很少，怎样合理地处理创新药和仿制药的关系是需要认真研究的战略问题。

我到同济大学做校长后，就一直苦苦思考：学校到底怎样发展？怎么在同济传统优势工科的强大基础上做到可持续发展？同济的传统优势学科都很硬、很重，能否在这么硬重的里面加上一点软的、新的学科，相辅相成、相得益彰？从中国制造到中国创造，一字之差，两件事情必须要做，一个是知识产权，另一个则是创意设计。这两件事情做好了，几乎对环境和能源没有新的耗损，但是使得中国制造的附加值大大提高了。当时同济在这两个领域培育出好的苗头，但仍需高度重视、大力扶持与积极推进。想好了就干，通过各方面的政策加以倾斜和优待，经过几年的努力奋斗，同济大学在这两个领域现在已形成国内外知名的学科和学院，它们成为同济大学的新名片。

还有一个难点，不当家不知柴米贵。例如上药的产业布局很齐全，从天然产物到中药、化学药物、仿制药，最近又布局了生物药，生物药中还有细胞治

疗、基因治疗。还有大数据、电子商务、人工智能、物联网等也在做，想同时做好这么多的事，真不容易啊！企业需要向专家、院士咨询发展战略，众说纷纭，有的说要做这个，有的说要做那个，往往无所适从。要有所为有所不为，不说什么不该为，只说什么东西应该为、应该努力去做并且做好。

举个例子，诺华制药在 10 年前，即 2009 年 11 月，宣布投资 10 亿美金在上海扩建全球第三个研发中心。2016 年诺华的全球高管齐聚上海，为研发中心揭幕。但是三年之后，高管们再次亲临上海，宣布关闭研究中心、停止早期研究，仅仅保留转化医学团队。我国众多医药初创企业，现在在资本市场上如鱼得水，他们很多当家产品不是从头开始研发，而是从大公司战略调整下来的品种中 License out。大公司常常进行战略调整，对领域、品种和产品进行战略调整，它们不可能什么都做，需要有所不为。它们调整下来的产品，经过大量的早期实验与筛选，大多数是好的。经过这么多年的创新能力培育，现在我国的企业也开始 License out 一些好的产品到国际市场上了。

进行战略调整非常重要，局部和整体的关系经常需要调整。例如细胞生物学，单细胞的生物早就出现了，但是从单细胞生物到多细胞生物的进化用了 10 亿年的时间。为什么？即使两个细胞在一起，是你听我的，还是我听你的？为什么现在结婚率很低、离婚率很高，因为家庭的两个细胞合不到一起。癌症是什么原因导致的？癌症是局部发生的变化不服从整体，只顾自己使劲长、利益最大化。结果怎么样，癌症发展到后来这个人就死了，人死了癌细胞还能活吗？这个道理说明战略调整虽然非常难，但是一定要做，而且要做好。

上药的主营业务可以分成三大板块：仿制药、中药和创新药。创新药涵盖大分子药，涵盖细胞、基因、病毒等方面的药。哪个板块更重要？哪个板块能舍掉？像同济大学一样，综合性大学的文科、理科、工科，对校长来说，哪个更重要？哪个优先发展？如果认定哪个板块都不能简单地舍弃，那该怎么办呢？对于三个板块，每个至少有 1-2 个龙头方向，每个龙头方向打造 2~3 个龙头产品，在行业内处于领先地位，这样企业就大有可为了。

关于中高级技术人员的比例，药明康德是 76%，科伦药业是 30%，恒瑞是

15%，而上药是 10%。这个比例在初创的高科技企业中非常高，初创高科技企业大多是由技术人员成立的，后面逐渐增加一些管理人员。医药企业的研发需要大量的技术人才，人才要成为企业战略的重中之重。

一家国际大公司的研发投入相当于国内许多药企研发费用的总和，但是这样大投入的实际效率并不高，所以一个重要途径是收购。不仅收购创新产品，而且连同企业一起收购。收购越往下游越好，产品成熟度越高，但是收购的价格越高。收购越往研发的上游，收购的价格越便宜，但是承担的风险越大。经营风格不同的企业，在每个细分领域，在哪个研发阶段进行收购或者合作研究，可以结合自身的特点做出战略选择。中国的药企，采取一些老药新用或新药老药联用的开发策略，可能会更有效。

我在同济大学主要做了两件事，一是提倡、鼓励"追求卓越"的精神，二是倡导践行"建设以可持续发展为导向的世界一流大学"的宗旨。现在的世界一流大学排行都用传统的逻辑，换一个逻辑行不行？什么是政治？政治不是喊口号，而是实实在在地做好主业就是政治。对于商业来说相对容易一些，归根到底，还是要在商场上决胜负，当然也要可持续发展。

再次强调战略调整的重要性。战略调整就是怎么把长板变得更长，必要时果断地去掉短板，并且把几个不长不短的有潜力的变为成长板。但是具体落实到某个板块上怎么操作，是非常不容易的事情，需要智慧和胆量。总体上战线不能拉得过长，才能在战略上有把控。

四　创新发展的战略对话

1. 对于大型医药集团，如何做好当家人？

第一点，找准企业现在的主要盈利点。二八定律是普遍规律，对于每个企业来说，哪些 20% 的单元产生了 80% 的效益，要抓准、抓好、用好这关键的少数，这样总量就不会下来，是一种效率最高的做法。往往我们盯着哪个不好，先去掉不好的，看到它们就不舒服；现在要先分析哪个最好，盈利点在哪。首先

把这些好的维护好、发展好，然后调整那些不好的就有基础、有余地，并且有保障。

第二点，判断未来的最佳潜力点。这么多的新技术、新模式，哪个点是最有潜力的？企业内部的资源有哪些限制，怎样争取社会上的资源，把有限资源集中到哪些重点上？这些潜力点，在战略上最好与现有盈利点有关系，使短期效益与中期、长期效益相辅相成、协同发展。

第三点，补齐短板。每家企业都有短板，最棘手的末位淘汰工作也要做，但是国企做这方面比较难，最好是党委出面，发挥组织的作用。以考核为基础，末位调整或者淘汰，这个时候最需要党政联手，联手就好做了。

还有一点，上药集团一定要有几个龙头企业和若干龙头产品，龙头的定位不清楚不行。同济大学的土木工程、建筑规划等学科就是龙头，提到这几个学科就会联想到同济，提到同济也会想到这几个学科。建立这种社会声誉和信誉非常重要，一招鲜吃遍天，企业也是如此。

2. 如何将优秀的人才聚集起来，把他们的创新活力激发出来？

企业的发展到底需要什么样的人才？不同的时期，不同的部门、单位、岗位需要不同的人才。大型企业需要大量的各种人才，特别是高级创新人才，一将难求。这样的人才为什么会来？来了能不能用得好、留得下、人尽其才？这些都要考虑清楚，规划好、落实好，形成规章制度和企业文化。实际上往往想要的人招不来，能够招聘到的又不适合。问题在于企业除了提供优厚条件和待遇之外，还要主动为人才解决各种各样的实际问题，例如小孩上学、买房、租房、看病等，增加一些感情投资。还有人才的选择标准，对于做实业做企业的，不是人才越顶尖越好，而是越合适越好。招到真正需要的合适人才，为其提供一些良好条件，给予其发展空间，他们就会努力干，会成长并成才。这样培养的人才不仅实用而且成本也不高。

人才有两种，一种是技术类人才，另一种是管理类人才。如何识人用人，里面大有学问。一般来说，技术类人才是有一技之长的能人，智商不会低，选干部要在这些能人里面挑好人，情商能够匹配智商的才能胜任。而管理人才做到一定岗位上，智商都不会低，这时就要选能做事、做成事的，就是好人里面挑能人。人才是多元化的，不会有固定不变的指标。就像筛选药物一样，不一定要选单一指标最好的（如特异性或有效性），而是综合考量，选成药性好的。在学校里也有类似的规律，将来在社会上大有作为的学生，往往不是学习成绩最好的前几位，而大致是排在前十名、发展比较全面均衡的学生。所以选人、用人之道是天下之大道。

3. 从仿制向创新转型，怎么突破才是比较可行的路径？

回顾人类的历史，对于医药而言，有待发现的治疗靶点不一定总是比已知的更好，许多好靶点已经被发现了。单纯依靠寻找新的靶点研制新药越来越不容易，可能唯一的潜在好处就是有独家定价权。对于人类的健康而言，正在用的许多老药还是非常管用的，药物的经济性也比较好。我们社会主义国家应当开展这样的工作，每年拿出专项资金，开展大量的临床实验，开展老药或老药组合与新药的药物经济学比较，这将极大地降低治病的成本，利民利家利国，为什么不呢？中国已经加入WTO，医药行业逐渐融入国际市场，我们必须保护知识产权，在研发新药方面力争做得更多、更好。另外，中国是最大的发展中国家，应该把老药充分利用好，把现有的靶点充分利用好。

上药有几个很好的产品，可以通过制剂技术改造药物并获得专利，这样就可以获得新的增长点，而且是实实在在、非常可靠的。这个逻辑包含刚才提到的第一个观点，巩固盈利点，获得更多更持久的利润。第二个观点就是布局变道超车。这两个点之间最好有某种联系，而不是完全分离的。

4. 有没有信心打造一个制剂领域的华为公司？

上海欧美同学会成立医药分会的时候，我曾和一个分会副会长，制剂出身的投资人讲，你们有强大的资本，能不能通过资本运作，创造一个中国药物制剂领域的"华为"？我请他们列出五个制剂做得最好的中国公司，然后将其中的

3~4个通过资本运作组成一个新的股份公司，这样就会产生规模效应，形成国际竞争优势。但是说说容易做起来难，各家都在打自己的算盘。

上海医药是个国企，国企在医药市场的作用还没有充分发挥出来，将来要与国际医药巨头、国内发展势头强劲的民企、高新科技企业形成三足鼎立之势，还有很长的路要走。其中最短的板块就是新药研发，研发投入太低，研发队伍实力弱小，因此在研发投入方面要下更大决心、花更大气力。临床研究这块也不强，市场销售好一些，但都还有很大差距。

上海医药近年来发展势头很好，开展了战略调整、组织调整、研发调整、市场调整，只要做到坚持不懈、持之以恒，就一定会越办越好！

生物药潮流下的企业战略

蔡景愚 *

蔡景愚，2020 年 5 月 21 日

一 生物药的热点和趋势

1. 生物药发展的态势

进入 21 世纪以来，生物药发展迅速，成为全球医药行业关注的热点。观察全球医药市场，全球生物药虽然只占市场总量的 1/4 左右，但是增长速度明显超过化学药。并且在全球 TOP10 的重磅药物中，生物药占据绝大多数，领先的态势非常明显，生物药成为炙手可热的明星药物。

相比之下，中国市场上除了化学药和大分子生物药外，还有中国特色的中药，生物药在中国市场的占比和全球的差不多，约为 20%，但是我国的生物药增长速度比全球更快，全球的增速为 8%~10%，我国市场上的增速达到 20%。中国是最大的发展中国家，生物药增长速度高于全球，这也是很多全球公司高度重视中国市场的原因，中国市场的体量和高增长是其他国家不可比拟的。

---

* 蔡景愚，普华永道管理咨询合伙人。

但是分析中国市场上最畅销的十大药品，只有一个产品是生物药，还有一个产品是中成药，其余80%的产品还是传统的化学药。中国人口基数大，我国的医疗开支受到一定制约，新药的快速增长虽然有客观需求，但还是受制于医疗服务的进步和医疗费用控制的现实基础，一些较为昂贵的生物药的使用率不可能达到发达国家（广泛使用）的水平。

2. 行业发展的关键动因

全球和中国医药市场上的生物药都在高速发展，背后有哪些因素起作用？回顾医药行业的多层面推动力量，主要有以下几方面。

第一个是政策。2015年，药监局大刀阔斧地深化药品审评审批改革，那个时候发布的征求意见稿和出台的政策很多，行业内要频繁应对监管政策的变化。现在以国家医保局为主导继续深化改革，这些都是政策的重要推动力量。

第二个是技术。20世纪90年代，人类基因组计划正在实施，全球科学家联合起来，历时13年，投入30亿美元，完成人类基因组的测序工作。但是现在任何一个中国居民，只需要2000元人民币，就可以获得自己的基因组测序，这种技术上的进步，也在极大地推动医药市场发展。

第三个是新的进入者。传统的分销、制造，都有一些新的商业模式、新的进入者，这些新生力量进入之后，对原来的价值链和商业体系产生一定的推动作用。

回归医改本质，中国的医改最有代表性的关键词是"腾笼换鸟"。一方面，需要把更多的创新药物引入中国，另一方面，需要增大对全中国14亿人口的广覆盖，两方面需要投入，而财政的力量有限，所以必须管控支出。必须对某些方面加以挤压，才能达到平衡，这就是为什么要管控辅助用药、严管抗生素的滥用，推动仿制药一致性评价，完成过评后，还要全面推进带量采购。这些举措都在节约医保资金，如果不能有效省钱，哪来的资源将创新药引入中国？哪来的14亿人口广覆盖？要提供更好的医疗服务，这是改革的主旋律，未来5~10年不会变化。

具体地，政府最关心的目标有三个：一是提高可及性。不仅是药品的可及性，而且是医疗服务的可及性，所以分级诊疗这些事情都在推进。二是鼓励创新。封闭的自我保护不可能孵化出真正的"全球新"，所以监管政策与国际接轨，把我国的研发力量对接全球的创新体系，反而带来更好的发展局面。三是控制费用。建立一个能够相对公平，并且可支付的医疗生态体系。

与生物医药相关的政策很多，也经常在优化。政策调整的目标是结构性调整，即腾笼换鸟，既有用药结构的调整，又有支付结构的调整，也可能从治疗向一部分预防倾斜，特别是在新冠肺炎疫情之后，对疾病预防的投入肯定会越来越大。所有这些不同领域的结构调整，会重塑中国医药的市场格局。

理解政策的基本走向之后，中国的生物药市场保持了年均20%的增长，市场规模持续扩大。专家预测，生物药未来仍将保持较快增长，增速一部分来自外企，创新的生物药快速进入中国，还有一部分来自中国本土企业研发的创新药。

生物药或者生物制品，通常分为四类，以及其他一些产品。第一类是以胰岛素为代表的重组治疗蛋白，大概占25%~30%的市场份额。第二类是疫苗，新冠肺炎疫情之后疫苗受到了高度重视。第三类是血液制品，占10%左右的份额，血液制品在新冠肺炎疫情期间有很多ICU使用，我国的血液制品在某段时间特别紧缺。第四类是各种靶向药，以单抗为主，它在中国生物药市场里占比不到10%，所以生物药不等于单抗，比单抗的范围要大很多。其他的产品占40%左右，包含免疫血清、体外免疫试剂等等，但是未来还会有一些新的细分领域爆发，比如细胞治疗、基因治疗，这些也属于广义上的生物药。

3. 各类生物药的特点

每类生物药有各自的特点和发展动向。

重组基因蛋白最大的分类是胰岛素，中国是一个糖尿病大国，有超过一亿的糖尿病患者。胰岛素作为一个治疗糖尿病比较好的药物，市场规模一直稳定增大，而且中国有二代胰岛素和三代胰岛素，市场格局正处于交替切换的过程。三代胰岛素的一些全球领先公司如诺和诺德、赛诺菲、礼来，都非常积极地拓展中

国市场，国内的同行也不甘落后，努力推出自己的三代胰岛素，期待在这个产品更新换代的过程中，国内企业能够跨越升级，从跟跑转向并跑。

中国疫苗的新闻曝光率非常高，不幸的是，前些年的曝光大多是负面新闻。长春长生的疫苗事件爆发后，有人认为中国的疫苗行业没有机会了。中国的疫苗和国外不太一样，中国的疫苗市场由两部分构成，一部分由国家强制接种，由国家埋单，它是一类疫苗。另一部分是消费者自己埋单的二类疫苗。一类疫苗的所有供应商都是国有企业，特征是数量大、价格低、工艺技术不太高，因为太便宜了，无法依靠原始积累做些进化和提升。二类疫苗进入超大品种的时代，全球疫苗市场上少数几个品种占了非常大的份额，比如宫颈癌疫苗、小儿13价肺炎疫苗，它们都是超大品种，如果生产出这几个品种，立刻就有非常大的市场话语权。中国的云南沃森推出了国产的小儿13价肺炎疫苗，直接和辉瑞公司进行竞争；厦门万泰推出了二价宫颈癌疫苗，虽然和国际上的四价五价有差距，但是对市场的影响也比较大。

全球疫苗市场上有四大家：GSK、MSD、辉瑞、赛诺菲。但是在新冠疫苗之后，很有可能相对稳定的市场格局会被打破，因为强生、AZ都在大力投入新冠疫苗的开发，中国的很多企业，包括国有企业等都在研发疫苗。如果有人投资美国股市，购买Moderna，这个股票涨势如虹，但是最近也有一些负面报道，质疑它过快公布了一些不太科学的证据。所以，未来全球的疫苗产业可能会出现一些新的进入者，对原来四大家的格局产生影响，中国也出现了一些高质量的疫苗企业，未来的疫苗市场格局也会发生变化。

血液制品是小而美的产业，销售规模不大，但是利润丰厚，而且进入壁垒极高。中国的血液制品市场，几次大的爆发都是在解除一些政策限制之后，比如2015年、2016年，解除对血液制品的价格管控，由市场定价，带来了超高速度的增长。但是直到现在还有一些管控，比如外资企业进不了中国，外资企业只有一两个品种，比如白蛋白，可以通过进口成品的方式进入中国市场，但是其他一些血液制品，不能在国外生产后直接进口到中国。所以外资企业如果想在中国做大、生产销售更多的品种，必须通过收购中国血液制品公司的方式进入中国市场，要实现本土化的制造才可行。另外，中国的血液制品公司对比国际领先企业，在工艺上还有很大的差距，同样的人类血液，跨国公司能够分离出更多的品种，而中国企业有很大差距。总之，这个细分行业高壁垒、高毛利，是一个少数领先企业垄断的市场格局。

单抗的重磅药物最多。随着国家药监局推出一系列鼓励新药上市的举措，中国的单抗无论从上市的数量，还是从上市的速度来看，都有非常大的进步。全球最新的几个单抗药，我国的上市时间和美国的上市时间逐渐趋同，这个趋势将实现中国新成为真正的全球新。中国是一个超级市场，更多的创新药将来会实现在中国和欧美发达市场同步上市。

单抗是不是仅仅治疗肿瘤？不。其实单抗产品有很多不同的适应征，按照药物的靶点来看，虽然靶点数量众多，但是成药的并不多，绝大部分企业还是围绕一些热门靶点开发出有效的药物。以高校为主的基础科学研究，推动生命科学发展，对于每个疾病的形成机理了解得越来越清楚，发现的靶点越来越丰富。但是从转化和成药的角度，要找出哪些单基因导致疾病，比如通过攻克单个基因靶点来治疗疾病的难度很大。重大疾病的成因非常复杂，往往涉及多个靶点，相应的治疗方案也非常复杂。

另外，从商业角度还要分析这个靶点导致的疾病将会有多大的医疗市场规模，如果这个市场规模非常小，可能要按照罕见病的方式去治疗，并且要测算这个罕见病药物研发对企业的商业利益。反之，如果是导致肺癌、乳腺癌这样重大疾病的靶点，则容易吸引更多的制药公司投入研发资源。这就是科学家研究一系列的靶点，而绝大部分企业还是围绕一些热门靶点开发新药的原因。

4. 产业监管政策比较

中国深化医改的腾笼换鸟，一方面鼓励创新，另一方面在专利药到期后，鼓励高水平的仿制。而对于仿制药的监管政策，许多国家存在较大差异。欧洲和美国在本质上差不多，只是表达的形式有所不同，欧盟作为一个主权国家的联合体，采用两层监管体制。欧盟主要审批药品在药理方面是否与原研药一致，但是

不关心这个药品是不是在临床上可以替代原研药，它把这个权力授予每个主权国家。化学药和生物药的仿制药做一致性评价，难度和机理相差极大，欧盟把它们在临床上能不能替代原研药的审批权下放了。

美国是一个联邦制国家，把两件事情都在法规上界定清楚了。一方面要测试仿制药与原创药是否一致；另一方面，给予一个临床上是否可以替代的标签。截至2020年3月，能够获得临床可替代标签的仿制药屈指可数。

如果不考虑欧盟内每个主权国家的二次审评结果，通常感觉是欧洲更开放、美国更保守，其实不是这样。我国因为有大量的临床需求，同时支付不起高昂的费用，所以我国推出了多个专家指南，其实是比较开放的。我国对于生物类似药有非常大的期待，希望它们快速进入临床路径，然后形成对于原研药的替代，最终促进整体治疗费用下降。

在生物类似物的赛道上，最终只有少数几家企业能够胜出，后来者获得的份额会比较小。

二　跨国药企的战略调整与聚焦

在新时期的行业环境下，跨国药企的战略会有什么变化？预计有四个方面：

第一，研发项目的结构上会有些变化；

第二，通过投资或交易等手段改造现在的产品组合；

第三，充分利用中国的本土创新力量，实现在中国的成长；

第四，从营销的角度优化调整全渠道营销策略。

罗氏、诺华等这些跨国企业的研发管线整体上偏向生物药，排名靠前的本土药企的业务主要来源还是小分子药物，但是它们认识到这些小分子药物在新的环境下，增长的压力会非常大，所以一定要开发一些新药，研发项目有小分子药物也有大分子药物。可以预计未来5~10年，比较领先企业的研发管线，会将肿瘤这个赛道变得越来越拥挤，而且随着治疗越来越精准，肿瘤市场将会被进一步切割成很多个细小市场，很多重大疾病变成了罕见病，因为市场越来越狭小了。

当然，不是所有的跨国企业都专注于做大分子药物的研发，从治疗机理角度看，很多精准医疗的靶向药，不都是大分子，很多是小分子药物。例如，比较热门的 ×× 替尼，其实就是小分子靶向药，这些靶向药物在营销和研发上也都是热点。

除了自己研发之外，跨国企业通过大量的交易来完成产品组合的更新，通过多种形式把一些过了专利期的新药出售或者进行资产置换，然后收购一些更有潜力、还在专利保护期内的新产品。从全球来看，这种交易非常多，例如业务拆分、资产交换。2015 年，葛兰素史克、礼来、诺华三家互相交换相关的业务资产，交易的逻辑是从一个大而全的业务布局收缩到专而深，就是在对疾病的认知越来越清晰的时候，把企业的资源集中到最有可能获得全球领先地位的一些领域，都在做一些战略上的收缩动作。同时，在重点关注和发展的领域，积极开展纵深布局。

跨国药企还关注中国的创新优势资源，比如中国人口多、患者多、临床实验的资源丰富。另外，大量初创企业蓬勃发展，增强了人才优势，而且资本市场越来越开放。凭借人口、人才、资本等诸多优势，我国优化配置生物医药的创新要素，跨国企业也在调整与我国本土企业的合作策略，既可以是授权合作模式，也可以是联合开发，还可以和学术研究机构在基础科研上做一些探索。

跨国企业大多数的投资偏向早期研发，但也有一些生产领域的投资。生物药从研发转向生产非常困难，生产条件非常严苛，并且对于生产管理的能力要求极高。所以，当一个新药刚刚进入市场的时候，外企不太可能在全球新布局一个生产基地。但也有例外，BI（勃林格殷格翰）在上海建立了一个代理生产基地。辉瑞 2019 年在苏州投资生物类似药的工厂，GE（通用电气）非常精准地预判我国要发展生物药制造，它的很多先进设备，可以应用到这些生产工厂。

跨国企业在中国不仅投资，而且还会出售。2019 年三个有影响的案例，是礼来、葛兰素史克、诺华出售了部分的过期原研药业务。这给中国的企业带来机会，中国企业不仅获得一些品种，而且获得全球领先的生产与质量控制的能力。如果在这个层面上学习提升，也会加快我国企业参与全球竞争的步伐。

关于全渠道战略，在仿制药一致性评价叠加带量采购，以及 DRGs 等系列化改革的推进的背景下，公立医院市场虽然体量最大，但是增速降下来了。以县级医药市场为主的基层市场，在分级诊疗的改革背景下，依然可能较快成长，但是因为基数较小，所以关于成长性还要对具体的区域做深入分析。零售市场比较受关注，一方面是很多药品被挤出了医院市场，转向零售市场寻求增量；另一方面，一些新特药由于没有进入医保目录，医院的准入和销售难以打开局面，需要在特药药房拓展销售，为患者提供专业服务。

总之，企业层面，更加深入地开发中国的大市场，需要充分理解政策对药品销售的影响，服务更多人群，形成新的发展策略。

三 中国本土药企战略面面观

新的发展时期，中国企业在做什么？从多个维度观察，宏观政策如何引导和支持中国的生物医药产业？我国的资本市场形成了一个什么样的态势？还有本土企业的创新趋势、创新模式的多元化，以及中国企业的国际化处于什么阶段？等等。

2016 年发布的国家战略将健康产业和生物医药技术作为重点发展的方向，并且从人才布局、科研投入、产业资本、配套设施等等，发布并实施了相关的产业政策，引导行业高质量和可持续发展。

生物医药创新企业的发展，特别需要集群，有人才的集聚，也有上下游产业链的集聚，所以在中国形成了一些生物医药的创新高地，例如，京津冀、长三角、珠三角。最具创新活力的仍然是以上海为中心的长三角，苏州从承接生产，现在逐步转向研发；南通也承接了很多生物医药的项目；南京和上海有大量的教育和人才资源，积极开展新一轮的产业布局。广州发布了一个非常有名的产业规划，促进生物医药产业在珠三角落地。所以，长三角、珠三角两大集群的生物医药增量项目非常突出。

从资本市场的视角看，创新企业刚开始依靠 VC/PE 投资，但是到最后还是要找到一条退出的道路。我国以前的 A 股市场有非常高的准入门槛，但是为了适应以生物医药为代表的初创企业的发展，在资本市场上进行了制度创新，港股、科创板，都为这种没有收入、没有利润的公司开辟了新的融资渠道。在全球范围内，以前的生物制药企业主要有三大上市地点，而在全球政治态势的演进下，许多企业开始回流到港股和大陆的科创板。

我国的新药研发持续升级。创新需要积累，我国的生物医药研发正处在一个快速跟踪全球研发前沿，快速理解这些研发对于成药有什么启发，然后在这个基础上寻找或者改良现有的药品结构，从而达到一个 follow 到 me better 的创新。也就是说，我国的生物医药行业从简单仿制跨入渐进式创新的阶段，但是未来如果要做到原始创新，还要有很多积累。在这个过程中，也可能有的公司上市一些原创新药，成为全球市场的宠儿。

但是在这样一个快速跟进的策略下，容易导致让人尴尬的状况，就是研发项目扎堆。针对 PD1、PD-L1 这样的热门靶点，中国有四五十家企业的研发项目在排队，又如细胞治疗，中国现在申报临床研究的项目超过 40 家，所以在这些赛道上出现了高度拥挤的状况。如果每家企业都要完成所有的实验室研发、临床研发、申报上市，可能最后没有几个项目真正在商业上成功，预计不会超过三家，其他大多数企业很可能血本无归，这个时候会出现什么情况呢？抢赛道的速度不够快、研发能力不强的企业就会被资本抛弃，这些企业的生存面临很大问题，与更好的企业联合，还是变换研发赛道？有待进一步观察，这给大家带来启发，未来挑选合作伙伴，一定要重点关注最有潜力跑出赛道的那些关键少数。

中国企业未来的研发格局下，大致会形成三种类型的公司。

第一种是大型综合集团，像上药集团、复星医药，有比较好的产业积累，资源相对丰富，可以稳住资本盘。恒瑞医药也很典型，一边稳住仿制药的基本盘，一边强化创新，另外还联合一些全球的资源做创新。在这样的赛道里面，大型企业有实力在多个不同的治疗领域同时开展研发创新，实施发展战略转换。

第二种是专业化的中型企业。企业原来的业务聚焦在一些治疗领域，在细分市场上具有领先优势，然后在此基础上孵化一些创新业务模块。例如，天士力

的传统业务是做中药，后来在张江新建了天士力生物制药，这个子公司从管理到运营相对独立于母公司，挑选一些和原始业务有一定协同效应的治疗领域做一些新产品研发。

第三种是小型的创业公司，它们是在全新的基础上开始创业和创新。每个赛道都能跑出一两家优秀企业，真正能够生存，并且继续融资，开发出更多的下游产品。

中国医药企业开展后续产品规划或者布局生物医药，通常有三种方式：

（1）自身培育造血功能。大型企业可以用原始的产业积累形成一定的资本规模，加大研发投入，只要有一定的成功率，新上市的产品就能获得较高利润，就能增强后续研发的实力。

（2）产品和产业双轮驱动。做产业的人把基本盘做好，也可以做并购扩充资本线，同时还有一部分投资的人，完全以投资的思维在做 VC、PE，或者联合投资，增强在财务投资上的资本回报能力。还有的通过战略投资，未来可以吸收更好的资产，然后把这些资产打包、重组、并购，形成更好的竞争态势。

（3）基本盘加产业投资。例如天士力的投资完全是产业投资，不是战略投资，也不是财务投资，当天士力生物制药的投资发展到一定阶段，借助中国现在的资本市场利好因素，分拆上市，实现市值最大化，然后再反哺下一轮的产业投资。

我国生物医药企业的发展战略，不仅有"引进来"，也有"走出去"，在实践中探索出了国际化的路径。比较多的是自己做国内市场，将国外市场授权给一些国际药企，把国外市场的研发、注册、经营权让渡出去；还有一种是技术平台的海外授权，如果开发出了一套 DNA 新药编码技术平台，这个平台本身可以承接很多新药研发的外包项目，也可以把这个平台外包出去，让合作伙伴用这个平台挣钱，只收取服务费或者授权费。第三种出海路径比较传统，通过实体业务的布局，在海外建设研发机构，或者在海外建设生产基地、优化全球的供应链布局，有些药企的全球化采取了这样的举措。

关于生物医药领域的 CRO 和 CDMO，药明康德公司是很有代表性的企业。

"工欲善其事，必先利其器"，五年之前的中国已经出现生物医药的投资热潮，企业的估值越来越高，投不起瓷器可以投金刚钻，有大量的平台类、工具类企业可以投资，比如化学药的一些高端仿制药，生物药上的 CRO，是以一种工具或者技术平台为主要特征，这类企业非常容易脱颖而出，凭借中国市场庞大的体量，承接大量的全球和中国的在研项目，快速积累经验、形成规模效应，发展非常迅速。不同于生物药和化学药的制造从实验室研发进入商业生产的过程中，有一个巨大的门槛，很多 CRO 企业因此开始涉足生产领域，做 CDMO，包括研发和生产的外包，都可以承接。这类企业获得了非常高的资本关注度，而且盈利能力也非常强。

以上简介了生物医药的态势，以及企业战略的动向。未来企业的发展还需要聚焦行业环境对业务的影响是什么、业务如何选择合作伙伴、业务未来的战略应该如何设计和实施等。

中国制药企业跨国成长的
战略与能力

柯银斌 *

柯银斌，2021 年 3 月 19 日

借此机会分享我们多年来关于中国企业国际化战略的一些思考，以及针对中国制药企业国际化的一些研究。

跨国成长主要是指一个国内企业发展成为一个跨国公司的过程。重点讨论两个问题：一个是战略问题，就是做什么业务，或者不做什么业务，怎么做才能做好的思考、选择、决策；另一个是能力问题，广义而言，是指从事业务以及某些价值链环节的本领，这种本领包括经验、技能、知识、组织、人际关系、管理等各方面的要素总和。

首先讨论中国制药企业国际化存在的主要问题。中国制药企业在全球视野下，与发达国家的企业之间的差距有哪些？先找到差距和问题。其次，知道差距以后，看看未来怎么走，出路在哪里。

一 中国制药企业的主要差距和问题

从全球视野看，分析中国与发达国家制药企业的差距，

* 柯银斌，"一带一路"百人论坛专家委员会委员。

一般有这么几个关键指标：

（1）企业规模，包括销售收入、资产、员工等规模。

（2）市场份额，是指企业在全球市场占的份额。中国媒体经常讲，中国企业有100多种产品，在全世界占的量最大，比如手机，讲的是出货量大，出货量也就是手机的部数，而不是价值，这个差别很大。中国生产了全世界80%的手表，这是按照数量计算，但是按价值、金额算，只占全球的20%。手机也一样，出货量第一，但是按照销售收入计算，不是第一。

（3）技术实力就是强跟弱的关系，规模是大与小的关系。专利数据里面有专利申请量，还有专利的批准数、有效专利数；另外，还有一个重要的指标——专利获得的收入。专利保护每年要花钱，不是越多越好，如果没有收益，这不是一件好事，中国企业通过专利获得收入比较多的是华为公司，华为每年的专利收入有10亿到20亿美元，而华为每年从外部购买专利，支付的专利费是60亿到80亿美元。很多人讲专利只是指专利的申请量，不能误解。

（4）研发经费及占比，新产品的销售比例，全球排名，等等。

（5）国际标准化。国际标准在很多产业里没有受到重视，实际上，这是一个企业国际化非常重要的因素。

（6）跨国指数，是衡量一家跨国公司的一个指标，是若干个指标的平均数。

2020年财富500大榜单上，中国已经有3家医药企业。上海医药集团进入了。所以上海医药提出500强是我们的"新起点"。榜单上制药企业只有13家，中国和瑞士各有2家；排行榜上与医疗保健相关的包括5个子行业，其中中国批发保健行业有1家，就是上海医药。从企业规模看，世界500强的中国企业共有129家，已经超过美国，这是规模上的进步，令人高兴。

《全球制药企业50强》按处方药的销售收入排行，2020年的榜单上中国有4家企业，分别排在第37、42、43、48位，排名比较靠后，上海医药虽然也在榜单上，但是与TOP20的销售收入差别很大。

《全球1000强药企报告（2019）》榜单上，中国企业共有208家。市值总和美国第一，中国第二。制药企业排名TOP100中，中国企业有22家，其中恒

瑞医药居第 21 名，属于中国第一。

《全球上市制药公司 25 强（2018）》榜单上，中国只有 1 家企业：恒瑞医药，市值 294 亿美元。美国的企业非常多，25 强占据了 14 家，超过一半。

《全球药企收入排行榜》，按照药企的销售总收入排名，2018 年、2019 年两年的榜单上都没有中国的医药企业。

《全球原料药企排行榜》，这个榜单的数据较早，2016 年全球原料药市场排行 TOP10，中国有 6 家，显然，原料药方面，中国企业的优势最为显著。

《全球仿制药排行榜（2018）》，没有中国企业。第一是美国的迈兰，第二是瑞士的山德士，第三是以色列的梯瓦，10 家领先企业中印度有 4 家，仿制药方面，印度企业整体最强。

欧盟委员会发布的《欧盟工业研发投入排行榜》，中国有 8 家企业进入制药企业前 100。企业数量并不少，但仔细看研发投入的数量，差别很大。中国这 8 家企业投入最多的是复星医药，只有 4.23 亿欧元。第一位的企业（罗氏）投入 100 亿欧元，数量级上的差别很大。

企业研发支出及投入强度方面，中国药企研发投入最多的百济神州有 64.7 亿元（人民币），而跨国药企的投入高达 90 亿 ~100 亿美元。我们的研发投入强度不够，有 10 倍的差距。研发投入的比例，跨国药企都差不多，为 13% ~18%，有的超过 20%，而中国药企的投入比例大多不到 10%。

《2019~2020 年全球化学药产业发明专利排行榜》，美国绝对领先，TOP50 中有 18 家，中国只有 6 家。中国的 6 家只有 2 家是制药企业，一个是恒瑞医药，另一个是正大天晴，其他是科研机构。在我国，上海药物研究所最强，还有浙江大学、中国医科大学、浙江工业大学。药企跟大学合作是常态，不合作就奠定不了创新优势和行业地位，这是一个基本的特点。

生物医药行业的发明专利排行榜上，美国还是第一，占总量的 48%，日本占 12%，中国仅占 8%。中国企业中有 8 家进入 TOP100，生物制药企业有恒瑞医药、正大天晴、药明康德、东阳光药、科伦药业、豪森药业、鲁南制药。

再看品牌排行榜。分析这个榜单可以得出两个结论：第一，制药业要把品牌做好，相当困难。全球 500 个最具价值的品牌中，从行业分布来看，科技企业 47 个，零售企业 45 个，制药企业只有 8 个。第二，美国仍是全球第一，制药行业 8 个品牌中，美国占了 6 个，医疗保健 15 个品牌中，美国占了 14 个。从有价值的品牌角度讲，第一很难做，第二美国做得最好。还有一个品牌排行榜，中国企业只有 1 家上榜，它是华为。全球制药企业只有 1 家进入，它是强生。

企业标准的国际化。中国企业主导或参与制订的国际标准，仅占全球国际标准的 1.8%（2019 年）。2014 年只有 0.7%。这些标准的制订权在谁的手上？在美国、英国、德国、法国、日本五个国家手里，总共占了 95% 左右。从话语权、影响力角度来看，中国药企有很大差距。

上海医药有个战略目标，努力成为具有全球竞争力和影响力的药企。影响力是什么？标准的制订权，这是影响力的一个核心指标，一家企业没有制订标准，没有参与制订几项行业标准，就谈不上影响力。中国企业现在具有全球影响力的、最好的标杆企业是华为，5G 的标准与核心专利它有很多。

近几年发展的情况有些好转，尤其是张晓刚先生在 2015 ~ 2017 年担任 ISO 的主席，对中国企业申请国际标准的推动力非常大。与药品有关的标准，比如 ISO，截至 2019 年 5 月，中医药的国际标准达到 45 项，其中中国专家担任项目提案人的占 71%。未来，中医药的发展很有前途，因为国际标准逐步由中国企业主导制订。现在全国各地都在讲高质量发展，引用习近平主席的话，高质量发展必须要有高标准。有了高标准，才能有高质量。高标准从哪来？就是企业标准化的过程，企业标准要上升为行业标准、国际标准，这样就有影响力。中国的标准要得到其他国家的认可和认证，上升为国际标准。

最后讨论跨国公司。联合国贸易发展会议每年发布《世界投资报告》，其中有全球跨国公司 TOP100 名单。早在 2007 年的中央文件中就提到，中国企业要培育自己的跨国公司，要成为有国际影响力的跨国公司。这么多年过去了，到 2019 年，中国的跨国公司在全球处于什么水平？ TOP100 榜单上，中国包括港澳台只有 8 家，它们是长江和记、鸿海、中国远洋、腾讯、中国海洋石油、国家电网、中国化工、中国五矿。与药业有关的是中国化工，因为中国化工集团在海外收购了先正达（全球农药第一、种子第三），正因为有了大规模的收购，才能进入这个排行榜。武田为什么能排名第 33 位，就是因为 2019 年收购了爱尔兰的夏尔制药。这些跨国公司，分析它们的历史，都经历过持续的收购、再收购。一位诺贝尔经济学奖获得者说，任何一个大企业都是通过并购而成长起来的。

分析历年的《世界投资报告》，可以发现制药企业是汽车、石油、电子行业之后，国际化程度较高的产业。全球跨国公司 TOP100 榜单上，制药企业 1990 年 5 家，2016 年 13 家，2019 年 11 家，数量逐渐稳定。

表 1　2019 全球跨国公司 TOP100 的中国企业

排名	13	31	40	45	56	62	67	98
名称	长江和记	鸿海	中国远洋	腾讯	中国海洋石油	国家电网	中国化工	中国五矿
跨指（%）	92.8	92.5	50.4	44.1	26.0	8.4	52.0	20.9

表 2　2019 全球跨国公司 TOP100 的制药企业

排名	24	25	33	41	47	48	53	61	80	84	95
名称	拜尔	强生	武田	诺华	辉瑞	艾尔根	罗氏	葛兰素史克	赛诺菲	阿斯利康	梯瓦
国家	德国	美国	日本	瑞士	美国	爱尔兰	瑞士	英国	法国	英国	以色列
跨指（%）	74.9	74.0	80.0	69.6	49.0	56.3	80.6	47.1	62.7	85.1	80.1

跨国公司 TOP100，没有一家中国的制药企业 / 医药公司，也就是说，中国的医药企业和制药企业主要还是集中在本土市场经营。

从以上多个维度分析比较，可以清晰地看到中国制药企业在全球的位置：

整体来看，我们还没有进场，在场外待着。全球跨国公司 TOP100 中没有，中国跨国公司 TOP100 没有，全球最佳品牌没有，全球最具有价值的品牌 TOP500 中也没有，全球持有专利最多的 TOP100 中也没有，全球仿制药企业 TOP10 中没有，全球药企收入排名 TOP20 中也没有。

部分维度上，我国企业刚刚进场。在全球未来 50 强、最具创新力企业 100 强、全球上市制药公司 25 强中，恒瑞医药进场了，有 1 家企业突破，但是处于边缘状态，属于第四集团。研发投入及其相对比例方面，我国也是属于第四集团。在生物医药企业专利排行榜、化学药专利排行榜、世界财富 500 强方面，我国属于第三集团。当然，我国也有强项，处于领先位置的是原料药，另外，在中医药的国际标准方面，我国企业主导的数量全球第一。

总之，中国的制药企业在全球的位置较低，与我国是第二大经济体不相称。将中国制药行业与其他行业相比，制药行业落后于其他先进制造业。

其中的问题可能比较多，国际化或跨国成长是中国制药企业当前最缺乏的、未来最需要一种战略和能力。为什么制药行业要国际化？很简单，因为制药这个行业是全球性的一个产业，全球性的产业中，汽车、石油、电子之外，第四位就是制药。与品牌不一样，全球那么多的著名品牌，制药企业的很少，所以跨国化比品牌化更重要、更关键。因为国际巨头都是这么发展来的，这是基本法则，我国企业也要遵守。

上文通过几个排行榜，分析了我国制药企业的差距，比较直观清晰。

二　跨国成长的战略选择与能力提升

作为一家中国的制药企业，要跨国成长，如何进行战略选择？如何提升自己的能力？按照我 30 多年对中国跨国公司的研究，提出一些建议：

——认清跨国成长的起点位置，从哪里开始。

——合理设计战略目标。

——做好战略准备，而且要选准战略时机。

——学习全球市场中后发居上企业的成功经验。

——选择合适的跨国成长的路径。

从上述五个方面，进一步探讨中国制药企业如何提升跨国成长的战略和能力。

1. 认清起点位置

二三十年以来，在企业研究过程中我们发现一个常识性问题，但被许多企业管理者和研究者所忽视。对欧美企业来讲，它们的战略理论是以优秀企业的实践为基础的，这些优秀企业大多是先行者、强大者。以这些企业为基础的研究成果，比如《基业长青》，在中国市场很受欢迎，我个人认为对于中国企业一点价值都没有，因为它讲的是先行强大者如何继续强大。中国企业要的是如何从弱小者变成强大者，从后发者变成一个领先者。这样两种逻辑是不一样的！领先者的战略只有一条：打败自己、自我更新。如果做不到这一点，就会被淘汰。英特尔不断更新自己的产品，微软不断更新自己的产品，苹果不断更新自己的产品，都是用自己的新产品去替代自己的老产品，这是领先者的玩法。弱小者不能这么玩，他要在某个特定的区域里成为强大者。这跟军事战略是一致的。中国很多企业学了军事战略以后，很成功，这是对的。军事战略的核心，就是弱者战略。当你处于弱小者地位的时候，就得学习军事战略。我与北京军事科学院的专家探讨过，我说军事战略里研究不研究强大者战略与弱小者战略，他说不分的，后来我们发现，军事战略的本质，就是弱小者战略。一个军的兵力把一个团消灭了，这种案例需要研究吗？有价值吗？没有。所以军事战略理论来自军事实践，哪些实践值得研究？以弱胜强、以小胜大的案例才能进入研究者的视野，一个连干掉了一个团，这种案例才有人研究。所以起点非常重要。中国企业国际化失败了，做战略设计忘了起点在哪里。所谓起点，就是"我是谁""我在哪里"。这两个问题得回答，非常重要。希腊有句著名的箴言——"认识你自己"。中国企业在"认识你自己"这个问题上有很多欠缺。

分享一个案例，四川长虹公司是中国典型的后来者居上的企业。长虹彩电是国家批准的最后一条彩电生产线，但是，长虹后来居上做到了全中国彩电第一。很多学者研究，长虹为什么厉害？专心致志，就做彩电；很会做营销，善于打广告；认识自己，把成本做到很低，这些都是表象。长虹彩电最厉害之处在于它有能力制造彩电的生产设备。全世界既做彩电又做彩电生产设备的企业只有两家，松下和长虹，但是在跨国经营时，它没有认识到"我是谁"，没有清醒地认识到自己的长处是设备自制能力，而是给美国经销商做贴牌，生产了以后运到美国去销售，美国人卖出后却不付款给长虹，最后长虹自己栽了大跟头。一个企业要认清自己的起点并不是那么简单的事情。

中国制药企业的起点，有三个主要特征：规模偏小、实力更弱；先行不领先、后来未居上；落后于其他先进制造业。

麦肯锡将中国生物医药公司与国外同类型的上市公司比较：2018 年，中国企业的研发管线均值为 10 个项目，而纳斯达克上市企业的研发管线均值是 4 个项目，中国生物医药企业基础能力较弱，还布局那么多，我们的管线居然比优势企业还多，这是不明智的策略。

以前有位学员与我讨论，企业做到一定规模以后再国际化，还是一开始就国际化？这就要看企业的雄心和资源禀赋。20 世纪 90 年代以后，有许多新的企业，学术界起了一个新名词——"天生的国际化企业"。百济神州就是这类企业，是 2010 年王晓东跟欧雷强（外国人）在北京创办的，他们是黄金搭档，科学家 + 企业家，中国人 + 外国人。这家公司很专注，聚焦肿瘤药领域，聚焦欧美和日本市场，努力做成全球某个治疗领域的领先者。百济神州实施差异化的战略，以全球化的心态创业，拥有极具规模和价值的临床开发 800 人团队，这是全球最大的专注于肿瘤治疗的临床团队。这些团队分布在世界各地，合作的心态非常好。合作时付出多少你是知道的，但不知道回报是多少，所以想合作成功，必须有这样的心态：付出 90% 的努力，收获 30% 的价值就可以了，有这个心态才能高效合作，尤其是当你处于优势那一方时。

2. 设计战略目标

认清了企业的起点之后，以什么为目标？例如可以将"世界一流的跨国公司"作为一个战略目标。

世界一流的跨国公司是什么？刚才分析全球跨国公司排行榜 TOP100，进入世界 500 大榜单，再进入全球跨国公司排行榜，那就强了。现在是大，到那

个时候就强了。这是国家战略的要求，也是企业自身的成长需要。所以，中国领先的制药企业（医药集团）需要树立一个高远目标，就是以成为世界一流的跨国公司为目标。具体地，就是要进入中国跨国公司 TOP100、全球跨国公司 TOP100，这是一个可评价的标志。

观察几家医药企业的愿景/规划。上海医药集团是"医药工业要用 3~5 年时间进入全球制药 40 强；用 10~15 年进入全球制药 20 强"。复星医药是"致力于成为全球主流医疗健康市场的一流企业"。恒瑞医药是"要成为一家跨国制药集团"。云南白药是"努力成为代表中国的国家队"。每家企业的战略表述不一样，但都以成为跨国公司作为愿景和目标。

3. 做好战略准备

要达到既定目标，怎么办？要做哪些准备？应该怎么做？

BD（业务发展），这是制药企业跨国成长、业务拓展最为有效的战略和能力准备。从 license in 到 license out，这是一个基础。这个基础打好了，就能结识很多合作伙伴，这些合作伙伴，很可能就是下一个收购目标。我对亚洲企业的收购做了 100 多个案例分析，发现弱小者并购强大者的典型案例，就是收购合作伙伴，这样的成功率最高。用许可授权的方式把引进来和走出去结合起来，也是为未来的发展和并购做好准备。并购的战略时机很重要。但每个企业的机遇不一样，需要综合考虑天时、地利、人和等因素。

4. 坚持对标学习

持续学习，这是毫无疑问的，特别是学习全球市场上后发居上的企业的成功经验。我们可以了解先行企业不断领先的经验，学习它们的故事，但真正有借鉴价值的是后来者居上的企业。

要准确选择细分行业，制药业、药品流通、医疗器械、医疗保健服务，尽管都与医药有关，但是这些子行业的差别很大，对标学习最好选同类子行业的企业。另外，起点位置最好一致。后发者要学后发者，弱小者就要学弱小者，强大者要学强大者。发展阶段也有几个，创业－成长－成熟－衰退，这就是发展周期。还有制度文化，先学中国的，再学亚洲其他国家的、欧洲的、美国的。学习的对象要选准，比如中国企业，新药研发学恒瑞，跨国并购学复星，国际化学百济神州。但中国企业都是喜欢学习欧美，对身边的样板觉得好像不值得学习，这是不好的倾向。全球后发居上的企业最值得我们学习，像日本的武田、以色列的梯瓦、印度的太阳制药等。

日本武田的跨国成长之路很值得借鉴，从小药店转型为全球跨国药企，它的国际化有四个阶段，后发企业基本上也经历过这样几个阶段：

第一，进口药在国内销售。西药进口，国内销售，在销售过程中与很多欧美国家的医药巨头建立了合作关系，帮助它们开拓国内市场。

第二，产品出口。武田把自制的药品销售到东南亚一些发展中国家，也销售到了德国、意大利，但在在美国没有成功，费了很大的劲，最后也没有成功，积累了很多经验教训。

第三，合作共赢。1977年武田与雅培成立了合资企业，成功进入美国市场。之后又与诺和诺德、礼来有不同方式的合作。所以制药行业一个关键词，就是"合作！合作！合作！"与生物科技公司合作、与学校合作、与大小企业合作。可惜 MBA 教材里讲战略就是"竞争！竞争！竞争！"。先合作，再建立分公司，培育自己的业务能力。

第四，强化核心业务。从2000年开始，把非药业务剥离，比如维生素、食品、保健品，都不要了，专注于药品领域，成为全球跨国企业。然后加大投资，从2005年开始并购加速，并购规模从小到大，最大的一次是2019年收购爱尔兰的夏尔公司，成长为一个国际巨头，进入全球 TOP20。

总结武田制药海外并购的成功经验，主要有三点：以实力为基础、产品线是核心、并购目的是扩大市场范围或者丰富产品线。

5. 选择合适的跨国成长途径

成长的途径比较多，建议重点关注：（1）以许可授权为基础和起点。

（2）以部分业务功能为切入点，是建厂、建销售中心，还是设立研发中心？（3）跨国并购，这方面最困难，也是最需要做的。

从 2008 年到 2018 年间，我主持编写了商务部跨国经营人才培训教材，详细讨论全球化条件下的中国企业的成长战略，可供选择的途径主要有四个，见表3。

表3　全球化条件下中国企业的成长战略

类型	利基战略	嵌入战略	承接战略	变道超车
市场属性	利基市场	主流市场	现有市场	全新市场
游戏规则	制定	完全遵从	遵从	多方协定
竞争对手	忽视 / 不关注	—	退出 / 放弃	必争 / 力争
竞争优势	综合优势	本土制造	本土市场	技术资源
基本条件	不一定	不一定	本土领先	本土领先
实施难度	小	小	中	大
风险程度	低	低 ~ 中	中 ~ 高	高
所需时间	中	短	短	长

第一，利基战略。在一个小的市场里先做。比如海尔做冰箱，白色家电世界第一，但刚开始去美国只能做小冰箱和小冰柜，后来制造大冰箱是收购GE后开始的。冰箱看起来很简单，但在欧美消费者心目中，西门子、GE 最好，中国企业做的冰箱再好人家也不会认可，冰箱某种程度上是文化产品，不是技术产品。

第二，嵌入战略。在一个大的市场，做不了全部，只做其中某一部分，把企业的业务嵌入其中，最典型的制造业就是 OEM、ODM，License in 和 License out 都属于嵌入。

第三，承接战略。主要是收购、并购、资产投入。

第四，变道超车。"弯道"超车是容易"翻车"的，"变道"是重新走一条路。以前主要是化学制药、生物制药，现在是数字化制药，对于我国大型制药企业来讲，必须抓住数字化制药的新机遇。

分析中国医药企业跨国并购的实践，并购金额与数量不断上升。2008 年在上海交大工作时，我们研究了 100 多个跨国企业的并购案例，研究发现，跨国并购总体上分为两种：整合式、学习式。整合式是一个先行的强大者去收购弱小的后发者。而学习式则相反，是一个弱小的后发者去收购强大的先行者的某一部分。中国企业对外并购，都是弱小的后发者收购强大的先行者，吉利收购沃尔沃，联想收购 IBM，都是这样的案例，我们不宜采取整合式的收购。现在跨国并购的案例，理论来自西方，西方都是整合式的，就是以我为主，征服者思维，我把你收过来，我强大，你得听我的，按照我的规矩办，思科最典型。学习者，不是这样，以你为主，我来学习你。这个词来自中国化工任建新先生，他收购法国两家企业，与高管谈话时说，从资产角度讲，我是跨国公司的高管，但从经营角度讲，你们在座的各位是老师，我们是学生，因为中国企业几乎没有全球经营的经验和能力，没有这方面的经历。

三 中国化工的国际化并购经验

中国化工是中国企业学习式并购的典范。上海医药集团要实现未来的战略目标，肯定要有一次大的跨国并购，如果没有就不可能实现发展战略。那如何做好并购？我们需要学习标杆企业的经验。

根据我的研究，中国化工是中国企业跨国并购做得最好的。中国化工从 2006 年开始并购，一直到 2018 年，形成了几大特点。中国化工集团本身就是并购重组来的，中国蓝星集团是任建新先生在兰州创业成立的，再迁到北京。另外，中国化工部撤销了以后，所有企业并到中国昊华集团，组建中国化工集团有限公司。

中国化工集团公司的跨国并购具有 9 条经验。它的跨国并购案例，我跟踪研究了很多年，也访谈了很多当事人，这些经验很有借鉴价值。

——收购目的明确：实现企业战略定位并推动行业整体发展；

——目标企业选得准：老牌、先进、居于前列；

——收购主体组合有力：决策、执行、协同；

——前期准备全面充分：实力、情报、信任；

——善用专业中介机构：战略远见与专业能力结合；

——收购时机把握到位：寻找、抓住、创造、等待；

——重视利益相关者的沟通：管理层、工会、政府部门；

——全过程的文化融合。

1. 明确收购目的

企业的战略定位要符合行业发展要求，这个原则基本上都能做到。

2. 选准目标企业

中国化工选择的目标企业，都是老牌跨国公司，技术先进，在全球市场居于前列。任建新先生讲，很多人问他跨国并购的企业如何选。他说亏损的，就不要，不要买任何亏损企业。不能买！人家是老牌企业都做亏损了，我们接手就能盈利吗？目标企业从哪里选？两个例子，中国化工刚开始的并购目标都是它的合作伙伴。并购合作伙伴，成功率高。法国罗地亚有机硅，这个企业是中国化工集团星火化工厂有机硅厂的合作伙伴，从 20 世纪 90 年代就开始合作，罗地亚有机硅在中国市场销售，然后双方开设了一个合资企业。星火化工厂要生产有机硅，20 多年没有生产出来，后来归到了中国化工集团，任先生把它整合了。还有法国安迪苏，也是化工集团的直接合作伙伴。其他的都是间接的合作伙伴，在合作伙伴中选择收购对象是捷径。中国企业要为并购做准备，首先广泛地寻找伙伴，全方位合作，技术也好，营销也好，人才也好，销售也好，各个环节都可以。这就是所谓"谈恋爱"的过程，广泛接触，以后再把握时机。法国安迪苏公司是全世界最有名的蛋氨酸企业。中国化工为了帮助天津一个蛋氨酸的工厂提高技术，找到了世界一流的法国安迪苏，引进技术，谈合资企业谈了两三年没有结果，人家不愿意给，但有个很大的收获，尽管生意没有做成，但是交上了朋友，任先生跟它的总经理和其他高管建立了联系。后来有机会了，这家公司上层的控股公司，财务上有些问题，想调整结构把安迪苏的业务卖掉，安迪苏高管知道消息以后马上给任总打电话，让他来洽谈，这种情报非常重要。原来任先生只是谈技术合作，没有想过要并购它，因为它是世界第一。但是这个公司股权由一个基金控制，基金为了改善财务状况，需要卖企业。发达国家的基金公司卖企业通常是卖最好的，因为溢价高，可获得更多的资金，这种理念与我们的习惯性思维不一样。高管提供这种精准的情报，任先生就积极参与收购洽谈，最后就把这个公司成功收购了。

目标企业的选择还有一个很重要的来源。中国化工集团内部有个化工行业的信息中心，以前是化工部的，后来整合给它。任先生布置给这个信息中心一项任务，分析全球化工行业前十位企业的详细情况。分析之后再跟踪，什么时候有可能出售，提前做好准备，而不是要买的时候才临时去查资料。上海医药集团应该有专业的商业情报部门或者信息中心，早就应该布局这项工作，对可能的收购对象现在就要分析。

所以，目标企业的来源，一个是自己的合作伙伴，另一个就是基于内部的标准去筛选，满足条件的进入备选库。

中国化工集团跨国并购做得好的重要原因，是在国内的并购做得好。在国内做成了100多项并购，所以任先生有个外号"并购大王"。跨国并购也有很重要的一次练兵，为现在的成功奠定了基础，那是2003年与上海汽车竞买韩国双龙，那个时候蓝星要买，上汽也要买，最后政府认为蓝星不是车企就别买了。国内并购团队再加上专业合作团队，参与了前期收购工作，虽然最后没有谈成，但是团队知道了跨国并购是怎么回事，后来2006年开始的跨国并购都是这些人在做。所以并购团队如何构成，也要早谋划。并购团队由两部分组成，一部分是企业内部的，一部分是外面的专业人士，投资银行、律师、会计师、税务师等方方面面的人。跨国并购能不能成功，与团队能力与经验密切相关，团队核心人物，除了任先生以外，还有陆晓宝先生，所有的项目他们几乎都参与了。

3. 收购主体组合有力，前期准备全面充分

收购的过程是组合式的，前期准备工作要非常充分，包括实力的准备、情报的准备，还有信任的准备，也就是人际交流的准备。在海外并购中，任先生全程参加所有项目，亲自主持重要会议。一项跨国并购，一把手要参与，因为一把手了解的信息是其他人员没法比拟的。人员之间的信任非常重要，这是一种人际关系，是在打交道。任先生跟我讲，他请法国的客人到他家里吃饭，吃兰州拉面，他亲自做。中国化工集团总部有个餐厅，专门接待外国人士，我有幸吃了一顿饭。很有意思，那个时候跟法国交往比较多，墙上的画都是法国的名画，我说真了不起，有法国名画。还请菲律宾的佣人提供服务。收购企业还有一个很大的问题，就是工会，很难沟通。任先生怎么解决这个问题呢？比如欧洲的企业，我们了解欧洲远远多于欧洲人了解我们，你问欧洲人，他们甚至还有人认为中国人都有大辫子，他们知道龙，但是没有来过中国。所以不管收购哪个企业，任先生都要把工会领导人请到中国，到西安、北京、上海、深圳，各个地方看一看。任正非先生与任建新先生是我最佩服的两位中国企业家。华为是招待客户的路线，中国化工采取的是工会领导人的旅游路线，这是建立信任的一个过程。

4. 善用专业中介机构

企业家要有远见，要跟专业机构的专业化能力相结合，必须要有一流的专业机构为你服务，但绝对不能完全依赖他们。所以内部还得有专业团队，比如既要请会计师，我们自己的会计师也得跟上，还有律师、税务师，自己专业团队都要跟上，这是方方面面的事情。任建新先生聘请的财务顾问、法律顾问、行业顾问都是世界一流的，有波士顿咨询、美国四大律师事务所、德勤、普华永道、毕马威，等等。千万别舍不得花钱，这个钱值得花，一是可提高并购项目的成功率，二是有助于避免可能存在的风险和隐患。中国化工集团也有很多并购没有执行，并购要善用专业中介机构，舍得花钱、敢于花钱。请律师做前期调查，几百万美元花掉了并不可惜。任先生的看法不一样，他说看起来我白花了 300 万美元，但是避免了错误决策可能要赔掉的 3 亿美元。如果前期尽职调查不请一流的专业机构，不花大价钱，以后有可能损失 3 亿美元。

5. 把握收购时机

收购机会需要寻找，主动地去找机会。中国化工建立了庞大的数据库，经过筛选、有了目标以后，与之建立联系，不是说我要收购你，而是与你做业务，在中国替你拓展市场，你技术很好我引进，从业务合作开始与人家建立关系。一旦并购时机出现了，就迅速抓住。例如收购瑞士先正达，全世界多家大企业都在角力，但是最后中国化工集团成功了。我访问他们的一个处长，他全程参与了此项目，我说你们最核心的成功原因是什么。他说最核心的是我们老板厉害，与对方董事长好得像哥儿俩。我问：任老板懂英文啊？他说懂几句，但是能交流。我英文不好，但我也可以跟中文不好的外国人交朋友，非语言的信息也很重要。

另外，还要创造机会，创造时机。千万不要像 LDS 那样认为汤姆逊公司太好了，机不可失，赶紧买下来。汤姆逊公司为什么收购不好？ LDS 先生在香港出差，在大堂碰到一个投资银行的人，他说你在这儿干什么，投行的人说我们在陪客户谈买卖，法国汤姆逊公司要出售，还说不能告诉别人，正在谈的过程中。他们想卖给海尔，谈不拢，他问 LDS 是否有兴趣，LDS 有兴趣然后就开始收购了。千万不要收购陌生企业，否则 90% 的可能性是失败的。收购是一件人际关系的事情，不仅仅是钱的事。现在找钱很简单，要多少有多少，但钱多，也不一定能办成。企业团队与别人的团队要多交流，建立信任关系，这个非常重要。

6. 重视利益相关者

重视与工会打交道。上海汽车把韩国双龙收购之后，输在工会问题上。在上海汽车之前，首钢集团收购秘鲁铁矿石，也是败在工会问题上，30 多年了也没有学会与工会打交道。多年以后他们说工会怎么老这样，慢慢才搞明白，工会每年罢工是必须的，不然工会有什么作用？你得理解这种行为的内在动机。

7. 全过程的文化融合

这条经验也非常重要。为什么收购合作伙伴才容易成功？这是文化融合的问题。因为跨国并购有一个双 70 定律，70% 的跨国并购是失败的，失败中 70% 的原因是文化差异、冲突。收购合作伙伴，因为跟合作伙伴有三年或五年的文化沟通做基础，提前把文化冲突的问题解决了。

借鉴中国化工的国际化并购经验，可以提高走出去的速度和成功率。建议中国制药企业充分学习这些经验，花大力气补齐跨国成长的能力短板。

药事法务能力：包括申请新药认证与上市、专利权益保护、挑战巨头专利等方面。例如美国的安进生物，被称为制药业中的"律师事务所"，在应对强生等巨头的法律纠纷中形成了强大的法务能力，挑战专利频频成功。印度许多药企，拥有药学和法学的复合人才，多家企业在美国获得仿制药 180 天的保护期。中国的企业既要聘请外部专家，又要在合作实践中逐渐培养自己的能力。

战略联盟能力：包括开展校企合作、大药企与生物科技公司合作、与领先的数字企业合作。

国际外交能力：与东道国非市场利益相关者和相关国际组织打交道，主要包括沟通、交流、交往、协商、谈判、合作等能力。

强化合规竞争力　构建世界一流企业

王志乐 [*]

王志乐，2019 年 3 月 16 日，2019 年 7 月 30 日

一　合规竞争力与世界一流企业

合规竞争力是怎么来的？党的十九大报告提出目标，要深化国有企业改革，培育具有全球竞争力的世界一流企业。我对全球大公司的国际总部做过调查，实地调研 100 多家，发现这些世界一流企业，不仅拥有一流的技术、一流的产品这些硬实力，而且拥有强大的软实力，其中合规管理、合规文化实际上就是软实力。习总书记在 2018 年民营企业座谈会上提出要求，在合法合规中提高企业竞争能力，形成更多具有全球竞争力的世界一流企业。

2019 年 7 月 22 日，财富全球五百强排行榜发布，我应邀写了一篇评论，在文中提到，中国企业发展的速度非常快，中国加入 WTO 那一年，只有 11 家中国企业进入世界五百强，到 2018 年，已经有了 119 家企业，加上台湾共有 129 家，第一次超过了美国，这样的重大转变值得高兴，但是应该看到

* 王志乐，全国合规企业委员会副主席、北京新世纪跨国公司研究所所长。

我国企业还面临很多问题，主要有四个方面。

第一，盈利能力不强。中国的企业平均盈利能力，低于全球五百强平均水平，更低于美国，美国的企业平均年利润为 60 亿美元左右，中国企业只有 30 多亿美元。

第二，中国企业的全球竞争力不强。中国企业最大的 100 家跨国公司，跨国程度和跨国指数只有 20%~30%，而全球跨国公司的平均跨国指数达到 60% 以上。

第三，新兴的产业较少。特别是和生命健康密切关联的产业，比如医药、设备、制造，还有医疗保险、养老健康，美国的入榜企业很多，而我国只有两家企业——华润和国药，盈利能力与美国相差巨大。

第四，合规竞争力较弱。2018 年我国上榜的企业中，有八家被剔除出排行榜，后来安邦、海航、华信、万达这四家又重新上榜，另外四家为什么被剔出来？关键是违规。

我国企业 ZX 事件是社会上很关注的一个重要案例，由于违规，特别是第二次违规，再次被美国罚款。第二次罚款，甚至导致公司的价值链、生产进入了休克状态。所以，一家企业如果违规，不仅会被从排行榜剔除出来，而且可能休克，甚至死亡。

医药产业内的长春长生疫苗案件，由于违规违法，最后所有的主要领导都被判刑，企业被罚款 91 亿元，证监会宣布这个上市公司退市，公司死掉了。这是中国政府对违规零容忍的一个重要表现。

什么是合规呢？一个企业或者一个组织履行合规义务就叫作合规，那什么是合规义务？包含两个方面：一是合规要求，也就是国际组织、各国政府的监管机构、行业组织，对企业的监管有要求，企业必须做到，这叫合规；二是合规承诺，一个企业肯定有一个承诺，比如参加联合国全球契约组织，有十项原则，加盟这个组织的新成员必须承诺接受这些原则。

合规要求和合规承诺有三个具体表现。

一是法规，遵守公司总部所在国和经营所在国的法规监管规定，到了国外还要遵守经营所在国的法律法规监管规定，其中包括国际通行的规则，还有非国际通行规则。《美国陷阱》这本书反响较大，美国的长臂管辖对许多企业产生了重大实质性影响。

二是规制，遵守企业内部的规章制度，而这些规章制度有一些是响应合规监管和体现合规承诺的制度准则，这些规制是合规的。

三是文化，合规不仅体现在制度上，还体现在价值观、职业操守、道德规范中，核心是诚信守约。比如企业 ZX，当年和美国企业签的合同里面有一条，购买美国的零部件，要遵守美国的法律，不向美国制裁的国家转售，这是当年合同里明确写好的。所以美国制裁它，是因为 ZX 违反了诚信守约的义务，如果觉得合同条款不合理，当时可以不签，但是签了就必须守约。

为什么这些年大家对合规这么重视？因为不合规的风险太高了，长春长生，ZX，还有从财富五百强榜单出来的四家公司，不同程度上遭受了法律制裁、监管处罚、重大财务损失、声誉损失。国际上一些大公司都认为合规管理是现代企业的一项核心的风险管理，而这个风险管理活动对于中国企业来讲，恰恰是我们不熟悉的，且存在极大的风险。

二　强化合规成为全球新趋势

简要回顾合规风险或者合规竞争力的发展历程。

美国最早提出并管理合规问题。1977 年，美国出台了反海外腐败法，开始加强反腐败合规管理。到了 1991 年，美国司法部颁布文件《联邦组织量刑指南》，指南提出，企业应该预防和制止企业内部的违法犯罪行为，建立合规机制和合规体制。按照这个规定，如果公司有这样的合规方案，一旦发现公司违法，主要是公司某个（些）人违法，因为个人犯罪属于个人问题，所以公司可以减轻处罚，甚至于免责。

联合国在 2000 年成立了一个机构，叫作"全球契约组织"，这个机构有 50 多家世界上领先的跨国公司，它们提出了 9 条原则，人权、劳工标准、拒绝雇

用童工、拒绝歧视等，特别是环境。到了 2004 年，他们又增加了第 10 项原则，就是企业合规承诺，加入的企业都要遵守这些原则。

此后正好出现了一个重大的案件，2008 年 12 月 18 日，美国司法部文件披露，西门子由于在中国的多个项目（如三峡大坝的输变电工程、中国地铁、高铁工程，以及向医院销售 CT 机、核磁共振等大型设备）中存在行贿行为，被美国机构抓住，西门子虽然不是美国公司，但是在美国上市，美国根据反海外腐败法，可以对西门子公司进行调查。德国政府没有护短，和美国政府沟通之后，由慕尼黑警方出动，查抄了西门子总部，最后西门子认罪认罚 16 亿美元，其中有一些给了德国，相关人员被监管四年。

这个案子是空前的，我在 2010 年前后走访了欧洲 10 个最大的跨国公司，其中有六个都是在 2009 年开始设立首席合规官，把合规作为公司的重大组织调整。现在各国都开始强化合规，美国加大了反海外腐败法的执行力度，鼓励举报，这些年已经花了 3.85 亿美元奖励举报者。

英国通过反贿赂法（其中有一个罪名，公司如果没有防止贿赂也算问题），要求企业建立有效的一套体系以预防出现问题。法国的法律更进了一步，监管机构发现公司没有建立合规体系、合规制度，就要对高管进行行政处罚。

那么这个体系是什么？国际标准化组织 2014 年出台了 ISO19600，到 2017 年 12 月 29 日，中国国家标准委把国际标准内化为中国标准，就是合规管理体系指南，编号是 GBT35770，从 2018 年 7 月 1 日开始实施。

还有一个趋势，现在的合规从最早的反腐败专项合规走向全面合规，比如贸易规则、出口管制、贸易制裁，ZX 就是违反了贸易规则。竞争规则，比如反垄断、反不正当竞争；金融规则，反洗钱、反恐怖融资。这些规则都在变化，过去反洗钱大家理解：一个银行收进了别人的存款，银行有可能不知道来的钱是黑钱还是白钱；现在的规定是如果来的是黑钱，没有审查清楚就收了，就算是参与洗钱。像这样的一些新规则，我国的企业不太了解，往往容易中招被抓。

中美贸易争端对企业的合规带来了新挑战。美国有一套和中国对话的规则，正在努力就这些规则与欧盟、日本沟通，让它们都接受，以共同应对中国，把美国的规则转变为国际通行规则，现在实际上已经成功了。它们要求中国在市场准入方面要对等开放、扩大开放等。还有知识产权、产业补贴、竞争中性等方面。实际上中国政府已经认可、接受了大部分，现在开放的力度已经是40多年来最大的一次，22个领域开放，有的还提前开放了。不能强制转让技术，中国新的外商投资法里面也写进去了。竞争中性，已经写进2019年的政府工作报告中了。

按照我的调查研究，中国许多企业价值链的各个环节，按照美国贸易战对中国企业合规的冲击，几乎都面临着新的合规压力。

美国有些案件和医药界关系比较密切，与新药开发的商业机密有关。医药行业的高端研发机构备受关注，2019年一对华人夫妇的研究室被关闭，他们在研究癌症的一些前沿技术。

美国联邦调查局局长称，美国各州2019年已经调查处理1000件涉及知识产权的案件，较多案件与华人和中国有关，所以有些人现在很极端，把华人看作间谍。其实早期美国对于中国企业的合规问题并没有特别关注。但是中国现在的经济实力和全球地位持续提升，美国等把力量全部用上，对于我国企业的合规要求确实更严了。

三　从"要我合规"到"我要合规"

对于企业而言，怎样从别人要求你合规转变到自己主动要求合规？因为被别人要求合规是被动的，不可能真正做到合规的，只有自己认识到我要合规，才有可能真正努力去实现合规。

要转变这个思维，中国企业首先应当清醒地认识合规风险，只有对风险有足够的认识，才有动力改变目前这种被动的状态。中国企业的硬件相比之下确实有一定的差距，尤其在软实力这种基于规则的竞争力上，差距更大，我们

必须看到潜在风险。医药企业这些年因为违规带来了灾难性后果，像葛兰素史克，2013 年由于在销售过程中违规，被中国的执法机构抓住，最后以非国家工作人员行贿罪，判处 GSK 中国投资公司罚金 30 亿元，几个主要的管理人员都被判刑。

这个案件发生之后，可惜中国的企业没有受到震动。当时商务部的领导、发改委的领导都问过我，对这个案子怎么看，我说这个该抓该罚，一点都不冤，但是不要让外界认为这只是针对外国公司的，可惜中国企业没有高度重视，没有从中得到启发、受到震动。后来，2018 年发生长春长生案件，对行业震动很大，板子打到咱们自己身上。

现在中国企业走出去了，但是遇到的问题很多。2018 年世界银行的黑名单上，有 98 家（个）中国企业和个人，什么原因？都是在海外违反了采购指南条款，什么是采购指南？就是世界银行的贷款项目在招标的时候要求大家廉洁，不能通过行贿竞标。咱们有的可能是行贿，还有的情况不一定是行贿或腐败。我国有一家大的央企在海外拿项目，不是因为行贿而违规，而是子公司去拿项目，人家要求它提供资质文件，它把总公司的资质文件报上去，结果人家核查，这不是它自己的资质文件，他们定义这种行为为欺诈、造假。

欺诈就没有资格投标，所以就上了黑名单，也不能抓人，但是禁止承接世行资助的所有项目。仅仅禁止承接世行的项目还好，现在的规定是只要世行制裁，其他所有的国际银行都联合制裁，一般都是三年以上，这就等于在国外没法干了。

关于反洗钱，中国的工、农、中、建四大银行在海外的机构无一例外都被抓过，工行马德里分行被查抄，中行米兰分行涉嫌洗钱和解，农行纽约分行被罚款 2 亿美元，建行纽约分行没有被抓到洗钱的问题，但是被指责反洗钱不力。

所以，在新的国际规则之下，企业面临着较为严峻的合规风险。随着中国企业走出去，问题被暴露并放大了，原来很多风险在国内实际上就存在，但是当时不认为这些是问题，现在走出去，全球化是基于规则的全球化，而这个规则是这么多年来国际上一直实施的规则。比如反腐败、反海外腐败、反洗钱，都已经实施了很多年，有一整套的规则和制度。这些年，我国有的企业被国外指责商业腐败，被指责违反环境法规、违反社会责任承诺、金融欺诈、参与洗钱、违反出口管制、虚假陈述等。

然而，我国企业有各种各样的管理体系，比如有风险管理体系，也有内控体系，甚至于纪检监察，为什么没能够发现、识别这些风险？也没能够有效地遏制这些风险？我们对这些被抓的企业和海外碰到问题的企业都做过沟通调研，我感觉它们并不是故意在海外干坏事，甚至在海外的规范管理比在国内还认真，但是它们缺乏对国际竞争规则的了解。传统的跨国公司正在走向全球型的公司，而所谓全球型公司，和原来的跨国公司不同，关键是打造一个全球的价值链，像华为、ZX，这些公司都是打造了全球型的价值链，现在的竞争已经不是过去那种产品竞争、单个企业之间竞争，而是价值链的竞争，特别是全球价值链的竞争。同时还有文化，当西门子案件发生之后，全球型公司纷纷强化合规经营，实际上改变了全球竞争的规则，我国的企业，特别是国有企业走向世界，面对的是已经改变的全球竞争新方式和新规则。我国企业对这种新方式、新规则不熟悉，所以就容易出现一些问题。

实际上，中国企业已经开始大规模走向世界。20世纪90年代，我国企业每年对外投资只有大约10亿美元、20亿美元，2001年高一点，达到69亿美元，后来开始大规模扩张是在2008年，对外投资高达559亿美元，随后逐年攀升，2016年达到1700亿美元，远远超过当年引进的外资，中国从一个投资输入国变成了投资输出国。2008年是一个转折点，而2008年在国际上是强化合规的转折点，2008年12月，西门子公司被狠狠地罚了一笔，导致全球的大公司都意识到竞争规则变了，过去的不合规现在行不通，所以企业要强化合规，各国政府都在加大对合规的监管力度。合规竞争力，到2008年以后越来越成为实实在在的竞争力。

我国企业就是在这样的背景下大规模走出去的，而很多企业还没有合规竞争力这个概念。西门子这家百年老店都碰上大问题了，将来中国的企业恐怕也

会碰上。10 年后，果然 ZX 案件发生了。中国企业在合规方面不是有意做坏事，而是没有经验、不知道，无知无畏，所以在国外犯了不少错误。

当然企业的管理架构也有问题，原来的各种机构不能适应合规要求，比如纪检监察部门，主要是抓企业内部的行贿受贿。可是，如果这个企业到国外，或者到了别的地方，为了多销售产品给当地的医院或者利益相关者而行贿，怎么办？过去的内部机构都是各管一摊，缺乏协调能力。

合规管理的运行机制和制度都有，但是为什么不能得到认真执行？主要是缺乏持续更新的合规培训机制，我来上药集团讲合规已经是第三回了，只有这样不断地培训，强化统一认识，才有可能加强风险防范。另外，在考核机制上，不能只注重业绩考核，而不注重过程考核，否则很容易导致违规问题。

最重要的是，我国企业要形成诚信合规的文化，研究出问题的各种企业并进行总结归纳，常见的不合规有四种表象：

第一种，强调进取、奋斗，但是不怎么强调规则。这是好企业，但是缺乏尊重规则的意识。有一家企业——吉利汽车，合规体系是我们帮它建立起来的，后来它在德国、美国进行非常大的收购，德国和美国对吉利进行了严格的合规检查，最后都没查出问题。它现在明确把合规文化写进企业文化，原来基本是奋斗者文化，现在合规文化也是重要内容。

第二种，投机取巧，想挣快钱。有规则挡着，他们就想绕，有一家央企的合规部门负责人和我聊天，现在大家都知道合规了，怎么绕过去这些规则？这是落后的观念，不是想怎么去严格遵守规则，而是想怎么绕过去。

第三种，弄虚作假，违反规则。这样的事儿不少，有些企业的老总和我讲，有些规则是难以遵守的，如果真正按照规则做，又走不通，所以只好作假。但是这种思维现在行不通，原来在粗放式发展阶段，做点坏事错事可以理解，现在到了想做百年老店、具有国际竞争力、世界一流企业的阶段就不行了。

第四种，潜规则盛行，破坏规则。潜规则是合规的天敌，很可能导致严重隐患。

合规文化的缺失是制约我国企业未来发展的重要因素。看得见的是缺乏技术、缺乏新产品，但是看不见的是以什么样的文化来应对当前世界的竞争。加入WTO的这20年，是中国企业大发展的20年，但是数量增长、规模扩大，不是真正的强大，再往前发展，就要经过合规文化的洗礼。我国要打造一批规规矩矩、基于规则的优秀企业，才能真正建成百年老店，做大做强。

所以，中国企业首先要强调合规的重要意义；其次，通过合规来整合、协调原有的管理体系；最后，重构具有合规内涵的企业文化。经过这三个层面，可以做到由"要我合规"到"我要合规"的转变。

四　建立有效的合规管理体系

我国的合规大环境已经发生根本性改变。以前只是一部分企业在推进，ZX第二次被处罚后，全国企业合规委员会给中央提了一系列的具体建议，得到高层的重视，总理专门做了批示，强化合规经营意识是企业走出去的前提，要求国资委、发改委、商务部、外交部四个部委调查研究这些年中国企业面临的问题，指导企业遵纪守法，既要避免授人口实，又要切实防范风险。

在这样的背景下，2018年底国家出台了《企业境外经营合规管理指引》，由发改委等部门联合发文，国资委同年11月发布《中央企业合规管理指引》，要求地方国企参照执行。

2019年4月26日，"一带一路"第二次国际峰会明确提出，要按照普遍接受的国际规则标准进行国际交流与合作，就是企业在海外经营的时候，要尊重各国的法律法规。

那么我国企业现在应该怎么做？

关键是要建立有效的合规管理体系，不是简单地忽悠一下说大家要合规，我们也要重视建立一套体系。这个体系是什么？怎么建立这个体系？我们在前两年组织了50多个公司的合规官，大家在一起讨论体系是什么、怎么建体系，最后形成了一本书叫作《合规》（第五册），我们研究所关于"合规"推出了一系列著作，第五册专门讲的是怎么建体系。强化合规管理，不是一时的局部改良，

而是持续地全面改善。

企业建合规管理体系，一是依据国家标准，二是依据国外特别是美国的一些规则。美国的规则比国际标准高，在审查的时候不是按照国际标准审查，而是按照美国的标准。比如吉利，五年前建立了合规体系，准备在美国收购汽车，2017年美国军方介入进行安全审查，当时已经瞄上中国、重点关注我国的企业，但是经过合规审查，最后军方出具证明，认为吉利是一家合规的公司。吉利斥资90亿美元收购戴姆勒，德国总理默克尔出来作证，吉利没有任何违规行为，因为他们对合规的认识已经非常到位了。

一家民营企业能够做到，其他的中国企业当然也能做到。

什么是合规管理体系？主要有四个支柱：制度体系、组织体系、运行机制、文化建设。总结许多企业的经验，加上专项研究，我们认为建立企业的合规体系主要有六个步骤，其中最关键的是第一步，调查识别公司面临的合规风险，比如对公司的重点业务地区、领域、部门、环节，都要进行评估。然后根据风险健全合规制度。国资委要求健全八个领域的制度，例如市场交易等。还要健全合规的管理架构、组织架构，在公司管理层要有合规管理委员会，当然现在国有企业已经有各种委员会，不要求单独成立合规管理委员会，因为国资委的文件要求，可以和风险管控的委员会合建。企业要有专门的合规管理部门，要有一个首席的合规官，可以由总法律顾问兼任，还要有运行机制以保证制度能够得到有效执行，而且运行一段时间之后，还要进行评审、提升，只有持之以恒才能形成合规文化。总之，建立合规管理体系的六个步骤是完整的闭环，从调查研究、建立制度、强化合规职责到完善合规机制、效果评审推进持续合规，持之以恒地形成合规文化。

最后提个建议，医药企业处在一个合规风险比较大的行业，既要提高产品竞争力，与此同时，还要关注合规竞争力。我们应该从国内合规走向全球合规，从单项的反腐败合规走向全面合规，从制度合规走向整个体系合规，从自身合规走向联合行动，上下游企业要带动整个生态环境合规。

独行快，众行远。从中央到地方政府都高度重视合规，每家企业顺势而为，特别是在全球化过程中，努力提升合规竞争力，才能真正地做大、做强、做持久。

VUCA 时代管理者和员工的"痛"与"通"

胡彭令 *

胡彭令，2021 年 4 月 16 日

VUCA 时代指的是变幻莫测的时代（VUCA 是 volatility, uncertainty, complexity, ambiguity 首字母的缩写）。在新的时期，我们每个人的视野有没有改变？如果还是带着传统的思维方式、思维习惯看待今天的市场，特别是生物医药行业，一定跟不上市场和行业的发展。

一　竞争时代的新视野

VUCA 时代的新视野，有五个"新"：新思维、新理念、新世界、新人群、新技术。首先人群在改变，理念也在转变。大家所在的团队里有没有 90 后？两年之后第一届 00 后大学生就要毕业、开始工作了。你们跟他们有没有共同语言，日常工作中能不能共情共拍？

新技术影响新世界。过去 10 年，是中国生物医药行业飞速发展的时期。国家的很多改革前所未有，包括药品的临床研究、临床注册，所有这些，我有在医药行业工作的经验，

---

* 胡彭令，人力资源管理实战派专家。

一个国外药品进入中国市场，要做Ⅰ期、Ⅱ期、Ⅲ期临床试验，还要申请注册，整个过程没有五六年就无法在国内上市。现在情况发生了很大变化，一些高新企业的新产品完成临床试验后很快就上市了，第一年卖出 10 亿元，第二年卖到 20 亿元。这个案例说明新技术的应用能够很好地体现价值。另外，日常生活中的新技术发展非常迅速，前几年管理上谈无纸化，计算机的速度越来越快，现在很多工作无法用计算机处理，而是云上管理、AI 技术。每个人出差，只要不出国门，除了拎只行李箱，口袋里一定会带两样东西，手机和身份证。口袋里不需要一分钱，银行卡也不用带，完全可以畅通无阻。这种情形以前能想象吗？

这些就是 VUCA 时代新视野的一些缩影。

大家能否告诉我，上药的使命、愿景、价值观和战略是什么？这些跟接下来要讲的 VUCA 时代管理者和员工的"痛"与"通"有关。作为管理者，如果这些都讲不清楚，怎么说服员工加入企业？发展方向讲不清楚，那你怎么做呢？所以，作为一个管理者，我深有体会，一定会有很多压力，会很"痛"，要完成指标和各项任务。但是别忘了，你不知道这些，将意味着什么？从人力资源管理角度，缺失了重要功能，找人、用人，不必找最好的，而要找最适合的。人力资源管理通常都讲"选""用""育""留"，但唯独缺了一个字——"汰"。如果没有"淘汰"这个环节，这个闭环是不成立的，这潭水不是活的，流动不起来。我在礼来工作期间，有一次苏州工厂的厂长（老外）对我讲，工厂有个好消息，去年员工的离职率是 0，超额完成了考核指标。我对厂长说，这是一个好消息，但也是一个坏消息。好消息是你完成对离职率的考核指标，但坏消息是，没有员工离职，不管是自愿的还是劝退，不觉得有问题吗？不流动的水，时间久了会怎样？所以，每个管理者必须清楚所在企业（机构）的愿景、使命、价值观、战略，要理解你应当用什么样的人。

日常工作中，大家觉得哪个为主：管事为主，还是管人为主？没有标准答案，管事为主，没错，因为这些事就是指标，绩效考核和 KPI 要完成。但是指标谁去完成？事情谁在做？人。接下来另外一个问题，管理员工、激励员工，哪个

为主？如果只能选一个呢？没错，激励为主。激励的英文是 motivation。在日常工作中，自己是管得多，还是激励得多？管，你让别人不舒服；激励，肯定是让别人更有激情。当然，我们也要探讨激励的方式和方法，激励的最终目的是让别人心甘情愿地工作，把人的潜能激发出来。

二　管理者的"痛"

1. 运营压力

围绕运营战略有多个因素，行业和市场、机遇和风险、短期和长期、单一和多元、人力成本、法律合规，管理者一定会面临许多压力。生物医药行业非常注重规范，比其他任何行业更加严格。前两天国内有家制药企业被处罚，因为在法律合规方面有问题。2013 年底，一家英国的跨国医药公司被处罚，CEO 被驱逐出境，四个高管（中国人）获刑，被终身禁止在医药行业工作，也是因为违反了相关的法律法规。人力成本每年往上涨，各位可能没有什么感觉，但我相信你们的领导，或者你们领导的领导，或者财务分管领导肯定会感受到这种压力。人力成本过高、运营成本过高怎么办？产品同行也有，又该怎么办？每个管理者都会面临这些烦心事。

这是运营压力的"六座大山"，管理者通常都要思考，是一种"痛"。

2. 业绩指标

医药行业的管理者每天要考虑这么多的因素，包括顾客、员工、股东、公众。制药企业不能有任何问题，病人吃了你生产的药如果有副作用，你不能说，不好意思，我们这个药品的副作用只有千分之多少，不能这样。同样地，人本导向，以人为本进行管理。现在的管理面向 90 后、00 后的员工，怎么做？他们与 60 后、70 后完全不一样，不是说给多少钱就愿意来。上药作为一家上市企业，股东一定会有要求，股票市值能不能往上走？这些对管理者来讲都要思考，也是他们的痛点。

3. 员工不理解

从员工角度，他觉得自己是被别人夹着，包括基层管理者，他说我也是员工，不是管理者。我看到很多大型企业的主管，包括经理，甚至有些总监，包括一些生物医药公司的副总也有这种感受，他认为自己是夹在中间的那一层，上有老板下有员工，很难受。这说明他还没有做到自我蜕变？人的自我蜕变，就像老鹰一样，老鹰在哪个阶段最痛苦？重生阶段，它自己要把身上的羽毛用嘴一根根拔掉，然后再长出新的，这个过程最痛苦。但是不经历这个过程，就无法生存下去。我们同样如此，自我蜕变，就是否定以前的所有业绩，能不能改变自我、愿不愿意改变？在这个过程中，员工对管理者的痛是不理解的，觉得管理者就是管、卡、压，不理解管理者的这些"痛"。

三 员工的"痛"

与此同时，管理者理解不理解员工的"痛"？不管哪个层级的管理者，不管带多少人，理解不理解员工的"痛"？这个也非常重要。

1. 路在何方

看看我们周围，包括自己的小孩，大学毕业有没有找到理想的工作？工作不如意，敢不敢裸辞？最近有个数据发布，上海市的生活成本最高，而且在世界上排名非常靠前，已经超过香港了，所以，员工的生存压力很大。另外，一份工作干了两年之后，从心理学角度看，一定会产生职业倦怠，很容易没有激情。每天上下班，就像和尚撞钟一样，甚至会觉得，"怎么又要去上班了？说不定进去又要被领导骂了"。出于类似的原因，员工的身心健康很难保障，有的甚至患有抑郁症，这是身心健康方面的问题，也是"痛"。

还有工作、生活的平衡。除了法定假日外，每个人都有年休假，你会不会拿年休假跟家人或朋友出去旅游，不带电脑、手机一律不接、微信不回复？做得

到吗？很可能做不到。老外休假，他们都是"消失"性的。圣诞节两个星期，你找不到他们；跟家人出去休假两个星期，你也找不到。秘书也不知道他们的行踪。我国职场上所有的人，压力非常之大，不管国企、外企还是民企，基本上都是打工者，当然，老板的压力更大，所以，路在何方？

2. 生存压力

工作、生活、职业、身体健康状况、社交氛围、心理的压力，每个员工或多或少都有一些。自杀的恶性事件，不管是职场还是校园都有。2020年，上海市南浦大桥上一位男学生跳下去，因为他在学校读书有问题，老师打电话把他妈妈叫去，老师当着妈妈的面讲学生怎样，作为母亲的听了很不舒服，妈妈一边开车一边唠叨，这个男生受不了，堵车的时候车辆行驶很慢，男生就打开车门从桥上跳到黄浦江。这是一个很极端的例子，每个人都会承受各方面的压力。

管理者有他们的痛，员工也有员工的痛，每个人都要生存和发展。

3. 领导不懂我

对于现在的95后、00后的员工，我们能读懂他们、看懂他们吗？我们有的人讲他们没有责任心，没有事业心，上下班非常准时，下班时间刚到就一溜烟走了，上班从来不会提前到。下班叫他开会、加班，他会说不好意思有约会。没有人给你干活，你还得求别人。我们公司就有一个，1997年出生的小男生，工作遇到很多问题，我对他讲，用弗洛伊德的精神分析理论，你始终是处于自我的状态。他没有责任心，但是每次你讲话，他好像都很认真地听你讲。我们每年都会用实习生，有一个实习生，我讲了20分钟，他笔都不动、本子也不拿出来，相比之下，说明了什么？说明他完全没有责任心。我不是对这个年龄段的人戴有色眼镜，他们做得好的也非常棒。还有一位年轻人，参与了我们与国家科技部下属的国际人才基金项目，讲话的语气语调和思维方式非同寻常。我问他是不是80后？没想到是1994年出生的。为什么他能做到这样？他是富二代，不差钱，但是工作非常认真努力。这说明年轻员工的思维方式，有的非常好，也有的非常不理想。不是领导不懂你，而是你对自己有没有要求。

四　管理者与员工的 "通"

管理者与员工的 "通"，怎样才能有效达成呢？

1. 合拍同频

一个重要的前提，管理者与员工之间是不是同频，在同一个频道上对话？首先，作为一个管理者，要放下管理者的身段，作为 70 后、80 后的管理者，要放下年龄积累的资历后，去了解 90 后、95 后、97 后他们在思考什么，未来 00 后大学毕业生进入职场，他们又在思考什么。只有这样，才能跟他们共频，才能跟他们有共同语言，否则怎么对话？

其次，要了解这些，必须走进他们的内心世界，要走心。不了解他们的周围，怎么走心？不走心就没有办法对话。我经常问，什么叫半次元、一次元，什么叫二次元，什么叫 cosplay？最近网上这些年轻的男生女生追哪个明星、追哪些剧，你得知道。知道他们在看这些，上网稍微了解一下，这样沟通就有共同语言。

2. 同理心思维

达成共频，意味着双方要有高情感智能（而不是高情商）。高情感智能，怎么做到？非常重要的是有同理心。

同理心，不是同情心。围绕以下几个维度去体验：换位思考、不作评判、体察他人情绪、学会与人沟通。第一点，管理者也好，员工也好，遇到问题，换位思考，用中国人的话讲，就是站到对方的角度考虑问题，西方人叫换位思考。第二点，遇到问题时，不要急于作评判，过早下结论就很可能产生新的问题。第三点，体察他人情绪，就是走心，走进他的内心世界，这样你就知道他今天的情绪状态是怎样的。在外企工作，我有个特权，安排办公室里的位置，我的办公室总是与老板的办公室相邻，我可以随时找他。另外，老板通常要走过我的办公室才能进入他的办公室，每天我只要观察他走路的速度、姿态，就知道他今天的心情如何。如果我要他审批一项工作，比如预算，心情不好的时候，他绝对不会签的。所以，我会早早地把材料准备好，待他出差回来，心情很好，坐稳之后秘书将咖啡也准备好了，而他没有其他的安排，我就进去找他，先做些铺垫，听说你上个星期在北京，很开心？你跟员工吃饭，激励他们，员工很有激情。领导这时候会问，激励如何做得更好？HR 怎么做？我说建议方案起草好了，这样可以吗？他很开心，看着方案并要求抄送财务总监，这样事情很快就办好了。类似地，员工也一样，每天进办公室，我跟他们打招呼，讲话的时候眼神与他的整个脸是共频的，通过眼睛观察对方今天的心情。管理者要懂得体察他人情绪，要学会沟通，这些就是同理心的几个维度。

怎么理解这几个维度？需要彼此的关注、共同的积极情绪、一致性和同步性，另外，还有以下几个非常重要的点。

第一，认知同理心。一个人的工作、生活有没有激情，就看他有没有好奇心，不带有任何好奇心，永远不会有激情。所以，要有好奇心，看到你今天情绪不好，我好奇，怎么会心情不好？心情好，我也好奇，为什么心情好？有了好奇心以后，你就知道下一步要做什么；不带有好奇心，就不会行动。另外，要能表达自己的意图。表达很重要，表达的时候你的脸部表情、肢体语言，都在告诉别人，他在你心里的角色、地位是什么。如果我讲课一直是这样的姿态（双手插在口袋里），你们会有什么感受？傲慢、不尊重你们。最后还要激发下属的最佳工作表现，哪怕这个员工并没有做好。在管理的过程中，怎么激发他们？这是认知同理心，管理者要知道当下员工的状态和情绪。

第二，情绪同理心。当对方情绪有一些变化的时候，你是否知道怎么回应他？还是以那个小男生为例，前不久发生的事，我没有当着办公室所有同事的面，而是把他叫到休息间，我讲着讲着，发现他脸部表情有些变化，刚开始不屑一顾，逐步地脸红了。我说你父母对你管理的方式很好，因为你是一个男孩，把你当一个 man 在散养，让你以后成为一个顶天立地的男孩、男人。当我讲这句话的时候，我注意到他的眼睛是湿润的，这说明情绪上有共鸣。这个时候如果再去煽情，就不对了，然后话题一转，父母不管你的好处是你可以自食其力，但是当你踏上职场的时候，进公司了，工作应该怎样干？我永远记得当初从学校毕业的时候，父亲对我讲的话：毕业了，进工厂、踏上社会，要记住少说话多做事，领导让你干什么你就干什么。当话题转到这里的时候，他眼睛湿润了，眼泪没有下来。他有这种回应，就是情绪的同理心。

第三，同理心关怀。这点非常重要，要了解员工当前的痛苦、需求，他现在最难的事情是什么，最想解决的问题是什么。现在中国已经步入老龄化社会，而员工会越来越年轻，10 年前很多企业让我讲领导力课程，一定要我在里面加一个模块——80 后、90 后的管理。现在我不能再讲这个模块了，因为 80 后现在很多是管理者，你还讲 80 后、90 后怎么管理？落伍了。所以，管理者要随着自己年龄的变化、职务的变化、社会环境的变化、行业的变化，前瞻性地了解各种变化，才能与对方有效沟通并提供帮助。

还有一点，情绪同理心是一把"双刃剑"。有人说，领导太牛了，什么都看穿了。那他以后还敢在你面前露脸吗？以后他就伪装自己。另外，觉得领导很厉害，就要与你拉开距离。作为一个管理者，不要因为手上有权，就对员工发号施令，用权力、职位影响下属的工作，那是没用的。你要把权力和职务抛到一边，与他们同频共振。

在外企工作，包括在创业期间，我跟员工永远是合作伙伴、是家人。举个例子，我们公司的公章，财务章、合同章和我的个人章都不在我身上，我可以一两个月不进办公室，公司照样运作。但也有人担心，员工把你卖了怎么办？在他们心里，员工会出卖他，这样互相之间就没有信任。当然，这些你们不一定可以用，只是举这样的例子，说明怎么拉近管理者和员工之间的距离。

当然，同理心鸿沟，也非常重要。要注意是否遇到这种状态，及时发现问题。我们有个同事，从英国留学回来，是学习人力资源专业的。他工作很努力也很刻苦，从实习生成为带团队的经理。后来工作中遇到难题，需要跟客户沟通，他经常讲"我要跳黄浦江了！"我说，你跳啊，你想想清楚，我在你这个年龄的时候管理 100 多人，也没有想过要跳黄浦江。几次这样讲了以后，我发现有问题，我开始自我反省。问题出在哪里？你跟他讲这些，他能理解吗？他跟我不是同一个年龄层次的，他比我小两轮，相差 24 岁。所以，有同理心鸿沟，不要总是把自己的经验强加给员工，跟员工讲我们那个年代怎样，你们应该也怎样……这种思维是错的，不能用这种方式去跟他们讲，不要用自己的那种经验阅历去认知和沟通，每个人的成长环境不一样，管理者要注意同理心的鸿沟。

同理心思维有一个 HIC 模型，这里讲一下 H 和 I。H（happiness），员工在你这里工作开心还是不开心？一旦开心了，干任何事情，不用强制命令，可以顺其自然地干，而且干得很舒畅，潜能得到发挥。I（Interesting），有没有让员工做他感兴趣的事情？了解员工的兴趣所在，尽可能地安排他感兴趣的工作，当然有时候也必须分配一些他不感兴趣的事情。这种情况下，我会这样说，我知道，这项工作你肯定不感兴趣，但我还是要给你做，为什么？难道一辈子你就在这里打工？如果哪天你跳槽了，人家问你这个活能干吗？不会干，你就没有机会了。我在外企的时候，手下有一个男生，是学 IT 的但是没有做 IT 工作，在其他企业做了三年招聘，在我这里的招聘主管岗位上干了一年半，我问他有没有兴趣换换工作，去做薪酬岗位。他听后死活不去。因为做招聘的经常出差，所有的招聘都需要 HR 做第一轮面试，他性格外向，喜欢做此项工作。而薪酬管理岗位，每天对着电脑，非常枯燥。我说你理性地想想，干了四年半的 HR，你只懂招聘，哪天猎头公司提供一个 HR 总监的位置，你敢去吗？薪酬你懂吗？你不可能永远满足于目前的岗位吧？过了两天他说去做薪酬，以后再回来做招聘吧。我说干两年薪酬，以后再去做培训。听说要做培训，他又快疯了。新员工培训，我让 HR 部门每个人讲一个板块，轮到他讲的时候，30 分钟的时间，不管是什么季节，他讲到一半就满头大汗，非常紧张。我说，如果做人力资源经理、总监，下面坐的听众比你高两三个层级，你讲话不气喘吁吁，我就给你机会。四年以后他离开我的公司，在一家世界 500 强公司任职人力资源总监，现在是一家生物医药公司的 VP。

所以，有时候让员工做感兴趣的，有时候让他做不感兴趣的。做不感兴趣的，是为了提升能力。所以，管理者要思考，让你的员工在你这里工作，开不开心？能力有没有提升？有人说，他能力提升了会不会把我替代？那说明你自己不求上进，在原地踏步。社会和行业都在往前发展，原地踏步就意味着倒退。

3. 互赢方法

第一，建立信任。管理者跟员工之间的信任很重要，一旦产生了信任，很多工作都能干好。没有信任，相互之间用防火墙把自己包着，不跟任何人沟通交流，那就不行。有的公司高管问我，如果与员工距离拉得很近，变成他的秘密我知道，我的秘密他也知道，这样工作就很难干了。信任不是要把所有的秘密都告诉对方，信任的前提是员工把你当作他的良师益友，觉得你这个老板像靠山一样，他遇到挑战和困难的时候，能够依靠你，从你这里得到一些解决方案或指点。否则怎么叫信任？用年轻人的话，员工与主管之间、领导之间可以称为 "童鞋"（网络语言）。

第二，关注过程。关注结果的同时，更要关注过程。结果是怎么产生的？一定是脑子里先有想法，然后有种态度，态度有了，就有这样的行动，行动就带来了结果。这是一个循环圈。管理者与员工沟通交流，只是关注结果，还是忽略了过程？就像绩效管理。前段时间有位高管问我，采用 OKR 方法好不好？用 KPI 指标考核好不好？以前讲末位淘汰，平衡积分卡，都是绩效管理的工具。早期推行平衡积分卡，两位教授来中国演讲，我特意去听了而且提问，这种方法在中国市场能行吗？他们说，应用这个方法的条件是，首先企业的历史数据很完整，能通过数据做分析；其次，确定的战略与市场没有发生很大的变化；再次，确保指标考核到每个人；最后，这些指标用财务数据可以衡量。大家觉得能做到吗？显然很困难。后来又学通用电气的末位淘汰制，就是 "打麻将"，国企不能淘汰，去年它末位，不好意思，今年轮到你。有用吗？没用、没有效果。所以，关注结果并不可靠，管理要看结果也要看过程，过程就是四个维度（想法、态度、行动、结果），四个维度都抓好了，管理者的 "通" 跟员工的 "痛" 也就解

决了。

第三，真诚表达。当今社会，完全用金钱已经不能很好地进行激励了。现在有的员工名下的房产可能比领导还多，开的车比领导还好。管理者要发自内心真诚地激励，精神鼓励很重要，但是时代不一样，不能再用三四十年前的那种方式。今天的年轻人最喜欢什么状态下被激励？希望在一种什么样的场合下被激励？每年或者每个月你会不会亲自发给团队员工感谢信？我每年春节之前都会亲笔给每个员工写一封感谢信，感谢他过去一年对公司的贡献。每个员工拿到信后彼此交流，每封信内容不一样。有些员工跟了我十几年，我每年写的都不一样。每封感谢信上一定会有一句话"请代表我向你的家人表示衷心感谢"，没有家属的全力支持，公司就不会发展到今天。有时候这封信上还会有一张彩照，公司出去旅游、与员工家属旅游时拍的集体照。想象一下，员工每年拿到这样的感谢信，能否体会到公司的真诚？另外，还关心员工的婚姻和生育，鼓励带家属旅游，这些福利和安排，就是真诚地表达感恩。

做一个好的管理者、一个优秀的职业人士，要具备四种能力：

——承受压力。心理要足够强大。

——保持冷静。遇到任何事情，千万不要情绪化，不要失态。

——做重要的事情。时间管理有两个维度，重要性和紧急性。重要不紧急的，就只是重要的事情；每天都在做又重要又紧急的事情，就是消防队员，累得很。

——采取行动。不能总是务虚，要采取行动。不要总是这个讨论一下、那个想一下，希望完全想好方案后再做，这样永远做不好。

最后强调企业文化。一个企业管理者的"通"与员工的"痛"之间，一定是文化。文化没有好与坏、对与错。在组织里，价值观、管理风格就是传递一种信息，在这个组织里，就必须遵守组织的文化和价值观。不遵守不认同，在这个组织里干什么？很累，周围人一看，这个领导怎么不按企业文化价值观行事？也不行。要么选择认同和适应，要么选择出局。

我有个微信群"曾经来过"，都是曾经在礼来公司工作的同事，现在有些人还在这个行业内，有些不在了。每年聚会的时候我们探讨最多的就是文化。走出去以后，我们深深感受到了礼来的文化，每个人都能倒背如流：尊重人、追求卓越、诚实正直。这三条文化价值观永远在我们的脑海里。比如聚会时，想抽烟，都会不自觉地问，我能抽支烟吗？所有人都说没问题才抽。离开了聚在一起，还会无意识地这样做。这个无意识从哪里来？离不开想法、态度、行动、结果这样的过程。

所以，对文化价值观的自我认知，是管理者与员工的"痛"与"通"之间的一个桥梁。

压力管理与阳光心态培育

易凌峰 *

易凌峰，2020 年 1 月 15 日

2020 年以来，人类经历了新冠肺炎疫情，全球的企业管理者都很关心如何减压的问题。IBM 有一个首席健康官，专门管理健康，对员工进行心理赋能。企业管理者以前没有考虑这个问题，认为按照规定办事就可以了，现在要考虑心理赋能，如何赋能？怎样用心理学的原理管理好自己的心态和员工的心态？

以下基于现实的困惑和管理需求，分享三个方面的内容。

一 压力管理：平衡生活事件的艺术

生活事件是指人们在日常生活中遇到的各种各样的社会生活的变动，压力管理就是平衡生活事件的思维和行为方式。

一个人如果能管控自己的压力，就容易进入一种积极的心态。一个人的心态好，他的幸福感会提高。从一门新的心理学——积极心理学来认识心态。与心态有关的问题是情绪，管理情绪很重要。有一位心理学家讲得非常好，他说如

* 易凌峰，华东师范大学心理学教授。

果你和太太要吵架，你要按下暂停键，昨天你还在表扬你太太，今天一下子觉得她很可恶，此时暂停一下，排除对太太的错误判断，就能进入正面，这样你的心情就好起来。工作和生活需要平衡，家庭关系搞好了，工作就会更好。

奖金有限，但是心灵无限，管理者如果用心理学来武装内心，就会有强大的心理，还可以对员工赋能。

1. 压力与身心健康

从 2019 年到 2020 年，对于我来讲，其实是比较悲伤的一年，因为几个朋友，都因为心肌梗塞去世了。在中国这样一个发展速度很快的国家，居民的压力较大，心理学研究过一个问题，社会变迁程度越大，心理问题越多，心理问题引起生理问题，这也是上海是高血压人群增长很快的城市的原因，因为上海的发展速度太快了，对居民的心理和生理产生了一定的影响。

相比之下，欧洲的许多国家虽然 GDP 增长不快，但是在每年的全球幸福指数排行榜上，它们的名次很靠前。有一次我想与欧洲的教授合作做两个课题，他不干，他说如果这样会影响他的幸福感。在中国经济发展是件好事，但是也带来问题，社会调查的结果显示，90% 的职场人士感觉工作压力大。

某人如果感觉工作状态很紧张，并且持续很久，就会从亚健康变成不可逆的身体损伤。心理学家做过一个实验，把两只恒河的猴子做对照，一只恒河猴就像欧洲人一样生活，该吃饭就吃饭，该睡觉就睡觉，该玩就玩。对照组的猴子，想休息就弄醒它，想娱乐就放噪音，结果不到一个月，这只猴子就生病了。我经常问同学，这只猴子得了什么病？同学说是抑郁症，其实不是，猴子得的病是胃溃疡，所以胃病和压力有很大的关系。猴子为什么生病？因为它处于亚健康状态。

工作和生活的平衡很重要，学会压力管理，否则容易出问题。

有统计数据表明，约 1/4 的人患有与紧张相关的疾病，持续一段时间之后，就会出现一种很遗憾的事情——过劳死。过劳死这个词是日本人发明的，因为日本人太敬业了，太敬业的同时，如果压力管理做不好，就会影响健康。

正常人的心脏和肥胖人的心脏有很大差异。什么样的人容易得心脏病？医学研究的结果，走路风风火火、容易动怒，这种性格的人容易得心脏病。有的人说话做事慢吞吞，却很长寿。著名文学家冰心，年轻的时候经常吐血，后来却活到100岁。我遇到一个和冰心关系比较好的文学家，他说冰心的性格很好，这是一个有意思的实例。

人的血管状况反映了健康状态。上海居民最主要的致死因不是癌症，而是心脑血管疾病。人年轻的时候，血管通透性很好，通透性好就可以把充足的氧气带入大脑，让人感觉精力很充沛。但是如果每天很少运动，而且饮食上经常大酒大肉，胆固醇就会在血管上聚集，聚集之后血管的通透性下降，供到大脑中的氧气就不足，这时感觉就很差，这个部位痛或者那个部位不舒服。锻炼是最好的方法，经常锻炼的人的心血管系统变好，血管的弹性增强，不容易出现两种问题——血管堵塞或血管爆裂。全民健身最值得提倡，它会减少心血管疾病，减少心脏支架等不必要的医疗干预，延长健康寿命。

压力与肝脏疾病相关。有次讲课时，一位温州老板看到肝癌的图片，赶紧摸一下自己，看看肝脏如何，因为他爱喝酒。少量喝酒是好事，但是要有节制，如果50多岁了还像40岁年轻人一样喝，有可能喝出癌症。身体的条件不一样，减压和身体有密切的关系，不好好善待身心，压力大了结果就很严重。

有人戏称"精英的代价"。有些人成为社会的精英，却付出了健康的代价。最糟糕的还有一种疾病——抑郁症，数据显示我国的抑郁症患者达5000多万人，难以想象竟有这么多人。多年以前，我一个抑郁症患者都没见过，但是就在近几年，身边的几个学生都患有抑郁症。这种病有三个特点。

——情绪低落，对任何事情都没有兴趣。假如你有个同事，以前经常出去喝酒，经常出去聚会，他现在不去了，这叫社交圈萎缩，是抑郁症的典型特征之一。

——经常感觉不舒服，所谓身心疾病，心里面有病会表现在身体上。胃口不好，胸闷心慌，或者吃起来没有节制，这其实都是心理疾病。

——注意力下降，工作效率很差。

2. 生活事件评估与管理

美国有一个了不起的心理学家霍尔姆斯，他在 1973 年做了一项研究，发现一个人的压力和生活事件有关。以前有一个同学因为失恋得了病，本来有一个人陪在边上，每天卿卿我我，结果一下子分开了，这种变化叫作生活事件，生活的变动。如果对你不利你就会有压力感，所以霍尔姆斯认为生活变动会给人带来压力，他做了几项研究。

第一项，带来生活压力的事件到底有哪些？一共找到 43 项，比如离婚。有些人离婚后头发就白了。夫妻吵架是生活事件，吵架了心情不好就有压力，有一个人和老婆吵架，最后牛脾气上来，跑到高架路上超速开车，就出大问题了。

霍尔姆斯研究发现，离婚比夫妻吵架对双方的压力大很多，他提出了一个压力单位，这是第二项研究的成果，即压力单位 LCU。比如标出离婚的 LCU 值是 98，离婚是吵架的很多倍。霍尔姆斯做出这些研究，他把研究结果提供给全世界的人，让大家自己来定量判断压力，每个月评价一下自己的 LCU 值，比如这个月升职了，是一个生活事件，LCU20 分；接下来儿子考上大学，这又是一个生活事件，又叠加 LCU20 分。

霍尔姆斯的第三项研究是，可以把一年的 LCU 值加总，像量血压一样，告诉你压力是大还是小。对人影响最大的生活事件主要有：配偶死亡、离婚、夫妻分居等。

配偶死亡是最大的生活事件。如果你的长辈遇到这种情况，把他接到家里来住一段时间，或者经常去看看他。这个时候你问他有没有压力，他会告诉你没有，中国人很能隐忍。

现在的离婚率居高不下，人口学家计算出一个比例——结离比，即每年 100 对人结婚，有多少对人离婚。通过调查数据惊奇地发现，哪个地方的结离比最高？东北三省。东北三省有什么特点？经济发展缓慢、人口外移，我在浙江的时候碰到一个东北的司机，他到这里来以后，全家人都过来了。社会在变迁，不要轻易离婚，离婚的压力很大，其实不应该管别人的私事，但是一个员工离婚了，

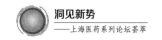
确实会引起问题，所以企业要注重员工关怀。

夫妻分居也不能忽视。美国跨国公司在 20 世纪 60 年代发展迅速，由此出现一个现象——员工外派。我在华盛顿总部，被派到英国工作，这个叫作外派。结果发现在 20 世纪 60 年代外派的失败率很高，为什么失败？外派失败最重要的原因就是夫妻分居，不要小看这个事情。后来全球企业人力资源领域推出新规，如果你在公司的职位足够高，外派的同时安排夫妻同去，相关费用都由人力资源部门支付，这叫作工作和生活的平衡。所以在上海，很多老外拼命地工作，希望把职位提上去，以后他的太太就可以来中国，孩子的读书问题也能解决。不要小看夫妻分居这件事，分居的人高度紧张，承受压力，甚至会感到崩溃。所以公司如果有外派，工会可以做些活动，促进夫妻之间感情融洽。

结婚也是生活事件，LCU 值 50 分；失去工作，LCU 值 79 分。新冠肺炎疫情的时候失去工作，这些都是生活事件，会带来压力，甚至会对心理健康带来影响，全面整理 40 多项生活事件，这是霍尔姆斯的重要贡献。

现在社会是把双刃剑，一方面想多赚钱，这个时候 LCU 值在升高，如果不断减少 LCU 值，低于 30 分的时候生活就非常安定，当然要达到 30 分的难度很大，因为大多处于事业的上升期，但是也要懂得降低 LCU 值的好处。

我在峨眉山拍到一个生活事件很少的老太太。2009 年，那时我的生活事件极大，教授职称没有评上，感觉压力很大。后来我到成都开会，顺便到峨眉山去，在那里看到一位 99 岁的老太太，在当地卖蜡烛，声音很清脆。她叫我年轻人，让我买一点香，说山上的价格贵得很。我对她很感兴趣，和她聊了起来，她说她老公上年死了，也是 99 岁。她（他）们 20 岁时结婚，婚姻非常稳定，将近 80 年的婚姻没有改变。所以，婚姻稳定,LCU 值低。我又问她读了几年书，她是文盲，没有读过书，读书也是生活事件（但是不能因此不读书）。我又问老太太搬了几次家，她说近 100 年来都是在宅基地上修修补补过来的，没有搬过家。所以，综合来看，她的 LCU 值绝对低于 30 分。一个人要幸福就要懂得，当你的生活事件很多的时候，要做减法不能再做加法，人有些时候就是被最后一根稻草压垮了。

3. 压力管理的建议

第一点，学会推辞和分权。我们要学会平衡，什么叫推辞？当你 LCU 值已经很高的时候，不能再接新项目，有些钱就不要赚了，有些欲望就不要有了，否则就会把自己往绝路上推。要学会分权，把自己的工作分给下属去干。什么叫领导力？领导力就是你要有统率一帮人跟着你干的能力，而不是靠你一个人。如果你事必躬亲，什么都是一个人做的话，其实有一个很大的领导缺陷。要学会把工作分下去，培养接班人。要知道靠一个人奋斗的时代已经过去了，学会分权，压力就会减少。

第二点，制定实际可行的目标。一个人的欲望不能太高，比如买房，买别墅和买大平层有价差，大平层和两居室有价差，当你只能买两居室却要买别墅的时候，你的生活事件会增加，一系列的生活事件就来了，最后你的 LCU 值就会过载。

第三点，分清轻重缓急。提干是一个 LCU 值，你今年要提干，结果爸爸生病了，孩子要考高中。这个时候又来了一件事情，你新买的房子要装修。这时你最好选择房子今年不装，缓一年再装。有人说多放一年会干燥得更好，其实更重要的是减掉一块 LCU 值。另外，关于老爸生病，凡是钱能解决的问题都不是问题，刚提了干部，要好好工作，请个保姆照顾爸爸，就会轻松得多。还有孩子要高考，多陪一下孩子，LCU 值就下来了。类似这样的考虑和安排就是所谓的简化生活。

台湾有一位教授写了一本书，讲述人生的三个阶段。第一个阶段，30 岁到 40 岁要好好干，30 岁要学儒家，"天行健，君子自强不息"；40 岁的时候，你的智力和身体已经走下坡路，这个时候要学道家，道家讲"道法自然"，到了周末，你得按规律休息，你不能再工作了；50 岁以后学什么？学易经，这个时候要学平衡的艺术。所以，现在如果一个科研项目给我的压力太大，我就不做，因为它打破了平衡，这就有些易经的感觉，人生就是经历这些阶段，但是这三个阶段指向的都是平衡生活事件的艺术。

二　心态培育：学会欣赏现在

1. 感恩的力量

心理学家认为，要获得良好心态的第一种方法，就是学会和不幸的人比。有一个美国博士，带了三个留学生，都是他的同学，到上海来创业。他们想赚钱后回美国养老，因为他们在美国留学后已经移民美国了。结果到上海创业不仅没赚钱，第二年还亏本，心情不好；几个兄弟吵架了，心态也不好，有的说没希望、散伙吧。正在这时，四川发生了汶川大地震，这个博士就去向政府部门申请，带着三兄弟去汶川捐款、做义工，他们去的第三天晚上，看到一家人，这家共有五口人死掉了四个，活下来的第五个人高位截肢，不知道后半生如何度过。相比之下，美国博士深刻感受到，我们虽然亏点钱，但是太幸运了，在最好的时光在美国获得了博士学位，还移民美国，老婆孩子也都过去了，还能到中国做生意，这样往下一比，他们就产生一种感恩的心态，觉得这个时代对他们还是不错的。

心理学家的研究发现感恩可以提高幸福感，感恩的时候，体内会分泌一种物质叫作皮质醇，皮质醇还有一个名字，压力荷尔蒙，所以有压力的人学会感恩会好过得多。所以现在的家长要教会孩子感恩，它不仅仅是一个道德问题，而且是获得幸福感的最好方式。

美国人后来还做过一个实验，就是将在"二战"中心理受到伤害的人分为两种，一种是会感恩的，另一种不会感恩，结果发现会感恩的这一组战士，他们恢复正常的速度比不会感恩的要快得多，所以但凡幸福的人习惯往下比，就容易产生感恩之心。

那四位海归往下比较再也不抱怨亏钱了，觉得这个时代没有亏待他们。后来他们四兄弟回到上海就怀着感恩的心工作，又过了一年，这个海归创办的企业开始盈利了。这个例子足以说明，往下比有一种激励作用，就是通过感恩达到效益的提高。我非常喜欢上海交大的校训——饮水思源，公司的企业文化也应当这样，觉得公司对他好的人一定会感恩；反之，经常觉得公司欠他的人，不会给公司好好干活。所以，饮水思源可以培养心理健康的孩子。

感恩还有一个作用，一个善于感恩的人会宽容，会把过去的不愉快抛掉。换一个角度看世界就不悲伤了，人生永远要学会换一个角度看世界。有两句心理学家的名言，第一句话，带来痛苦的不是事件本身，而是我们对事件的看法。第二句话，对付压力最大的武器就是我们的选择能力，知道用一个想法去取代另一个。

泰戈尔讲得更文艺，他说如果你在夜晚因为看不见太阳而哭泣，那么你的眼泪会让你看不见满天的繁星。这句话就是说上帝为你关上一扇门的时候，如果心态好，一定会为你打开一扇窗；如果你盯着那扇门不放，不去找窗，心理就会出问题。很多人心理有问题，是因为只往一个方向走，不会转弯。当上帝为你关上一扇门的时候，如果你很快转向一扇窗，就会保持一种感恩的心。

我在心理系有一位同学，是所有同学当中最成功者之一，他就有一个特点，关上一扇门，马上去找窗。我曾去他家做客，他太太向我抱怨，上司整他、不给他升职的机会，刚一讲完，他马上说：不能这么讲，上司也有对我好的时候。这句话听起来很平常，这是他一贯的思维方式，他的领导如果听到这句话，不知道多么开心，所以这种人其实非常强大。

2. 积极心理学

心态管理是基于一门学科——积极心理学。心理学家在20世纪60年代发现，其实我们研究有病的人花了太多时间，像弗洛伊德研究的全部是有病的，但是社会上有病的人只占5%，没病的占95%，所以心理学家建议不要总是研究那5%，应该研究其他的95%。有些心理学家又问，这95%的人有什么特点？有两个特点。第一点，我们没有病，但是我们有压力。第二点，我们渴望幸福，但是我们幸福感还不够高。后来心理学家们一拍即合，来创立一门心理学，叫作积极心理学，目标就是让大家的心态积极起来，让人变得更幸福，这门心理学在哈佛大学是上座率最高的课程。哈佛大学里上课最受欢迎的教师是一位讲师——夏哈

尔，他就讲积极心理学，讲人怎么获得幸福。

大家如果心态好，马上就会幸福起来。在知乎上可以看到有人评论"一个人的幸福"，这个人叫塞利格曼，是宾夕法尼亚大学的心理学教授，积极心理学是他提出的。Facebook 的首席运营官扎克伯格，2017 年的时候受加州大学伯克利分校的邀请去做毕业演讲，作为嘉宾，他讲了一个和塞利格曼有关的故事。他说有一个女人，她老公 35 岁的时候去健身房，结果倒在地上死掉了，这个时候她心理出了问题，总是在想，如果我早点去就好了，不让他锻炼就好了，感觉非常内疚。人的心理出问题就在一瞬间，这个时候挽救她的是塞利格曼，塞利格曼教会她换一个角度看世界，最后她得到一个结论，我们人生就像买保险一样，每个人幸福的可能性是 99.9%，但是还有 0.1% 的可能是不幸福的，虽说大多数情况都是幸福的，但也要想到还有不幸福的可能性。她领悟到，在悲伤来临之时就要准备好扛起悲伤。

在西方各国，塞利格曼的影响很大，他认为人的幸福有三个关键词，人的身体健康占 50%。有钱有势会不会影响幸福？他的结论是有影响，但是影响的程度不大，只有 10%~15%。积极心理学家做了一个非常有名的行为心理学实验，比如在上海的周生生金店门口调研，只要有人去买结婚钻戒，就去问候并让他们做测试，测试题只有一个变量，就是钻戒的大小，有钱人买大钻戒，没钱人买小钻戒，这个调查做出来的结果，无论钻戒大还是小，所有人买钻戒的幸福感没有差异。这个事实很有意思，幸福是公平的，无论有钱没钱都能获得同样的幸福感。而我们为什么常常感觉到金钱对幸福的影响很大？这里有一个隐藏的思维方向，就是往下比的时候很幸福，但是往上比的时候，就会永不满足。所以，幸福感只能往下比，不能往上比。

举个例子，小张是我大学同学，我们在同一家公司工作，这次提干有小张而没有我，与老同学做比较，我的幸福感就下降很多，同样的起点，为什么他上去了我没上去？这就是许多人在公司里感觉不幸福的一个重要原因，习惯往上比。但是积极心理学家建议你看到两条轨道，一条轨道是小张的轨道，另一条轨道是你自己的，这两条轨道从来都是不相交的。小张再怎么好，那是他的世界而不是你的世界，你只管在你的轨道上奔跑，不要去管其他轨道上的事情，这样你的幸福感就来了。

这一点很重要，如果不理解，就会认为金钱很重要。杨绛先生——钱钟书的太太，她说我们曾经如此盼望得到外界的认可，到最后才知道，世界是自己的，与他人毫无关系。所以，竞争心很强的朋友们要记住，别人的好坏与你毫无关系，你在自己的轨道上寻找人生的意义，你的人生就充实了。

我经常想一个问题，为什么北欧那些国家，人们的幸福感会比上海高很多？因为那些国家，连比较的可能性都没有，他们往往都是住在独栋的别墅，在自己的世界里生活，所以他们的幸福感都是建立在自己的轨道上，他们有钱也从不张扬，认为人生最好的状态是刚刚好，不和别人比较，刚刚好就是最好。

日本人喜欢看樱花，樱花的花期很短，只有一周到两周。樱花转瞬即逝，带着孩子去，慢慢走，慢慢欣赏，人生就像樱花花期这么短暂。孩子一会儿就叫起来，因为他们感觉此刻很快乐，所以孩子那一瞬间的感觉是积极的。在这一瞬间的意识当中，不好的生活事件，什么奖金被扣了、炒股票亏了，都会忘掉，这就是处于一种积极的认知中，是一种正念。

日本人感觉生活在此刻的时候，就会很专注，生产力也会提高。例如，日本的司机检查高铁时，要大声地报告出来"门已经关了"，接下来去看消防栓有没有插好，再看一下制动器有没有坏，他大声念的时候，就会感觉到生活在此刻，这个时候他的注意力大幅提高，这种"指差确认"的成效显著，错误率下降了85%。这就是日本人和中国人不同的地方，日本人讲当下，活在当下，所以日本人的仪式感很重要，上课要鞠躬，就是要把大家的注意力引导到现在，这叫作正念引导。

麦肯锡咨询公司建议，领导要时刻意识到自己，感觉到生活在当下这个世界的时候，就能挖掘你的优点，就能学会暂停，就能及时充电，这个时候你在世界上的幸福感就很高，领导力也在不断提升。

人生是不确定的，怎样去面对未来？心理学家研究不同的心态会产生什么样的结果，他们调查巴黎圣母院的修女群体，统计分析400年来的档案资料，

将修女们分为两组，一组对明天充满悲观，另外一组对明天充满乐观和希望。分析数据证明，凡是对明天抱着乐观态度的，寿命长于悲观的。所以，积极心理学家得出一个观点，不管今天面临多大的危险，例如新冠肺炎疫情，只要我们乐观地把明天想象成好的，对你的心理健康和心态都是积极的。有一门心理学是时间心理学，就是时间能够帮助你战胜未来，每天都相信明天会比今天好，相信美好的事情即将发生。

心理学家归纳出积极心态的三种状态：

第一种状态，宽容过去。学会往下比，相信现在的工作已经是不错的选择。

第二种状态，欣赏现在。要有正念，每天走进办公楼时，提示自己每天都是特别的日子，不能错过。

第三种状态，期待将来。离开工作岗位的时候，一定要想明天会比今天好。

三　情绪管理：将涌流带入工作中

在心态和压力管理当中，还有一个重要变量，叫作情绪。盛怒不行事，心理学家发现实际上好心态和情绪管理有非常大的关系。一位老总在 60 岁退休的时候告诉大家，我的成功不是因为我的业绩好，而是因为我在快要生气的时候常常告诫自己"盛怒不行事"，因为生气的时候，人的智商只有 5 岁。这就意味着一个道理，对情绪加以管理，将会有一个成功的人生。心理学认为，对情绪的控制也是一种智力，叫作"情绪智力"，对情绪的调整，是 21 世纪普遍关注的主题。

情绪管理不是说别人和我发脾气，我不和他对撞，就是情商高。情绪管理有两种能力很重要，一种能力是能够认识别人的情绪，比如我观察别人的表态和行为，可以推测他在想什么，这叫同理心。所以情商高的人，不仅会控制情绪，还会认识他人的情绪。在所有工作岗位中，容易取得成功的人，主要是善于换位思考的。还有一种更高层次的能力，就是创造积极的情绪，即涌流或者心流。举个例子，杨丽萍在跳孔雀舞的时候，她一方面把自己想象成一只孔雀，这叫作专注；另一方面，她根本不受外界的干扰，这叫忘我。心理学家发现，专注和忘我这两种状态混杂在一起时，人容易进入毫不敏感的状态，就叫涌流，或者说心流。一位成功的人士就是不断地创造心流，情绪管理不仅要控制情绪，还要创造一种好的情绪去影响他人，从而来提高劳动生产力，这是最重要的。

总之，唤起积极的情绪体验、创造幸福生活的秘密就是：学会尽可能地从必须做的事情中得到涌流的状态。进入涌流的主要途径有：锁定注意力、自律、定位任务难度、心理暗示等。

附录：

上海医药 SPU 论坛总汇

序号	时间	主题	讲者	简介
1	2018/7/31	新药研发的前沿动向和我国发展态势	陈凯先	中国科学院院士
2	2018/7/31	国际仿制药巨擘的发展历程及启示	吴 淳	BCG 董事总经理、合伙人
3	2018/7/31	大时代下的企业选择	左 敏	上海医药执行董事、总裁
4	2018/7/31	国家中医药战略与中药资源评估	杨 光	澳门科技大学副教授
5	2018/7/31	强化安全职责确保安全受控	温伟达	上海市安全生产与标准化专家组
6	2019/3/1	全球方位看中国(1)	胡明东	SPU 副校长、战略发展研究院院长
7	2019/3/15	全球方位看中国(2)	胡明东	SPU 副校长、战略发展研究院院长
8	2019/3/16	强化合规经营意识，提升企业全球竞争力	王志乐	全国合规企业委员会副主席
9	2019/3/16	深化医改面临的挑战和创新	蔡江南	原中欧国际工商学院卫生管理与政策中心主任
10	2019/4/1	重磅药物知多少	胡明东	SPU 副校长、战略发展研究院院长
11	2019/4/16	"两会"中的医改要点及政策动向	黄东临	E 药经理人战略研究院负责人

续表

序号	时间	主题	讲者	简介
12	2019/5/8	生物技术与生物药	胡明东	SPU 副校长、战略发展研究院院长
13	2019/5/16	企业迎对新闻媒体	闻 闸	中国教育电视台播音指导、教授
14	2019/5/23	生物药的全球格局	胡明东	SPU 副校长、战略发展研究院院长
15	2019/6/4	化学药的全球格局	胡明东	SPU 副校长、战略发展研究院院长
16	2019/7/5	创新药极客吉利德	胡明东	SPU 副校长、战略发展研究院院长
17	2019/7/30	拥抱智能时代	王延峰	上海交通大学人工智能研究院副院长
18	2019/7/30	当代世界科技发展态势	王宏广	国家科技部中国生物中心原主任
19	2019/7/30	增强合规竞争力 打造世界一流企业	王志乐	全国合规企业委员会副主席
20	2019/7/30	现代企业的创新发展	李 垣	同济大学教授、经济与管理学院院长
21	2019/8/16	萃取一杯高效会议	张 倞	上海医药内训师
22	2019/9/6	新时代医药监管和产业政策	胡颖廉	国家行政学院教授
23	2019/9/7	问题分析与解决	金 霞	上海医药内训师
24	2019/10/12	无处不在的谈判	朱敏莹	上海医药内训师
25	2019/11/22	医药经济运行形势研判和预测	林建宁	国家药品监督管理局南方所所长
26	2019/11/22	药品管理法政策解读	傅伟华	上海市药品监督管理局
27	2019/11/22	新时期医药企业应该怎么办	裴 钢	中国科学院院士
28	2019/11/22	生物大分子药物的前世今生	王立铭	浙江大学生命科学研究院教授

续表

序号	时间	主题	讲者	简介
29	2020/1/11	深化医改背景下的药品监管	黄 虹	上海市市场监督管理局
30	2020/1/11	医保主导下的药品采购新机制	陈 昊	华中科技大学医学院高级经济师
31	2020/1/11	区块链思维、技术与应用	马小峰	同济大学区块链研究院院长
32	2020/1/11	区块链赋能实体经济	黄 胜	树根互联网技术有限公司CTO
33	2020/5/21	生物药潮流下的企业战略	蔡景愚	普华永道合伙人
34	2020/5/28	2019年医药企业并购回顾与展望	费 颖	普华永道合伙人
35	2020/6/8	后疫情时代健康中国的若干思考	黄 丞	上海交通大学安泰经济与管理学院副教授
36	2020/6/13	向杜邦学习安全管理	曹贤龙	安全管理资深培训专家
37	2020/6/13	中国共产党在上海	徐 明	中共一大会址纪念馆馆长
38	2020/6/13	如何构建协同整合的医疗服务体系	罗 力	上海复旦大学公共卫生学院教授
39	2020/6/13	老药（化学药和中草药）二次开发	李 剑	华东理工大学药学院教授
40	2020/7/2	上班族抗压与养生	钱 海	上海中医药大学原副教授
41	2020/7/16	抗癌药物的研发历程	白 芳	上海科技大学生命科学与技术学院研究员
42	2020/7/16	创新药物研究的机遇与挑战	张 健	上海交通大学医学院特聘教授
43	2020/7/28	新冠疫情冲击下的世界经济	丁 纯	复旦大学经济学院教授
44	2020/7/28	吉利的国际化并购及启示	王自亮	原吉利集团副总裁
45	2020/7/28	VUCA时代的应变之道	周 虹	罗氏中国原总裁
46	2020/8/26	生物医药前沿技术与趋势	杨 弋	华东理工大学药学院教授
47	2020/9/10	中医药抗疫背后的文化力量	毛嘉陵	北京中医药大学兼职教授

序号	时间	主题	讲者	简介
48	2020/9/19	解读国家医改热点政策	薛海宁	国家卫健委副司长
49	2020/9/19	药物经济学与医保准入	史录文	北京大学药学院教授
50	2020/9/19	DRGS 与医保支付	冷家骅	北大肿瘤医院医保处长
51	2020/10/1	礼乐之邦——赫赫宗周	卫春宁	陕历博资深讲解员
52	2020/10/17	文明一统——东方帝国	卫春宁	陕历博资深讲解员
53	2020/11/10	情商影响力	张顾严	情商领导力知名培训专家
54	2020/11/16	千古一帝——秦始皇	卫春宁	陕历博资深讲解员
55	2020/12/1	中医药的契机与中药发展策略	张伯礼	中国工程院院士
56	2020/12/1	我国医药经济热点问题思考	林建宁	国家药品监督管理局南方所所长
57	2020/12/1	全球生物医药行业发展趋势	辛梦苇	麦肯锡咨询董事总经理
58	2020/12/1	组织健康理念与方法分享	余天雯	麦肯锡咨询董事总经理
59	2020/12/12	丝绸之路——大汉雄风	卫春宁	陕历博资深讲解员
60	2020/12/12	文明之巅——盛唐气象	卫春宁	陕历博资深讲解员
61	2020/12/18	疫苗史话与新冠疫苗	朱凤才	江苏省疾病预防控制中心主任
62	2021/1/15	压力管理与阳光心态培育	易凌峰	华东师范大学心理学教授
63	2021/1/22	跨文化的沟通	MAX	SPU 外语专职培训师
64	2021/1/25	花舞大唐春——何家村窖藏金银器	卫春宁	陕历博资深讲解员
65	2021/2/5	葡萄酒艺术	吴敏杰	国内知名葡萄酒专业鉴赏专家
66	2021/2/26	中国医改的经济学逻辑解读	陈志洪	上海交通大学安泰经济与管理学院副教授
67	2021/3/5	诗歌里的春节与春天	周鸣之	华东师范大学文学硕士、资深书评人

续表

序号	时 间	主题	讲者	简介
68	2021/3/10	基于 5G 的智慧医院管理：实践及未来	宁 光	中国工程院院士，上海瑞金医院院长
69	2021/3/12	教练型导师	蔡 明	行动教练知名培训专家
70	2021/3/19	中国制药企业跨国成长的战略与能力	柯银斌	资深战略管理专家
71	2021/3/26	如何深度倾听打开孩子心扉	季益祥	香港行动教练研究院教授
72	2021/4/9	"十四五"我国医药产业政策面与业务面	黄东临	E 药经理人研究院负责人
73	2021/4/16	VUCA 时代下管理者和员工的"痛"与"通"	胡彭令	人力资源管理实战派专家
74	2021/5/11	NLP：人工智能王冠上的明珠	朱其立	上海交通大学计算机科学与工程系教授
75	2021/5/14	医疗产业发展规划	陈剑伟	上海上实上药集团医疗事业部总经理
76	2021/5/21	大数据与心血管健康管理	张鹏翥	上海交通大学安泰经济与管理学院教授
77	2021/5/28	高效管理的 SLII 模型	李 琳	资深人才发展顾问
78	2021/6/4	紫禁城的故事（1）	李嫒嫒	北京世界文化遗产资深讲解员
79	2021/6/8	史上最牛创业团队	周 凯	上海交通大学马克思学院副教授
80	2021/6/18	心有北斗，手持火炬	夏广新	上海医药中央研究院副院长
81	2021/6/25	医学通识 ABC	鲍 勇	上海交通大学医学院教授
82	2021/7/2	解读上海生物医药产业政策	朱 镕	上海经信委副处长
83	2021/7/9	两会精神与国企改革	李 锦	中国人大原教授，政策解读知名专家

续表

序号	时 间	主题	讲者	简介
84	2021/7/16	危机来或不来，品牌都要活化	叶巍岭	上海财经大学市场营销副教授
85	2021/7/23	改变医学的大医生	谢宗豹	上海交通大学医学院原教授
86	2021/7/26	梦想、激情、原创	陈国强	中国科学院院士
87	2021/7/30	躺平与中国智慧	方旭东	华东师范大学哲学系教授
88	2021/8/6	紫禁城的故事（2）	李媛媛	北京世界文化遗产资深讲解员
89	2021/8/10	世界文明进程中的全球史观	梁民愫	上海师范大学世界历史系教授
90	2021/8/17	有稿表达与无稿主持	王一婷	浙江传媒学院副教授
91	2021/8/27	不可忽视的疾病	方宁远	上海交通大学医学院教授、主任医师
92	2021/9/3	长三角高质量一体化的路径探索	宗传宏	上海社会科学院副研究员
93	2021/9/10	紫禁城的故事（3）	李媛媛	北京世界文化遗产资深讲解员
94	2021/9/18	DRG 试点效果及其对医药产业影响	郑 杰	国家医保 DRG 付费技术组组长
95	2021/9/24	自我管理做好健康第一责任人	范竹萍	上海交大附属仁济医院消化内科主任医师
96	2021/9/26	安全生产法（2021）责任体系解读	龙学著	上海瑞迈总经理
97	2021/9/29	西方如何收藏中国?	潘玮琳	上海社会科学院副研究员
98	2021/10/9	系统工程与质量管理	徐建强	中国商用飞机有限责任公司质量适航部质量总监
99	2021/10/15	德日企业管理模式的深层逻辑	赵向阳	北京师范大学经管学院副教授

续表

序号	时 间	主题	讲者	简介
100	2021/10/22	数字化转型思维与典型案例	郭大江	埃森哲企业技术创新事业部董事
101	2021/10/29	从理想国到后现代，哲学如何栖居	郁喆隽	复旦大学哲学学院副教授

图书在版编目（CIP）数据

洞见新势：上海医药系列论坛荟萃 / 过聚荣，胡明
东主编. -- 北京：社会科学文献出版社，2021.10
ISBN 978-7-5201-9052-7

Ⅰ.①洞… Ⅱ.①过… ②胡… Ⅲ.①社会科学-文
集②自然科学-文集 Ⅳ.①Z427.6

中国版本图书馆CIP数据核字（2021）第188788号

洞见新势
——上海医药系列论坛荟萃

主　　编 / 过聚荣　胡明东

出 版 人 / 王利民
组稿编辑 / 陈　颖
责任编辑 / 桂　芳
责任印制 / 王京美

出　　版 / 社会科学文献出版社·皮书出版分社 （010）59367127
　　　　　　地址：北京市北三环中路甲29号院华龙大厦　邮编：100029
　　　　　　网址：www.ssap.com.cn
发　　行 / 市场营销中心 （010）59367081　59367083
印　　装 / 三河市东方印刷有限公司

规　　格 / 开　本：787mm×1092mm 1/16
　　　　　　印　张：20.25　字　数：308千字
版　　次 / 2021年10月第1版　2021年10月第1次印刷
书　　号 / ISBN 978-7-5201-9052-7
定　　价 / 198.00元

本书如有印装质量问题，请与读者服务中心（010-59367028）联系